한중일 동아시아사 교육의 현황과 과제

한중일 동아시아사 교육의 현황과 과제

초판 1쇄 발행 2008년 12월 31일

편 자 ㅣ 아시아 평화와 역사연구소
발행인 ㅣ 윤관백
펴낸곳 ㅣ 선인

편 집 ㅣ 이경남 · 장인자 · 김민희
표 지 ㅣ 정안태
교정교열 ㅣ 김은혜 · 이수정
제 작 ㅣ 김지학
영 업 ㅣ 이주하

인 쇄 ㅣ 한성인쇄
제 본 ㅣ 광신제책

등록 ㅣ 제5-77호(1998.11.4)
주소 ㅣ 서울시 마포구 마포동 324-1 곳마루 B/D 1층
전화 ㅣ 02)718-6252 / 6257   팩스 ㅣ 02)718-6253
E-mail ㅣ sunin72@chol.com
Homepage ㅣ www.suninbook.com

정가   15,000원
ISBN   978-89-5933-147-5   93900

· 잘못된 책은 바꿔 드립니다.

미래사 총서 003

한중일 동아시아사 교육의 현황과 과제

아시아 평화와 역사연구소 편

선인
도서출판

머리말

이 책은 지난 6월 아시아평화와역사교육연대와 동북아역사재단이 주최한 심포지엄에서 발표한 글을 수정·보완한 것이다. 이 책의 머리말을 이심포지엄의 발표자도 아닌 나에게 맡긴 이유는, 짐작컨대 동아시아사 교과과정 작성의 책임자였기 때문으로 짐작된다. 준비가 충분히 되지 않은 상태에서 새 교과목의 교과과정 개발에 주도적으로 참여했으니, 그 책임에서 벗어나기 어렵다는 추궁성 부탁일 것이다.

오래전부터 동아시아사의 의미와 교육 필요성에 대하여 학계와 교육계에서 논의해왔지만, 막상 동아시아사를 2012년부터 가르치기로 한 것은 전격적인 결정이었다. 따라서 동아시아사는 학계의 충분한 연구 성과를 바탕으로 교육내용을 조직하여 고등학교에서 가르치도록 된 것이 아니고, 교과목 개설이 결정된 다음에 그에 맞추어 준비를 해나가는 과정을 거치고 있다. 또한 준비할 시간이 그리 넉넉한 것도 아니다.

동아시아사를 위한 준비는 교과서 집필과 그를 위한 예비 작업, 교사의 교육, 그리고 그 이전에 동아시아사 연구의 축적 등 여러 가지가 있겠지만, 그 어느 것도 제대로 준비된 것이 없어 보인다. 아직 동아시아사는 역사학계에서 하나의 역사분야로 정립되지 않은 상태이고 관련된 연구는 제법 있다고 할 수 있으나 동아시아사 개설서 하나 없는 형편이다. 물론 교과서는 새로 집필해야 하며, 교사 교육도 이제 막 시작한 상태이다. 김태승 교수의 발표에 의하면, 대학에 따라 동아시아사를 강조하는 경향을 볼수 있지만 실제로 동아시아사를 가르치는 경우는 그리 흔치 않다. 교사를 양성하는 대학 차원에서도 사실 준비가 안 되어 있는 실정이라고 하겠다.

고등학교에서 동아시아사를 잘 가르치기 위해서는 다양한 측면에서 부지런히 준비하여야 할 것이다. 그러나 가장 중요한 것은 어떤 내용을 어떤 시각에서 가르칠 것인가 하는 점일 것이다. 그동안 주로 동양사를 전공하는 학자들이 동아시아에 주목하고 차분히 연구를 해오기는 했지만, 아직 우리 나름의 동아시아사를 구성할 만한 시각을 제대로 가지고 있다고 말하기는 어렵지 않은가 한다.

문제의 핵심은 동아시아사를 보는 시각, 관점의 정립에 있다고 생각한다. 궁극적으로는 교과서 집필자들에 의해 나타나겠지만, 그 이전에 학계에서 이와 관련하여 논의를 하는 것이 매우 필요하고 중요하다. 6월의 심포지엄은 이런 요구에 부응하여, 그리고 이러한 문제의식에 기초하여 개최한 것이었다. 당연히 동아시아사를 어떻게 조직하고 서술할 수 있는지를 논의하는 데 초점을 두었고, 발표자들은 이러한 문제의식에 공감하며 좋은 내용을 발표해주었다. 또한 토론자와 방청객들은 진지하고 유익한 제언을 아끼지 않았다. 발표자이자 이 책의 집필자 여러분과 유익한 조언을 해주신 토론자들께 감사드린다.

발표자들은 매우 다양한 관점과 소재로 동아시아사에 접근하였다.

유용태 교수는 동아시아사 서술의 시각을 얻기 위해 한국의 동양사 연구 60년에 나타난 동아시아사 인식을 검토하였다. 60년 동안의 동양사는 중국사에서 동아시아사로, 다시 아시아사로 발전해왔지만, 이는 연구의 범위와 대상의 확대를 의미할 뿐 3국이 상호 교응(交應)하는 동아시아사가 아니라고 파악한다. 먼저 동아시아사가 역사서술 단위로 성립할 수 있는가를 검토하기 위해 동양사와 동아시아사의 범위와 성립 기반에 관한 연구 성과를 치밀하게 살펴보고, 이어 동아시아적 시각에 입각한 연구 성과를 교류교섭사, 관계사, 상호관련성의 역사, 비교사로 나누어 검토한 후 마지막으로 1940년대와 1950년대 중등학교 교과서로 사용된 『이웃나라의 역사』와 대학교재를 중심으로 동양사와 동아시아사의 구성 체계를 분석하였다. 이러한 검토를 통해 동아시아 지역사를 구성할 역사적·현실적 기반이 존재하며 그러한 기반은 갈수록 커져가고 있다는 사실과 비록 하나의 체계에 의거한 통일적 동아시아사를 구성한 사례는 없지만 그러한 시각에서 진행한 연구는 적지 않다는 사실을 확인하였다. 그는 『이웃나라의 역사』에 반영된 "인국의식(隣國意識)"은 동아시아사를 구성할 때 활용해야 할 소중한 자산으로, 화이의식 및 그것과 결부된 제국성은 역사적 성찰을 통해 미래지향적으로 극복해야 할 과제로 제시한다.

미야지마 히로시(宮嶋博史) 교수는 일본역사학계에서 동아시아론이 현재 어떻게 진전되고 있는지를 이와나미서점에서 간행하고 있는 '시리즈 일본근현대사'를 통해 검토하였다. 그는 일본 동아시아론의 핵심적인 문제는 일본 근현대사를 동아시아 속에서 어떻게 이해하는가 하는 점인데, 이 시리즈는 동아시아, 식민지 문제를 중시하고 일본 역사학계의 동향을 의욕적으로 섭취하고 있으므로 아주 좋은 분석 대상이라는 것이다. 이 시리즈는 내재적인 시각으로 일본 근현대사를 이해하고 민중의 동향에 큰 관심을 기울인 특징을 가지고 있지만, 식민지 문제를 매우 소홀하게 다룬 치명적인 결함을 가지고 있다고 평가한다. 탈아(脫亞)에 관한 기본적인 문제들이 명확하지 않고, 식민지 근대성 문제, 종군위안부와 독도·다케시마 영유 고시 등 동아시아의 역사 현안, 전통사회의 높은 성취와 팽창주의·침략주의의 관련성 등에 관한 서술이 빠져있다는 것이다. 그는 현재도 계속되고 있는 역사분쟁을 해결하기 위해서는 1931년 이전으로 거슬러 올라가 일본 근대사 전체를 새로운 시각으로 파악해야 한다고 주장한다. 14세기는 역사적 전환기로서, 명과 조선 베트남에서 주자학을 국가이념으로 내걸었던 데 비해 일본은 무사정권을 확립하여 동아시아적 동시대성을 결여하게 되었고, 이 때문에 도쿠가와시대나 메이지유신 이후의 일본이 이들 왕조국가체제에 대한 객관적 인식이 부족하였으며, 이러한 인식 부족이 도요토미의 조선침략과 근대 일본의 동아시아 침략 노선을 규정했다는 것이다. 이러한 관점은 일본사상(日本史像)의 근본적인 수정을 필요로 하는 것이지만, 이러한 문제를 정면으로 바라보려는 노력을 기울이지 않으면 21세기 일본과 동아시아의 새로운 관계를 구축할 수 없을 것이라고 제언한다.

중국의 런팡(任放) 교수는 동아시아사의 구축과 관련된 문제를 동아시아의 개념과 동아시아사 서술에서 고려해야 할 점을 중심으로 검토하였다. 동아시아는 지리적으로 중국·몽골·남북한·일본을 포함하는 지역이며, 중국 중심의 한자문화권과 중화문화를 핵심 가치로 하는 화이질서를 구성한 역사적 개념이지만, 지리적 발견 이후에는 서구를 중심으로 하는 서구의 담론이 되었으며, 현재는 동아시아인이 살고 있는 현대사회를 가리키는 중성(中性)의 어휘가 되었다고 이해하고, 학술 연구의 측면에서는 동아시아를 하나의 분석도구로 삼아 동아시아사를 정립해야 한다고 주장한다. 동아시아사 서술에서는 실증과 변증을 양날개로 하는 연구방법론과 중국을 중심으로 중국과 동아시아 각국의 관계가 중심이 되는 학문체계(해석의 틀)를 마련하고, 이성적이고 객관적인 역사주의를 견지해야 한다고 제언한다. 이러한 원칙에 입각하여 동아시아사를 공동으로 연구하고 교육하는 것이 중요하며, 이러한 과정을 통해 역사문제를 해결할 때 현재 동아시아가 안고 있는 갈등이 풀리게 될 것이라고 전망한다.

김택민 교수는 동아시아사 교과과정을 바탕으로 교과서 개발방안을 제시하였다. '인구이동과 문화의 교류' 항목에서 다루게 되어 있는 기원 전후 시기부터 10세기까지의 인구 이동과 빈번한 전쟁, 불교의 전파 양상, 율령과 유교의 수립과 각국의 수용, 조공책봉관계를 서술할 때 그러한 현상이 발생하게 된 역사지리적 구조와 함께 그것의 본질과 전파, 관계를 명확히 하는 것이 중요하다고 강조한다. 역사지리적으로 볼 때 생산성이 높은 중원지방을 차지한 왕조가 중핵적 위치를 차지한 것은 필연적이며, 난세의 통치이념으로 탄생한 유학은 황제지배체제 유지를 위한 방법론을 제시하

면서 모든 신민이 황제를 부모처럼 충효로 섬겨야 한다는 윤리와 논리를
개발하였다. 율령은 환경이 다른 유목지대에는 전파되지 않았으며, 농경
지역에서도 각자가 처한 역사 환경에 따라 수용의 시기와 강도, 내용에 차
이가 있었다. 조공책봉관계는 중원왕조가 북방유목민의 침입에 대응하는
과정에서 중원왕조의 현실적인 대외정책과 유목민족정권의 경제적 욕구
가 부합하여 성립한 외교형식인데 황제권을 강화하는 과정에서 주변국가
에 적용하게 되었으며, 중원왕조와 유목민족국가 사이에는 군사−경제관
계가 중심이 되고, 한반도의 삼국과 일본 발해 사이에는 문화관계가 중심
이 되는 두 경향이 존재하였음을 분명히 해야 한다고 강조한다.

　김태승 교수는 오늘 우리가 동아시아사를 얘기하는 것의 의미와 대학의
동아시아사 교육의 역사와 현실을 살펴보았다. 그는 역사적 공간의 재구
성을 추구하는 동아시아사 논의는 공간에 대한 헤게모니 장악 내지는 탈
환을 목적으로 하는 경향이 있다고 보고, 1990년대 이후 한국에서 동아시
아담론은 정치경제적 자신감의 성장과 동아시아 국가들 사이의 역사분쟁,
대중국수교와 외환위기 등 지구화 상황의 진전 등의 요인으로 등장하였다
고 분석한다. 객관적 상황보다 한국과 한국이 처한 주관적 상황이 동아시
아에 대한 관심을 불러일으켰다고 보고, 역사교육 대상으로서의 지역 설
정에서 주체의 위치를 명료하게 규정할 필요성을 강조한다. 동아시아라는
역사지역을 '발명'하기 위해서는 동양과 서양이라는 역사공간을 명료하게
재구성하고 그 안에서 동아시아라는 지역의 역사성을 성찰해야 한다는 것
이다. 이러한 문제의식에 입각하여 동양과 아시아, 동아시아라는 지역개
념의 역사성을 사학사적으로 분석한 결과 해방 이후에도 아시아는 구미와
대립되는 공간이자 일본이 중심에 있다는 사고방식에 익숙해져 있었으므
로 역사단위로서의 아시아사는 현실적으로 성립하기 어려웠고, 대신 일본
의 발명품이지만 저항감이 상대적으로 적었던 동양이라는 지역개념에 기
초한 연구와 교육이 중국사 중심으로 시행되었음을 밝혀냈다. 끊임없이

동양사연구와 교육의 영역을 확장해왔지만 대학교육과정에서 아직 지역 개념의 사용에 대해 확실한 결론에 도달하지 못했음을 지적하고, 동아시 아사 형태의 지역사에 대한 요구에 부응하기 위해 사학과 교육체계 전반 의 개편, 비교사 과목의 개발을 통한 시야의 확산, 동아시아 관련 교재와 교육자료 개발, 중등교원자격검정 이수과목 지정에서의 유연성이 필요하 다고 지적한다.

고등학교에서 역사를 가르치는 황지숙 선생은 중·고등학교 교사들의 동아시아사 교육에 관한 인식을 설문조사를 통해 살펴보았다. 설문에서는 동아시아사 교육에 관한 관심과 필요성, 강조되어야 할 시각과 목표, 교과 과정 내용 요소의 타당성, 구체적으로 임진왜란과 6·25전쟁을 가르칠 때 어떤 명칭을 사용할 것인지, 그리고 동아시아사를 선택할 것인지를 물었 다. 130명이 응답한 이 조사에서 99명(76%)이 동아시아사를 선택하겠다는 의사를 밝혀 교사들은 동아시아사 과목 신설을 통한 동아시아사 교육의 필요성을 느끼고 있으며, 이를 통해 자민족중심주의를 넘어 객관적이고 균형 잡힌 시각과 함께 동아시아라는 광역공간에서 관계와 교류의 시각, 평등·평화 공존의 시각을 얻게 되기를 기대하는 것으로 나타났다. 그러 나 국사와 세계사, 지리 등과의 중복 문제와 현재의 연구 성과에 대하여 우려하고 있음도 드러났다. 교과서 집필 시 8, 9학년 및 10학년 역사, 한국 문화사, 세계역사의 이해, 지리 과목과의 계열성, 중복성 문제에 관하여 깊이 고려해야 한다는 지적이다. 필자가 이번 조사를 통해 역사인식뿐 아 니라 역사지식의 생산과 유통문제에도 관심을 기울여야 한다고 지적한 점 은 적실하다고 생각한다.

동경의 중학교에서 26년 동안 사회과를 가르치다 퇴임한 마루하마 에리 꼬(丸浜江里子) 선생은 교사시절의 역사분쟁 경험담을 임진왜란과 청일전 쟁을 예로 들어 설명하고, 역사분쟁은 동아시아사로 배우지 않으면 실상 이 드러나지 않는다고 주장한다. 또한『미래를 여는 역사』간행에 참여한 경험에서 집필자 사이의 논쟁과 갈등 속에서 차이를 인식하면서 대립을 뛰어넘기 위한 지혜, 신뢰와 가능성을 배우고 마음속 국경의 벽이 매우 낮아졌다고 고백한다. 그러면서 교과서 문제의 개혁은 일본정권의 개혁과 결부되어 있으며, 일본이 자국 중심의 내향적인 자세를 유지하는 동안 한국은 동아시아사를 개설하는 등 앞서나가고 있다고 평가한다.

이러한 검토와 제언은 이제 막 시작한 동아시아사를 바라보는 시각에 관한 논의를 촉진하고 교과서를 알차게 집필하여 동아시아사를 제대로 가르치는 데 소중한 기반이 될 것이라고 확신한다. 21세기 초에 한국이 동아시아 국가들 가운데서 처음으로 고등학교 과정에 동아시아사를 개설하는 의미는 결코 작지 않다고 생각한다. 이 새로운 실험이자 도전은 동아시아가 걸어온 길고도 복잡한 과정을 하나의 지역사로 구조화하고 교육하는 일이며, 현재의 동아시아 민족과 국가들의 관계와 위상을 점검하는 일인 동시에 앞으로 만들어가야 할 동아시아상을 그려내는 일이기 때문이다. 지역사로서의 동아시아사는 지역의 역사발전에 기여한 민족과 국가의 역사를 넘어 동아시아인의 역사가 되기를 희망한다. 한때 역사발전에 기여했지만 지금은 사라진 존재들도 함께 기억되는 역사, 수다한 전쟁을 겪었지만 그 속에서 공존과 평화를 찾아낸 소중한 경험이 녹아있는 역사, 차이와 공통성이 원심력과 구심력으로 상호작용해 온 역동적 과정이 생생하게 묘사되는 역사, 억압과 굴종을 이기고 해방을 향해 약진한 동아시아인들의 고귀한 정신이 배어있는 역사이기를 바란다.

바람직한 동아시아상의 정립에 도움이 될 것으로 믿는 이 책의 집필자와 심포지엄에서의 토론자와 청중들, 그리고 지원을 아끼지 않은 동북아역사재단, 좋은 책을 출판해주신 도서출판 선인에 감사드린다.

아시아 평화와 역사교육연대 공동운영위원장
안병우

차 례

제2부 　　　　동아시아사 교재와 수업

제1부

동아시아사 인식과 교육

한국의 동아시아사 인식과 구성
동양사 연구 60년을 통해 본 동아시아사

유용태*

1. 머리말

최근 한국정부는 2012년부터 고등학교 역사과목에 '동아시아사'(선택)를 신설하기로 결정하였다. 그리고 중1~고1 사이에 이수하는 국민공통기본과목(필수)이었던 국사와 세계사(사회 속의 한 영역)를 통합하여 '역사' 과목으로 만들기로 하였다. 이에 따라 지난 50년간 국사−세계사의 이분법으로 짜여진 역사교육은 역사, 세계사(과목명: 세계역사의 이해), 동아시아사, 국사(한국문화사)의 네 영역으로 나뉘어져 시행될 예정이다. 그중 역사만 필수이고 나머지는 모두 선택이다. 이는 종래의 국사와 세계사라는 이분법체제에 상당한 변화를 가한 것이라고 할 수 있다.

국사와 세계사를 통합한 '역사' 과목이 신설되면 국사와 세계사를 상호

---

* 서울대학교 사범대학 역사교육과 교수.

관련지어 파악함으로써 국사의 자국중심주의를 극복하고 세계화 시대의 세계사 인식을 심화할 기회를 증진하는 효과를 가져 올 수 있을 것으로 기대된다. 그러나 국사와 세계사를 상호관련지어 조직하고 서술하는 일은 매우 어려운 작업이다. 그럼에도 어찌된 일인지, 최근 우리의 주된 관심은 이 '역사'보다는 범위가 훨씬 작아서 상대적으로 수월할 듯이 보이는 '동아시아사'의 조직과 서술에 더 집중되고 있는 듯하다. 최근 심화된 한중일 3국 간의 역사갈등이 그 배경으로 작용하고 있을 터이다.

하지만 우리학계의 연구성과는 '역사'는커녕 '동아시아사'를 조직하고 서술하기에도 충분한 정도에 이르지 못한 상태이다. 지난 60년간 한국의 동양사 연구는 "중국사에서 동아시아사로, 다시 아시아사로" 발전해 왔다.[1] 그러나 이는 연구의 범위와 대상이 확대된 것을 의미할 뿐 사실은 한중일 3국이 상호 연관된 동아시아사가 아니라 개별적인 3국사 연구의 집적에 불과하다고 해도 과언이 아니다. 아시아사의 사정은 이보다 더 심한 각국사의 집적이다. 뿐만 아니라 각국사 안에서도 특정 시대의 구체적인 문제를 실증적으로 규명하는 데 연구를 집중한 나머지 그 성과들을 종합하여 체계적 역사인식을 만들어내는 작업을 소홀히 하였다. 이로 인해 우리 시각의 동양사 개론서는 물론이고 중국사나 일본사의 개설서조차 찾아보기 어려운 형편이다.

그러므로 학계의 이러한 연구경향이 역사교육에 그대로 투영되는 것은 당연한 귀결이다. 연구가 각국사 단위로 진행될 때 그 각각의 연구대상은 모두 그 나라 일국(一國) 안에서 완결되는 것처럼 전제되는 경우가 흔하다. 옆에 이웃나라가 있음을 의식하고 그와의 상호 영향이나 상호 관련 속에서 연구를 진행하지 않는 경우가 대부분인 것이다. 한국사 교과서가 한국사를 한국 경내의 일로만 파악하여 서술할 뿐 동아시아적 맥락 속에서

---

1) 이성규, 「총설: 한국 동양사연구 60년」, 『한국의 학술연구: 역사학』, 대한민국학술원, 2006, 278쪽.

이해하려는 시야가 결여되어 있다는 지적, 세계사 교과서가 '유럽 중심-중국 부중심'의 대국주의 구도 속에 갇혀서 동아시아 이웃나라와의 상호관계 속에서 파악된 국제이해의 증진을 가로막고 있다는 지적이 있어온 것도 그 때문이다.[2]

　연구도 교육도 이처럼 각국사 단위로 진행되어 온 상황에서 새로운 동아시아사를 구성해야 하는 우리의 상황은 역사교육이 역사연구를 앞질러 가는 형국이다. 이는 메이지시기 일본에서 '동양사'가 처음 탄생할 때도 그러하였다. 대학의 연구기관에서가 아니라 중등학교 역사과목에서 먼저 동양사가 등장했던 것이다.

　이런 곤경을 헤쳐 나갈 지혜를 모으려면 해방 직후부터 우리 동양사학계가 '동양사'를 어떻게 구성하고 인식하여 가르쳐왔는가를 검토하여 그 속에서 한국의 '동아시아사' 인식과 교육의 궤적을 파악하는 일이 필수적으로 요청된다. 1990년대부터 한국의 학계에서 동아시아 담론이 급부상하고 자국사와 세계사의 괴리문제가 지적되면서 급기야 동아시아사 과목이 신설되기에 이른 과정에 대해서는 최근에 검토된 바 있다.[3] 거기서는 과목으로서의 '동아시아사'의 필요성과 의의에 대하여 논의가 집중되었는데 여기서는 주로 동아사아사를 어떻게 인식하고 조직하려 하였는지에 중점을 둘 것이다.

　이를 위해 우선 동양사학계의 동양사와 동아시아사 인식이 어떻게 변모해왔는지를 사학사적으로 검토한 다음, 동아시아 지역사의 모색에 비교적

---

[2] 김성보, 「한국·일본 교과서의 현대사 서술비교-냉전체제 인식과 내셔널리즘을 중심으로」, 일본역사교과서바로잡기운동본부·역사문제연구소 엮음, 『화해와 반성을 위한 동아시아 역사인식』, 역사비평사, 2002 ; 유용태, 「역사교과서 속의 동아시아 국민국가형성사」, 『환호속의 경종: 동아시아 역사인식과 역사교육의 성찰』, 휴머니스트, 2006.

[3] 백영서, 「자국사와 지역사의 소통: 동아시아인의 역사서술의 성찰」, 『歷史學報』 196, 2007. 12 ; 안병우, 「고등학교 "동아시아사" 개설의 배경과 내용」, 『역사교육』(전국역사교사모임), 2007년 가을호, 2008년 봄호 ; 정연, 「고등학교 "동아시아사"의 성격과 내용체계」, 『동북아역사논총』 19, 2008. 3.

근접한 중등학교의 『이웃나라의 역사』(1946~1954)의 동아시아사 인식과 구성체제를 검토하겠다.4) 이때 대학에서의 『동양사개론』도 함께 검토하여 보완하고자 한다. 이를 통해 현재 우리가 구성하려고 하는 동아시아 지역사를 위해 무엇을 되살리고 극복해야 할 것인지를 간략히 언급하고자 한다.

2. 동양사와 동아시아사: 그 범위와 성립기반

현재 한국의 역사인식과 역사교육에서 동양사는 자국사를 뺀 아시아사를 지칭한다. 이에 비해 장차 신설될 동아시아사는 자국사를 포함한 동아시아 지역사를 추구한다. 따라서 동아시아사의 인식과 구성을 역사적으로 검토하려면 이 같은 동아시아사의 범위문제, 그리고 과연 동아시아사가 하나의 역사서술 단위로 성립될 수 있는가의 문제가 검토되지 않으면 안 된다.

이러한 문제와 직결되는 고민을 일찍부터 심도 있게 한 선구적 사례는 이동윤(李東潤)의 『동양사개설』(1953)이 아닌가 한다. 그는 "동양사의 의미"라는 절을 서두에 따로 두어 이에 관해 특별히 논의하였다. 더구나 그것은 책의 서문을 쓴 김상기(金庠基; 와세다대학 졸업, 서울문리대 교수)의 지적대로 "6·25 사변으로 인해 우리의 전적(典籍)이 많이 산실(散失)되고 표멸(漂滅)되어 수학(修學)도 일대수난기에 빠져있는 현실"에서 나온 것이어서 더욱 주목된다.

우선 동양사의 범위에 대해 그는 "동양사는 보통 국사·서양사와 함께 세계사의 한 부문을 형성하는 것"이라 하였다.5) 특이하게도 그는 자국사

---

4) 『이웃나라의 역사』 교과서의 발행에 관해서는 박진동, 「교수요목에 의거한 "이웃나라의 역사" 교과서의 발간과 그 구성」, 『歷史敎育』 106, 2008. 3 참조.

와 세계사를 양분하지 않고 국사도 동서양사와 함께 세계사를 구성하는
한 부문으로 파악한 것이다. 일찍이 유옥겸(俞鈺兼)은 "세계사를 이부(二
部)로 나눠 하나를 동양사라 칭하여 서양사에 대(對)한다"고 하면서도 이
처럼 "동서양의 역사를 구분함은 실로 불가하나 부득이한 사정 때문에" 그
리하는 것이라는 문제의식을 갖고 동양사를 "광의의 동양사"와 "협의의 동
양사"로 구분한 바 있다. 전자는 아시아사를, 후자는 인도 동쪽의 동방아
시아사를 지칭하였다.[6] 이 "불가함"과 "부득이함"을 동시에 자각하는 것은
매우 중요하다. 이동윤은 그보다 동양사의 범위를 더 세분하여 ① 중국역
사, ② 중국사를 중심으로 그것과 밀접한 관계를 가진 한국·몽골의 역사
를 포함한 것, ③ 거기에 인도의 역사를 포함한 것, ④ 거기에 중앙아시
아·서아시아 지방의 역사를 포함한 것으로 확장되어 왔다고 하였다. ①과
②를 합치고 조금 더 확장하면 지금 우리가 말하는 동아시아가 될 터이다.
여기에 한국사가 포함된 것은 중요한 의미를 갖는데, 앞서 본대로 한국사
를 동서양사와 함께 세계사 구성의 한 부문으로 간주한 것과 연관돼 있다.
그러니까 한국사는 동양사 속에 포함돼 세계사가 되는 것이다.

　광의의 동양사를 "하나의 조직체계를 가진 동양사"로 조직하려면 개별
연구의 분화적 경향을 극복해야 한다. 이로부터 그는 "동양사학의 통일화"
라는 과제를 제기하였다. "통일적인 동양사"가 성립하지 못한다면 동양사
는 국사·서양사와 같은 하나의 역사로서 성립할 수 없고, 나아가 "세계사
의 한 부문으로서의 동양사의 의미"를 가질 수 없다는 것이다. 그가 이처
럼 통일적 동양사를 강조한 것은 그의 스승 이능식(李能植; 도쿄제국대학
졸업, 서울사대 교수)이 "통일적 세계사"를 강조한 것으로부터의 영향으로
보인다.[7] 당시 일각에서 동양사의 성립 기반이 없으니 각국사로 해체해야

---

5) 이하 李東潤, 『東洋史槪說』, 東亞文化社, 1953, 5~12쪽.

6) 俞鈺兼, 『東洋史教科書』, 右文館, 1908, 1~2쪽.

7) 그에 따르면 세계사의 구성요소는 민족인데, 독자성을 가진 민족들은 상호 융합, 관련,

한다는 주장이 제기되었으나, 이에 대하여 그는 근현대의 현실로부터 보면 고중세의 과거와 달리 아시아 각 지역은 밀접한 관계를 갖고 결합돼 있어 이제는 고립된 각국사가 아닌 통일적 동양사가 성립될 기반이 마련되었다면서 반대하였다. 이때 동양사는 근대 서양인에 의해 매개되어 세계사적으로 연결되었기에 통일적 동양사는 반드시 세계사의 일환으로서 파악되어야 했다.

그러나 그는 통일적 동양사의 조직방법에 관해 논의하지는 않았다. 고병익(高柄翊)은 『아시아의 역사상』(1969)에서, "동양사라는 개념의 성립 여부부터가 문제"라고 하여 앞서 유옥겸이 말한 "불가함"의 문제의식을 갖고 있었다.[8] 그는 아시아사를 크게 동아시아, 인도, 서남아시아의 세 문화권으로 나누었다. 그에 따르면 그들 간에는 물론 교섭이 있었지만 큰 줄거리로 따진다면 세 문화권이 평행을 이루며 각기 독립적으로 존속되어 왔기 때문에 하나로 묶어서 다루기가 어렵다. 이들을 하나로 묶어주는 계기는 근대에 들어와 유럽세력의 (반)식민지가 된 것인데, 그로 인해 '아시아사적'이란 말에는 부정적 이미지가 투영되어 있다. 그래서 그런지 그도 각 지역들을 어떻게 하나로 통일하여 동양사를 조직할 것인지에 대해서는 언급하지 않은 채 우리 현실의 필요에 따라 서남아시아까지 포함하는 광의의 동양사가 필요함을 강조하는 데 그쳤다.

통일적 동양사의 구성에 관해서는 윤세철(尹世哲)이 제기한 "비교사적 지역사로서"의 아시아사가 주목된다. 그는 통일적 아시아사의 구성이 이상적이지만 그 전단계로서 아시아사의 다원성을 전제로 문명권적 접근과

상쟁에 의해 그 독자성을 잃지 않으면서도 보편적 통일성을 획득할 때 비로소 세계사에 참여한다. 그 결과 성립되는 세계사는 따라서 각 민족사의 종합이 아니라 통일적 세계사이다. 李能植, 『近代史觀研究』, 同志社, 1948, 178~180쪽. 그는 한국전쟁 때 교육시찰단 명목으로 평양을 방문하였으나 돌아오지 못하였다. 뒤에 언급될 손진태는 그 무렵 납북되었다.

8) 고병익, 「동양사학의 과제」, 『아시아의 歷史像』, 서울대학교출판부, 1969, 343~344쪽.

지리적 지역개념을 함께 고려한 지역사적 접근이 필요하다고 하였다. 그
것은 독자적 지역문명을 바탕으로 5개의 지역사를 구성하고 그것들 간의
상호 교류와 연관을 비교사적으로 파악하는 것이다.[9] 다원적 지역사를 비
교사적으로 상호 연관지으면 결과적으로 아시아사를 구성해낼 수 있을 것
이라고 전망한 셈이다.

아시아사가 여러 지역사로 구성된다고 하면, 그중에 동아시아 지역사가
무엇보다 우선적인 관심을 끌게 된다. 한국의 전통과 문화가 주로 그에 속
하기 때문이다. 그렇다면 동아시아 지역사는 어떤 원리에 의거해 구성할
수 있다는 것인가? 동아시아사에 관해서는 김상기와 그의 제자 고병익, 전
해종(全海宗)이 가장 일찍부터 관심을 기울였다. 그가 동아시아적 시각에
서 연구를 하기 시작한 것은 일본의 어용학자들이 우리의 대외관계를 왜곡
한 것을 크게 개탄하고 이 문제에 있어서 본연의 주체성을 확립하고자 한
중 양국 간, 나아가 동방제국(東方諸國) 간의 문화적·정치적 교류와 교섭
에 관심을 기울였기 때문이다.[10] 이런 문제의식이 그의 제자들을 통해 확
산되었다. 그러니까 동아시아사는 요즘 우리가 필요로 하는 지역사라기보
다 관계사와 교류사 중심으로 연구된 셈이다. 김상기의『동방문화교류사
론고』(1948),『동방사론총』(1974), 고병익의『아시아의 역사상』(1969),『동
아교섭사의 연구』(1970),『동아사의 전통』(1976),『동아시아의 전통과 근대
사』(1984),『동아시아사의 전통과 변용』(1996),『동아시아문화사론고』(1997),
전해종의『동아문화의 비교사적 연구』(1976),『동아사의 비교연구』(1987)
등의 일련의 저작이 이를 말해준다.

그러나 이 저작들은 일관된 체계 속에서 저술된 것이 아니라 각기 개별

9) 윤세철,「世界史와 아시아사-"世界史" 內容選定의 몇 가지 문제」,『歷史敎育』32, 1982,
20~28쪽. 이를 좀 더 확충한 글로 유용태,「多元的 世界史와 아시아, 그리고 동아시아」,
『환호속의 경종』, 476~518쪽이 있다.
10) 이성규,「총설: 한국 동양사연구 60년」, 259~266쪽.

적으로 쓰여진 글을 묶어 놓은 것에 불과하여, 동아시아사의 의미와 구성
방법에 관해 명확한 논설을 남긴 것이라고 할 수는 없다. 다만 항상 동아
시아사를 하나의 통일적 역사단위로 생각하고 의식하여 개별 저술에 임했
다는 점에서 그들의 글을 검토하면 이에 관한 그 나름의 사고결과를 얻을
수 있지 않을까 한다.

우선 동아시아사의 범위에 관하여, 고병익은 중국문화를 모체로 하는
한중일과 베트남을 포함하는 공간으로 한정하였다. 원대사(元代史) 연구
자이면서도 몽골을 포함시키지 않은 것은 중국문화를 중심으로 접근한 때
문이 아닌가 한다. 그의 제자 민두기(閔斗基)는 이들 4국 외에 몽골과 티
벳까지 포함시키고 정치·문화적 상호관련성의 정도에 따라 한·중·일·
베를 동아시아의 '중심', 몽골·티벳을 그 '주변'으로 구분하였다. 한·중·
일·베는 다시 유일의 '중심'인 중국과 복수의 '소중심'인 한·일·베로 나
뉘진다. 이때 베트남은 지리적으로는 몽골 및 티벳처럼 '주변'에 위치하였
으나 정치·문화적으로는 한중일처럼 '중심'에 속한다.[11] '소중심'은 '중심'
의 주변에 해당하겠지만 티벳과 몽골을 동아시아 지역질서의 '주변'으로
포함시켜 동아시아를 삼위계(三位階)로 이해한 것은 독특하며 시사하는
바가 크다. 다만 그가 왜 티벳까지 여기에 포함시켰는지는 분명치 않다.

동아시아사는 한국사와 관련되는 부분을 중심으로 삼고 그로부터 점차
범위를 확대해나가는 식으로 구성해야 하는 것이었다. 고병익에 따르면
이때 중국사는 하나의 이웃나라 역사에 그치는 것이 아니라, 그 자체로서
한국의 역사와 문화를 이해하는 '방법'이다. 나아가 중국사는 상호 비교의
대상으로서도 의미를 갖는데, 일본사와 베트남사도 비교대상으로서의 의
미를 갖는 것으로 인식되었다. 그러나 이는 동아시아 4국의 각국사를 한
국사의 이해를 위한 비교대상으로 인식하는 정도여서 동아시아사를 비교

---

11) 민두기, 「동아시아의 실체와 그 전망」, 『시간과의 경쟁』, 연세대학교출판부, 2001, 39~40·
61~62쪽.

사적 관점에 의거해 하나의 체제 속에 조직해낸다거나, 더 나아가 동아시아사 그 자체를 통일적인 하나의 지역사로 조직해냈으면 하는 지금 우리들의 필요에는 미치지 못한다.

그렇다면 동아시아사는 하나의 통일된 역사로 조직될 기반을 결여했다는 것인가? 그는 『동아사의 전통』(1976)에서 다음과 같이 분명하게 답한다. "동부아시아라는 지역은 과거에는 물론이요 현대에 이르기까지도 하나의 뚜렷한 문화권을 이루어왔고 역사적으로 하나의 단위를 이룬 활동무대가 되어 왔으며, 이 점에서 유럽이나 서남아시아보다도 더 장구하고 지속적이고 뚜렷하다."[12] 이 정도면 동아시아사가 하나의 지역사로 성립할 근거가 되지 않나 싶다. 그래서 그는 "동아시아 한중일 3국사의 흐름을 상호연관 속에서 통관하는 것을 평생 연구의 핵심과제"로 삼았던 것이다.[13]

그러나 그의 동아시아사 인식은 이처럼 간단하지만은 않다. 우선 하나의 문화권을 이루었다 하더라도 그것이 "역사적으로 하나의 단위를 이룬 활동무대"가 되었는지는 다른 문제인데, 특히 그는 문화적 차원과 정치·사회적 차원을 구분하여 접근한 바 있어서 더욱 그렇다. 『동아시아사의 전통과 변용』(1996)에서 그는 "삼국은 문화사적인 공통성에도 불구하고 역사상의 실제 상호관계에서는 시대에 따라 서로 극히 소원하든지 심한 갈등관계에 있었던 일이 많다. 세계의 다른 지역에서보다 오히려 지역적인 친밀성은 약했다"고 말했다.[14] 또 하나는 동아시아사의 상호관련성을 시기적으로 달리 파악하기 때문이다. 10세기까지는 인적·물적 교류와 이주를 바탕으로 문화적 동질성을 갖게 되었다면서 이를 동아시아의 "개방된 고대"라 불렀다. 그러나 그 후 14~19세기에는 동아시아 4국 모두의 역사가

12) 高柄翊, 『東亞史의 傳統』, 一潮閣, 1976, 서문.
13) 백영서, 「상호소원과 소통의 동아시아: 고병익의 역사인식 재구성」, 한림과학원 엮음, 『高柄翊·李基白의 학문과 역사연구』, 한림대학교출판부, 2007, 153쪽.
14) 고병익, 『동아시아사의 전통과 변용』, 문학과 지성사, 1996, 서문.

정치·사회적으로 각기 상호 관련 없이 평행적으로 전개되었다고 한다. 14
세기 이후의 명, 15세기 이후의 조선, 17세기 이후의 일본은 각기 자국인의
해외출입을 금하여 이른바 동아시아 4국 공통의 쇄국현상을 초래하였는
데, 여기에는 명청(明淸)의 해금정책 외에 당시 동아시아 4국의 국가와
사회 이념으로서 기능한 주자학적 유교, 기독교 세력의 도래 등 몇 가지
요인이 작용하였다.15)

　그리하여 동아시아는 불교시대라 할 수 있는 고중세와 달리 유교시대인
근세에 들어와 '닫힌 근세'가 되어 버린 셈이다. 그는 이를 "상호소원의 근
세"라고 불렀다. 쇄국은 원래 동아시아 상호 간의 쇄국이 아니라 동아시아
바깥세력의 침투를 차단함으로써 중앙집권체제를 유지하기 위한 것이었
으나, 실제로는 동아시아의 상호소원을 구조화하게 되었다. 그는 주자학
이라는 문화의 공유에도 불구하고 정치·사회적 차원에서는 이처럼 상호
격절돼 있었음을 중시하였다. 그 결과 근세시기 4국 간에는 유럽에서와
같은 국가와 민족의 평등한 관계라는 개념이 형성되지 못했고, 서구와의
접촉 이래로 동아시아 각국 간의 지역적 친밀성과 연계의식은 더욱 희박
해진 반면 탈아입구적 지향이 형성되었다. 그러므로 이처럼 인적·물적
교류가 적었던 문화권은 유럽, 인도, 이슬람 문화권과 비교해서 달리 유례
를 찾기 어려울 것이라고 그는 말한다.16)

　그렇다면 동아시아사를 하나의 단위로 구성하고 교육하는 것은 어려운
일이 아닌가? 그는 각국사 위주로 연구가 진행되고 있는 현실을 인정하고
그 위에서 이를 상호 소통할 수 있도록 개방된 시각과 자세로 접근해야
한다고 강조할 뿐이다. 고병익만큼 동아시아사를 의식하면서 연구와 교육

---

15) 고병익, 「近世 中韓日의 鎖國」, 『震檀學報』 29~30합병호, 1966 ; 『동아시아문화사론고』,
　　서울대학교출판부, 1997, 179~219쪽.
16) 고병익, 「동아시아의 연합은 이루어질 것인가」, 『中央日報』 1985. 4. 8 ; 「동아시아 나라
　　들의 상호소원」, 『창작과비평』 21-1, 1993년 봄 ; 『동아시아사의 전통과 변용』, 103·116쪽.

에 임한 연구자도 물다. 하지만 아쉽게도 그는 동아시아사나 동양사를 하나의 체계하에 조직하려는 시도를 하지는 않았다.[17] 다만 동아시아가 장차 유럽과 같은 하나의 지역 연합체로 통합될 가능성이 있다고 전망하면서 그것이야말로 동아시아의 미래상이라고 보았다. 특히 한반도가 통일된다면 동아시아가 유력한 연합체를 형성할 것이 틀림없다고 단언한다. 그 근거로 그는 전시기를 관통하는 "발전의 공통성"을 들었는데, 고중세의 개방된 공통의 문화 위에 근세 이후의 쇄국과 서구문화 수용을 평행적으로 경험한 것 등이 그렇다는 것이다. 특히 기록과 책을 중시하고 존중하는 관념이 뚜렷했는데, 이는 문자기록―종이제작―인쇄기술이 일찍부터 발달하여 보급된 결과로서 타 문화권에 비해 독특한 면이다. 그래서인지 동아시아에서는 언어문제가 상대적으로 단순화돼 있어서 4개 국어만 하면 되는데, 이는 유럽에서는 11개 국어가 공용어로 지정될 정도인 것과 비교된다는 것이다. 그리고 외래문화에 대한 수용적 자세도 타문화권에 비해 탁월하여 동아시아에서는 외래문물에 대한 맹렬한 배척은 오히려 의외라고 할 정도로 적었다면서 이슬람이나 힌두문화권에서와 같은 근본주의적 고대문화부흥운동이나 배외운동이 일어나지 않았음을 지적하였다.[18] 국가와 민족 간에 평등관념이 여전히 부재하다는 문제가 남아있지만, 경제방면에서부터 연합체를 구성하여 이를 점차 다른 방면으로 확대할 수 있을 것으로 낙관하였다. 이런 낙관적 기대가 있기에 그는 상호소원의 역사를 직시하면서도 동아시아를 하나의 역사단위로 인식하였을 터이다. 역사란 언제나 과거 그 자체로서가 아니라 현실의 필요에 따라 재인식되는 것이기 때문이다.

고병익의 이러한 동아시아사 인식은 그의 제자 민두기와 백영서(白永

---

17) 그는 『세계문화사』를 저술하였으나, 동양문화사나 동양사개설류의 책을 저술하지는 않았다.
18) 고병익, 「동아시아 나라들의 상호소원」, 103~107쪽.

瑞)에게도 상당 부분 계승되었다. 민두기는 고병익이 주목한 상호소원의 동아시아 역사상을 심화하여, 한일베 3국이 모두 중국을 유일·절대로 인정하는 동아시아 '중심질서'에 속해 있으면서도 각기 자기 중심의 '소중심질서'를 형성하려는 정치적 관념과 문화적 소중화의식을 공유하고 있었다는 사실, 중국의 중화사상을 근간으로 하는 대국주의와 일본의 관념적 우월의식을 근간으로 하는 팽창주의가 침략과 저항의 역사를 초래하였다는 사실, 근대 시기 양국의 대국주의와 팽창주의가 아시아주의로 포장되어 이웃 한국의 강점과 그에 대한 묵인을 합리화한 사실을 강조하였다. 여기서 그는 한국사와 동아시아사의 긴밀한 상호연관성의 한 예를 예리하게 드러냈다. 한국의 안정과 번영이 중일 양국이나 역외(域外)의 대국에 의해 위협받게 될 때 양국의 안전도 동시에 위협받게 된다는 사실이다. 따라서 역사상의 경험의 공유는 동아시아를 구성하는 필요조건일 뿐이고, 바로 이 상호연관성을 인식하는 것이야말로 동아시아 구성의 충분조건이라고 강조한다. 한국의 국가적 약체성을 이용하여 자신의 국익을 추구하는 중일 양국이 대국주의와 팽창주의를 넘어서 한국을 진정한 이웃으로 대할 때 비로소 동아시아 국가들 간의 평등관계가 실현될 수 있기 때문이다.[19]

그에 비해 그의 제자 백영서는 중·미·일로 이어진 제국성의 극복이 필요하고 중요함을 잊지 않으면서도 공통의 문화유산과 역사적으로 지속되어온 일정한 지역적 교류라는 실체가 존재하였다는 것을 전제로 탈중심의 '동아시아 공동체' 형성을 전망하였다.[20] 김한규(金翰圭)는 좀 더 적극적으로 전통시대부터 동아시아가 "서로 유기적인 관련성을 가지고 하나의 총합적 세계를 구성하고 있었다"고 보아, "동아시아사의 체계적 확립"이

---

19) 민두기, 「동아시아의 실체와 그 전망」, 48~50·62쪽.

20) 백영서, 『동아시아의 귀환』, 창작과비평사, 2000 ; 「주변에서 동아시아를 본다는 것」, 정문길 외 편, 『주변에서 본 동아시아』, 문학과지성사, 2004, 13~36쪽 ; 백영서 외, 『동아시아의 지역질서』, 창비, 2005, 10~31쪽.

필요함을 인정하였다.[21) 그는 요동사(遼東史)를 독자적 역사 단위로 설정
하여 동아시아사의 구성요소로 간주하였다.

동양사학 연구 60년이 지나는 동안 관련 논문이 엄청나게 증가하였음에
도 이를 종합하여 전체상을 하나의 체계 속에 파악한 저술은 나오지 못하
고 있다. 동양사개론류의 일관된 체제를 갖춘 개설서는 해방 직후보다 60
년이 지난 지금 오히려 더 찾아보기 어려운 기이한 현상이 지속되고 있는
것이다. 다만 상호소원의 근세 경험과 제국의식에 뿌리를 둔 대국주의 및
팽창주의를 극복하고 "통일적 아시아사", 그리고 그 일환일 터인 "비교사
적 동아시아 지역사"를 구성할 필요가 있음을 강조한 정도에 머물러 있다.

필자는 여기에 담긴 취지와 방법을 동아시아사의 구성에도 원용할 수
있다고 본다. 여기서 상호 교류와 연관을 고려해 비교사적으로 파악할 대
상의 단위는 지역문명이 아니라 동아시아 안의 각국/지역/민족이 될 것이
다. 현재 국민국가를 형성하지 못한 지역/민족까지 포함시키자는 것은 제
국화한 국민국가들의 위계를 드러냄으로써 화해와 공존의 과제를 분명히
하기 위함이다.

3. 동아시아적 시각의 개별 연구들

김상기가 한국을 포함한 동방의 교류·교섭사를 자신의 학문과 교육의
방향으로 삼자, 그의 제자 고병익과 전해종도 각각 동서 교류·교섭사와
한중관계사 연구에 종사하였다. 그 결과 우리의 동양사와 동아시아사는
처음부터 교류·교섭사와 관계사의 시각에서 인식될 수밖에 없었다. 그리
고 이는 한국사 인식을 확충하고 한국사상을 되비쳐 보기 위한 것이었으

---

21) 金翰奎, 『中漢關係史』 1, 아르케, 1999, 5~6쪽.

니 비교사의 관점을 어느 정도 내포하지 않을 수 없었다. 그 각각의 연구
들의 요점을 간추려 보자.

첫째, 교류 · 교섭사

그 시초는 김상기의 『동방문화교류사론고』(1948)이다. 신라와 고려의
중국무역을 분석한 논문들로 구성된 이 책은 문화의 발전은 교류에 의해
이루어진다는 전제하에 대륙과 한국의 문물교류를 중시하였다. 대륙의 문
물을 수용하기만 한 것이 아니라, 고구려의 음악과 춤이 대륙에 흘러가 다
채로운 당나라의 예술을 장식하였고 고려의 생활양식이 몽고 귀족사회에
유입되어 고려양(高麗樣)이 조성되었다는 예를 들었다. 대륙에 일게 된 고
대 한류(韓流)인 셈이다. 그는 조공도 외교적 관계라기보다 문물교류를 수
반하는 무역관계로 이해하였다. 당송대(唐宋代)에 조공을 통한 무역이 중
국 측에 불리하다면서 시정해야 한다는 요구가 제기된 것을 그 근거로 들
었다.22) 『동방사론총』(1974)에서 그는 한민족(韓民族)의 원류인 동이(東
夷)의 족원(族源)과 이동을 논증하였다. 그러나 그는 (동)아시아 혹은 동방
사 인식의 방법이나 상을 제시하지는 않았다.

고병익은 고려-원 관계를 중심으로 한 동서교섭사를 아시아사와 동아
시아사 인식의 토대로 삼았다. 그리고는 그 이전과 이후 시기로 시야를 확
대하여 동아시아사상의 교류교섭을 폭넓게 연구하고 그 속에서 자연스럽
게 비교하기도 하였다. 그러나 그는 몽골제국보다 오히려 당제국의 국제
성을 더 높이 평가하여, "13세기 몽고족의 서쪽으로의 대원정이 교통의 길
을 넓혀주기는 하였으나 일시적인 현상임을 면치 못했고 또 동서간의 교
류는 15세기 이후 어렵고 험한 육상교통으로부터 해상로로 대체되기 시작
하였다"고23) 보았다. 아부 루고드의 "13세기세계체제론"을 비롯해 요즘 갈

---

22) 金庠基, 『東方文化交流史論考』, 乙酉文化社, 1948, 4~7쪽.
23) 고병익, 「한국과 세계: 그 문화교류의 역사」, 『동아시아의 전통과 변용』, 29쪽.

수록 몽골제국의 성립을 동서교역이나 세계시장의 형성과 관련하여 과대
평가하는 경향이 늘고 있으나, 이는 유럽인의 필요에 따른 시각이 아닌가
한다.

문물의 교류에서 중요한 것은 외래문화에 대하여 개방적인가 폐쇄적인
가 하는 문제이다. 전해종은 중국의 중화주의가 폐쇄적 경향을 갖고 있지
만 시기에 따라 큰 차이를 보인 점을 지적하였다. 그에 따르면 대체로 한
당대(漢唐代)와 남북조(南北朝)시대에는 극히 개방적이었으나, 북방유목민
족의 세력이 강화되는 10세기를 지나면서 폐쇄적 경향을 보이기 시작하다
가 원대에 일시적으로 완화되는 듯했지만 다시 명청대에 가장 폐쇄적으로
되었다.24) 그는 동아시아 3국의 귀화인, 한국인의 만주이주 등 이주를 통
한 문화의 교류에도 관심을 기울였다.

조영록(曺永祿)은 최부(崔溥)의 『표해록』을 중심으로 15세기 전후 한중
일 삼국 간의 교류와 상호인식을 검토하였고, 김종원(金鍾圓)은 조선의 대
청무역이 왜관무역과 연동됨으로써 동아시아 3국이 쇄국 속에서도 하나
의 경제권을 형성하였음을 강조하였다.25) 최근 강진아(姜抮亞)는 16~19세
기 동아시아 역내무역권의 형성과 전개를 강조하였다. 그에 따르면 조선화
교(朝鮮華僑)가 중요한 역할을 담당하는 속에서 동남아와 동북아가 하나
의 교역권으로 연동돼 있었고 유럽세력도 거기에 참여함으로써 세계시장
의 일환을 이루었다. 이 동아시아 무역권은 조공관계를 기반으로 하면서
도 그것을 넘어서는 민간차원의 광범한 밀무역과 호시무역(互市貿易)이
결합해 상품의 거대한 교역망을 형성하였다.26)

---

24) 전해종, 『동아시아사의 비교와 교류』, 지식산업사, 2000, 195쪽.

25) 조영록, 『근세동아시아 삼국의 국제교류와 문화』, 지식산업사, 2002 ; 김종원, 『근세 동아
    시아관계사 연구』, 혜안, 1999.

26) 강진아, 「16~19세기 중국경제와 세계체제」, 『梨花史學硏究』 31, 2004 ; 강진아, 「16~19세
    기 동아시아무역권의 세계사적 변용」, 백영서 외, 『동아시아의 지역질서』, 36~78쪽. 이에
    대해 홍성구 외, 『근대중국 대외무역을 통해서 본 동아시아』, 동북아역사재단, 2008는 전

둘째, 관계사

전해종의 한중관계사 연구는 조공관계를 중심으로 진행되었고 거기에
서 조공책봉은 양국 간의 외교를 중심으로 한 '대외관계'로 파악되었다. 이
는 미국 학계에도 번역되어 수용되었으며,[27] 오늘날 '동북공정'을 주도하
는 중국의 일부 학자들이 조공관계를 일국 내의 '중앙－지방' 관계로 간주
(조공국을 "중국의 지방정권"으로 규정)하는 논리가 대결하지 않으면 안
되는 정설이 되었다. 그는 조공을 경제, 의례, 군사, 정치, 문화적 관계로
세분하여 고찰하였다. 그에 따르면 원(元)의 고려 간섭기 이전의 한중관계
는 주로 경제관계였으며 조공의 정치적 의미는 부차적이고 단속적(斷續
的)이었다. 특히 당대(唐代)에는 그 개방성으로 인해 비(非)조공관계가 전
면에 위치하고 조공관계는 그 후면에 위치하였다. 명청(明淸)시대에는 비
조공관계도 조공관계에 의해 규율되는 준(准)조공관계로 바뀌어 조공관계
만 존재하고 조공외적 관계는 거의 사라졌다. 중국의 '동북공정'을 계기로
하여 최근에는 조공관계에 대한 통시대적인 공동연구도 진행되었는데, 대
체로 전해종의 시각을 벗어나지 않고 있다.[28]

김기혁(金基赫)은 한중일 삼국의 근대 국제관계를 고찰하여 양국 관계
사의 한계를 상당 부분 돌파하였다.[29] 그에 따르면 근대시기 중일 양국이
모두 조선에 대하여 아류제국주의를 추구하게 됨에 따라 전통적 동아시아
질서는 무너지고 서구식의 새 국제질서가 확립되었다. 일본의 탈아외교
(脫亞外交)가 타이완 침공과 류큐합병(琉球合倂)으로 나타나자, 청조는 임
오군란(壬午軍亂) 이래 조선에 대하여 "예로써 대국을 섬기고 덕으로써 소

근대 아시아 교역권론을 일본중심주의라고 비판하고 있으나, 이는 지나친 단순화로 보
인다.

[27] John K. Fairbank ed., *The Chinese World Order: Traditional China's Foreign Relations*,
Harvard University Press, 1968 ; 全海宗, 『韓中關係史硏究』, 일조각, 1970,

[28] 방향숙 외, 『한중 외교관계와 조공책봉』, 고구려연구재단, 2005.

[29] Key-hiuk Kim, *The Last Phase of the East Asian World Order*, Univ. of California Press, 1980.

국을 보살핀다(事大以禮字小以德)"라는 전통적 중한관계를 완전히 파괴하고 외교·군사·경제적으로 특권과 이익을 추구하는 제국주의정책으로 나아갔다.[30] 그 과정에서 청조는 물론 일본도 근대적 조약체제를 서구열강과의 관계에서만 적용하고 동아시아 역내에서는 전통적 조공질서를 이용하여 자국 이득의 극대화를 꾀하는 이중성을 보였다. 양국 모두 이처럼 전통적 조공질서에 상당 부분 의존하면서 근대 국제질서 속으로 들어감으로써 화이질서(華夷秩序)는 변용과 함께 지속되지 않을 수 없었다. 일본의 탈아외교가 조선의 목을 조여 오는데도 조선과 청조는 전통적 조공관계에 기대어 이를 서로 자기에게 유리한 쪽으로 적용하려는 동상이몽의 모색을 한 셈이다.

김기혁에 따르면 화이질서하의 일본은 한국과 달리 중국문물을 적극 수용하면서도 중국과 거리를 두고 예외적 존재로 남아있으려는 경향이 있었다. 이는 두 나라의 지정학적 차이에 기인하는데, 일본은 외교전략적으로 자유와 선택의 폭이 훨씬 넓은 위치에 있었다. 한국은 일본에 대해 정치적으로는 교린(交隣)의 대상으로 대하면서도 문화적으로는 우월감을 갖고 있었지만, 일본은 한국에 대해 정치군사적 우월감을 갖고 대하였기에, 이런 차이가 결국 임진왜란(壬辰倭亂)을 낳게 되었다. 일본의 나가사키무역도 그 형태와 방식이 광둥무역(廣東貿易)과 유사하며, 중국을 중심으로 한 동아시아적 교역제도의 일환을 이루고 있었다. 그러니 그가 일본의 개항을 동아시아적 상호연관성의 시각에서 파악하여 2차 아편전쟁이 일본의 통상조약(1858) 체결에 미친 영향을 강조한 것은 자연스럽다.[31]

청조의 팽창을 동아시아적 맥락에서 검토하여 그 제국주의적 속성을 강

---

30) 당시 서구열강을 "1차적 제국주의(primary imperialism)", 청일 양국을 "2차적 제국주의(secondary imperialism)"로 표현하였다. 김기혁, 『근대한중일관계사』, 연세대학교출판부, 2007, 155~156쪽.

31) 김기혁, 『근대한중일관계사』, 65~75쪽.

조한 연구 중 소국과 소수민족으로 상징되는 "주변의 시각"을 명확히 한 예로 주목되는 것은 유장근(俞長根)의 연구이다. 그는 청조의 주변지역에 대한 정책이 이미 18세기 청제국의 정복활동에 의한 팽창에서 제국주의적 면모를 드러내었고, 근대시기 주변민족의 민족주의도 그에 대한 저항으로 부터 시작되었기 때문에 동아시아의 근대가 18세기부터 시작되었다고 본 다. 그리하여 그는 전통적 화이질서가 근대적으로 변모하는 과정에서 중 국과 주변 여러 민족이 어떻게 대응하는지를 그동안에는 주로 중국중심의 관점에서 접근하거나 반대로 화이질서를 극복되어야 할 봉건잔재로 전제 하는 유럽중심주의 관점을 비판하고 "각 지역의 시점"에서 접근할 것을 제 안하였다.32) 이를 바탕으로 그는 조선, 베트남, 류큐, 티벳, 타이완, 몽골 등의 사례를 다룬 공동연구를 조직하였다.

　한중일 3국을 아우르는 동아시아 국제질서에 관한 공동연구가 최근에 진행되기 시작한 것은 새로운 면모이다. 이들 연구에서는 조공책봉 문제도 한중관계사의 시각을 넘어서 동아시아 국제질서 차원에서 근대적 전환과 관련해 검토되었고, 한반도와 관련된 역사상의 전쟁이 동아시아 국제질서 변동의 중요 계기로 파악되었다.33)

　한일 간의 교류 · 관계사 방면에서는 재일 조선인 학자 이진희(李進熙) 와 강재언(姜在彦)이 일찍이 관심을 두었다. 그들은 새로운 '이웃나라 관 계'를 구축하기 위한 한일교류사를 저술하였다. 고대 일본의 한반도에 대 한 '인국의식(隣國意識)'의 사례들을 제시하고 동시에 그와 상반되는 화이 의식(華夷意識)이 율령체제의 확립 이후 성장하였다는 사실도 함께 주목 하였다. 전자의 예로 4~5세기 도래인(渡來人)의 물결, 백제(百濟) 멸망 시

---

32) 유장근, 「동아시아 근대에 있어서 중국의 위상」, 『慶大史論』 10, 1997. 12 ; 하정식 · 유장 근 편, 『근대동아시아 국제관계의 변모』, 혜안, 2002, 25~47쪽.

33) 백영서 외, 『동아시아의 지역질서』 ; 역사학회 편, 『전쟁과 동북아의 국제질서』, 일조각, 2006.

의 일본군 파병과 망명 백제인에 대한 관직 수여 등을, 후자의 예로 근거
도 없이 신라를 번국(蕃國)으로 간주한 것 등을 들었다. 그에 따르면 화이
의식에 의거해 번국을 설정한 것은 국내용 선전에 불과했다.[34] 그 후 연구
자의 증가와 함께 한일관계사 연구는 1992년 한일관계사학회의 성립에 따
라 조직적으로 진행되었다. 주로 식민사관을 비판하고 역사 속의 양국관
계와 상호인식을 객관적으로 성찰함으로써 상호이해를 증진하고자 하였
다. 그 결과『한국과 일본 - 왜곡과 콤플렉스의 역사』(전 2권, 1998),『한일
양국의 상호인식』(1998),『조선시대 한일표류민 연구』(2001),『한일관계사
연구의 회고와 전망』(2002),『한일관계 2천년: 보이는 역사, 보이지 않는
역사』(전 3권, 2006) 등이 간행되었다.

그에 비해 한중관계사학회는 성립되지 않았다. 그 이유는 첫째 1966년
동양사학회(東洋史學會) 창립을 지나면서 종래의 교류·관계사로부터 중
국사 자체의 내재적 발전에 주목하는 쪽으로 학계의 관심이 이동한 때문
이다. 둘째 문명과 규모의 차이에서 오는 비대칭성 때문인데, 이것이 연구
자에게 모종의 콤플렉스를 자극하기도 하였다. 이는 2000년대에 출간된
동아시아 공동의 역사교재 5종 중 4종이 한일 양국 간, 1종이 삼국 간의
공동작업이었을 정도로 불균형한 데서도 드러난다.

셋째, 상호관련성의 역사

교류·교섭이나 관계사와는 또 다른 차원에서 이웃나라 간에 내면적으
로 상호 연관된 맥락을 드러낼 수 있어야 한다. 그 예는 지명관(池明觀)이
강조한 탈아입구의 연쇄에서 볼 수 있다. 일본이 18세기 후반부터 국학운
동을 거쳐 점차 탈중국(脫中國) 경향을 보이더니 메이지유신 직후 아예 탈
아입구로 나아가 버린 것은 우리가 다 아는 바이다. 그에 따르면 한국과

---

34) 이진희·강재언,『한일교류사 - 새로운 이웃나라 관계를 구축하기 위하여』, 학고재, 1998,
71~79쪽.

중국도 그 후 마찬가지로 탈아입구의 길을 걸어갔다. 구미와 제휴하여 동아시아를 침략하는 일본에 대처하기 위해서는 이들도 역시 같은 방법을 취하지 않을 수 없었으며, 근대 일본의 탈아는 동아시아 전체의 탈아를 초래할 수밖에 없었다. 2차대전 종료와 함께 이 탈아현상이 종식될 가능성도 생겼었지만, 냉전체제가 성립되면서 동아시아는 미·소를 중심으로 한두 개의 진영으로 나뉘어 각각 탈아입미(脫亞入美)와 탈아입소(脫亞入蘇)의 대결적 탈아현상을 지속시켰다.[35] 백영서가 지적한 대로 중국이 20세기 초의 극히 짧은 기간을 제외하면 줄곧 아시아에 대한 수평적 사고를 결여하였다는 것도 이런 탈아경향과 상통한다.[36] 이 같은 근대시기 4국 공통의 탈아경향은 그 이전에 한·중·일·베 4국이 각기 중화주의를 수용해 자기화하고 이를 자신의 세계인식과 역사인식의 근간으로 삼았던 공유된 경험의 연장선에서 이해될 수 있다. 그로 인해 자신을 중화(中華)로 여기되 이웃나라를 이적(夷狄)으로 간주하는 전통적 역사인식은 근대 이후의 유럽중심주의보다 더 뿌리 깊은 이웃 멸시 관념을 조성하였고, 이는 최근 동아시아 3국의 역사인식 갈등을 야기한 전통적 요인으로 주목되었다.[37]

유용태(柳鏞泰)는 2차대전 직후 일본의 탈아가 지속된 이유를 미국의 단독점령 때문이라고만 보는 견해를 탈아적 시각이라고 비판하고 동아시아 내부의 연관 속에서 파악하였다. 중화민국은 전승국으로서 군국주의 청산에 대한 권한과 책임을 갖고 있었으며, 더구나 미국이 대일점령을 위해 5만 명의 중국군 파병을 요청하였으나 장제스(蔣介石)는 반소(反蘇)와 반공(反共)을 판단의 기준으로 삼아 국공내전에 대비하기 위해 이 요청을 거부함으로써 권한과 책임을 스스로 방기하였다. 그로 인해 일본의 탈아

---

35) 지명관, 「전환기의 동아시아—지정학적 발상에서 지정문화적 발상으로」, 정문길 외 편, 『발견으로서의 동아시아사』, 문학과 지성사, 2000, 24~34쪽.

36) 백영서, 「중국에 '아시아'가 있는가?」, 『발견으로서의 동아시아사』, 67~73쪽.

37) Yu, Yongtae, "The Logic of Historical Disputes and Their Origins in Northeast Asia: Reflection for Communication", *Journal of Northeast Asian History*, vol. 4-2, Dec. 2007, pp.230~235.

를 촉진하였고 자국 내에서 국민여론의 지지를 상실하였으며 이는 국공내전에서의 패퇴를 자초하였다. 그는 또 베트남전쟁을 미국과 베트남의 관계가 아닌 동아시아 내부의 관계로부터 접근하여 그에 참전한 중국과 남북한의 문화대혁명과 병영국가화가 어떻게 상호 연관돼 있는지를 드러내었다.38) 20세기 초 사회주의와 무정부주의 등 급진주의 사조의 수용 및 전파를 동아시아적 상호연관성 속에서 파악하려는 시도가 최근 나타난 것은 고무적인 일이다.39)

넷째, 비교사

고병익은 동아시아 4국의 유교이념을 비교하여, 14세기 주자학이 명제국의 국가통치이념으로 확립됨으로써 이전의 불교시대에 종지부를 찍은 후 조선과 베트남은 15세기, 일본은 17세기에 각각 주자학을 수용하여 국가와 사회의 질서를 유지하는 체제로 나아간, 동아시아의 정치적 평행현상을 드러내었다.40)

비교사학의 방법을 적극 검토하고 제기한 것은 전해종이다. 문헌사학은 기록자의 선입견에 의한 허구와 과장과 미화가 많다. 특히 동양인의 기록은 시대가 내려올수록 전대의 기록이 윤색되고 가미되곤 하였는데, 문헌사학의 이런 한계를 극복하기 위해서 사회과학적 방법에 의거한 비교사가 필요한 것이다.41) 그는 공시적(共時的)·통시적(通時的) 비교방법을 소개

---

38) 유용태, 「日本歷史敎科書의 동아시아 인식: 탈아관념의 지속과 변화」 ; 유용태, 「동아시아의 베트남전쟁: 남북삼각동맹의 대응」, 『환호속의 경종』, 253~260·281~345쪽.

39) 김수영, 「보이딘스키와 초기 동아시아 공산주의운동」, 『中國近代史硏究』 36, 2007. 12 ; Dongyoun Hwang, "Beyond Independence: The Korean Anarchist Press in China and Japan in the 1920s and 1930s", *Asian Studies Review*, Vol. 31 No. 1, March 2007.

40) 고병익, 「유교이념과 정치적 平衡」, 『동아시아의 전통과 近代史』, 三知院, 38~48쪽 ; 「근대 아시아 전환기의 儒敎」, 『동아시아문화사론고』, 319~350쪽.

41) 전해종, 『동아문화의 비교사적 연구』, 일조각, 1976, 머리말 ; 『東亞史의 比較硏究』, 일조각, 1987, 머리말.

하면서 공통점을 찾아내는 데 그치지 말고 차이점과 차이의 원인까지 규명해야 한다고 하였다. 이런 문제의식에 기초하여 그는 동아시아 고대사에서 귀화(歸化)의 의미, 동아시아 고대문화의 중심과 주변, 한중 양국의 왕조교체 등을 비교분석하였다. 유용태는 민족문제, 국민국가 형성사, 집단주의 등을 동아시아적 시각에서 비교분석하여 동아시아 비교지역사의 가능성을 탐색하였다. 그에 따르면 비교의 방법이 사회과학적 거시인과분석에만 치중되어 맥락의 대조를 소홀히 할 경우 유교자본주의론처럼 자신이 얻고자 하는 결론을 미리 만들고 거기에 비교대상을 짜맞추는 꼴이 되기 쉽다. 특히 국민국가 형성과정은 성패(成敗)의 결과론으로부터 출발하여 그 원인을 찾아 소급하는 접근법이 아니라, 각국의 조건에 따라 시기와 속도 및 방법이 다를 수 있음을 인정하고 문명적 전통으로부터 유래하는 "과거의 힘", 지배엘리트의 특징, 국제적 조건의 3자를 상호연관지어 비교하여 그 차이를 설명해야 함을 강조하였다.[42]

직간접적으로 상호관련을 갖고 전개된 것은 아니지만, 비슷한 시기 각국·지역 간의 공통점과 차이점을 드러내기 위한 비교사도 필요하다. 표면적인 현상을 넘는 국가와 사회의 구조적 문제, 교류관계에서 소외된 농민사회와 농민문화 등이 그런 대상이 될 수 있다. 고문서를 통해 동아시아 근세의 신분, 촌락, 토지소유관계를 비교한 연구가 그런 예에 속한다.[43] 비교사적 인식을 통해 역사를 "사고의 실험실"로 삼아 역사적 사고력의 증진효과를 배가할 수 있기 때문이다. 국가 간의 상호인식에 관한 연구도 최근 들어 진척되고 있지만, 주로 중국의 중화주의적 한국인식에 치중돼 있고 한국의 중국 및 일본 인식을 다룬 글은 극히 적다. 그러나 이상과 같은

---

42) 유용태, 「탈냉전기 동아시아의 민족문제—동아시아적 시각의 성찰」 ; 「한국 역사교과서 속의 동아시아 국민국가형성사」 ; 「집단주의는 아시아문화인가: 유교자본주의론 비판」, 『환호속의 경종』.
43) 한국고문서학회 엮음, 『동아시아 근세사회의 비교: 신분, 촌락, 토지소유관계』, 혜안, 2006.

개별연구가 축적된다고 하더라도 그것이 자연스레 통일적 동아시아사를 만들어 주는 것은 아니다. 그것들을 종합하여 하나의 체계 속에 조직하는 일은 또 다른 새로운 작업이다.

4. 동양사와 동아시아사의 구성체제: 교과서와 개론서 분석

우리에게 "통일적 동양사"나 "통일적 동아시아사"의 예가 있었는가? 이동윤은 처음으로 통일적 동양사 구성의 과제를 제기하였으나 그의『동양사개설』은 거의 중국사 위주로 구성되고 말았다. 이는 "동양인의 생활과정을 究明하는 데에는 중국의 사회적 구조가 모든 문제의 근저"라는 그의 생각과 관련돼 있는 것으로 보인다. 그 후에 출간된 '동양사개설'이 대부분 중국사 위주의 구성을 면치 못한 이유도 마찬가지이리라. 조좌호(曺佐鎬; 도쿄제국대학 졸업, 성균관대 교수)의『동양사대관』(1956), 신채식(申採湜)의『동양사개론』(1993)이 그 예이다. 두 책은 모두 광의의 동양사가 아닌 협의의 동양사, 곧 중국사를 중심으로 한 동아시아사를 목표로 하였지만 그 내용은 사실상 중국사로 좁혀져 있다. 전자가 일본과 대만 학계의 연구 성과를 바탕으로 한 데 비해 후자는 한국학계의 연구에 기초한 것이라는 점에서 큰 의미가 있다.[44] 이는 학계의 현황을 그대로 반영한 것이라 할 수 있지만, 그래도 교류·교섭사와 관계사 연구의 성과가 구성체제상에 적극 수용되지 않은 것은 아쉬운 점이다. 황원구(黃元九)의『동양문화사략』(1980)은 동양문화를 중국문화권, 인도문화권, 이슬람문화권으로 나누어 이를 각각 3개, 1개, 1개의 장으로 나누어 구성하였으니 광의의 동양사

---

44) 申採湜,『東洋史槪論』, 삼영사, 1993(2006).

를 추구한 셈이다.[45] 동양사학회의 『개관 동양사』(1983)는 학회의 기획으로 분담 집필된 개설서인데, 그 전근대 부분은 중국사 위주로 구성하였으나 근현대 부분은 중국 외에 일본, 인도, 동남아를 포함시켜 그간 일본의 영향 속에서 "동양사학이 곧 중국사학과 동의어로 사용돼온 관례"로부터 벗어나고자 하였다.[46]

동아시아 지역사의 구성이라는 우리의 필요와 관련하여 모종의 시사점을 얻을 수 있는 구성체제의 예는 김상기와 손진태(孫晋泰; 와세다대학 졸업, 서울문리대 교수)의 중등교과서 『이웃나라의 역사』(1949, 1952)와 채희순(蔡羲順; 경성제국대학 졸업, 서울사대 교수)의 『동양사개론』(1948, 1953)이 아닌가 싶다. 여기서 이웃나라는 곧 동양이며 그것은 아시아 전체를 가리켰다. 교수요목에 따르면 "이웃나라 역사", "먼 나라 역사"는 "우리나라 역사"와의 상호 관련성에 유의해서 교수해야 하였다.[47]

먼저 『이웃나라의 역사』를 보자. 김상기는 교수요목에 준거하되 사실과 시대성의 관계에 유의하여 장과 절을 적절히 나누었으며, "국사와 이웃나라 역사와의 연관성을 밝히려 하였다"고 하였다.[48] 그는 본문 서두에 "이웃나라 역사를 배우는 본 뜻"을 밝혀 "우리와 정치 문화적으로 가까운 관계를 가진 여러 나라 및 민족의 흥망성쇠와 문화발전의 자취를 상호관계에서 알아보려는 것"이라고 하였다. 여기서의 상호관계는 동양의 여러 민족과 문화의 상호관계, 우리나라의 민족 및 문화와 그것과의 상호관계를 의미한다.

그 주요 특징을 간추리면 다음과 같다.

첫째, 중국의 상대화가 두드러진다. 그것은 우선 구성체제 면에 드러나

45) 黃元九, 『東洋文化史略』, 연세대학교출판부, 1980(1995), 8~9쪽.
46) 東洋史學會 編, 『槪觀 東洋史』, 지식산업사, 1983, 간행의 말.
47) 문교부, 『初中等學校 各科 敎授要目集 12: 中學校 社會生活科』, 1948, 46쪽.
48) 金庠基, 『이웃나라의 생활: 역사』, 장왕사, 1949(1954), 머리말.

있다. 중국사의 비중 자체가 극히 적고, 그 대신 주변소국 및 그것과 중국
과의 관계가 중시된 점에서 그렇다. 김상기는 전체를 8개 장과 29개 절로
구성하였는데, 그중 중국에 관한 장은 단 1개뿐이다("제3장 진한 및 위진
남북조 시대와 그 문화"). 수·당 제국, 원·명·청 제국은 모두 1~2개의
절로 다루었다. 29개 절의 분배를 보면 중국 13개, 인도 1개, 유럽 4개를
제외한 11개를 모두 기타 소국들에게 할애하였다. 아시아사를 중국, 인도,
동북아시아 여러 나라, 서남아시아 여러 나라 등 네 개의 큰 범주로 구분
해 파악한 것도 중국의 상대화에 기여한 구도로 보인다. 손진태 역시 전체
8개 장 중 1개, 25개 절 중 8개만 중국에 할애하였다.

뿐만 아니라 그는 "이제까지 우리는 지나치게 중국문화의 숭배에 사로
잡혀 왔고 또 아시아의 역사를 한민족(漢民族) 중심으로만 살펴왔다. 그러
나 아무리 중국문화가 위대하다 할지라도 그것은 결코 아시아문화의 절반
을 차지하는 것은 못되며 과거에 있어서나 현재에 있어서나 아시아문화와
운명을 결정하는 데 대한 인도·이란 민족과 투르크민족, 기타 여러 민족
의 구실은 한민족의 그것에 비해 결코 작은 것이 아니"라고 하였다. "너무
나 중국 중심적이 아닌 책을 써보았으면 하는 마음"에서 이 책을 썼다면서
"문교부 교수요목의 정신도 거기에 있는 줄로 짐작한다"고 하였다.[49] 중국
문화 자체도 "서역문화 및 유럽문화와 밀접한 관계와 교류 속에서 발전"한
것으로 파악하였다.

여기서 이제까지 지나치게 중국 중심으로 아시아사를 살펴왔다는 반성
은 사실 제국일본의 동양사학의 영향에 대한 반성이었다.[50] 일제시기 조

---

[49] 손진태 지음, 이해남 증보, 『이웃나라의 생활: 역사』, 탐구당, 1952, 머리말(이해남 씀),
1쪽. 이런 시각이 '教授要目'에 명시적으로 언급된 것은 아니고, 다만 구성체제 상으로만
드러난다. 필자의 견해와 상반되게 박진동, 「교수요목에 의거한 "이웃나라 역사" 교과서
의 발간과 그 구성」, 13쪽은 교수요목과 교과서가 중국 중심으로 구성되었다고 비판하
였다.
[50] 메이지 일본이 창안한 '동양사학'의 의미와 구조에 관해서는 스테판 다나카, 박영재 외

선의 중등학교에서 일본사·서양사와 함께 가르쳐진 동양사 교과서의 내용은 거의 대부분이 중국사였다. 그것은 대부분 '한족(漢族) 팽창시대'(상고), '한족새외족(漢族塞外族) 경쟁시대'(중고), '몽골족 극성시대'(근고)라는 식으로 한족과 북방민족 간의 경쟁을 중심으로 시대를 구분하여 (중국사가 아닌) 동양사의 단원을 구성할 정도로 중국 중심적이었다.51) 서술내용에 있어서도 가령 가장 대표적인 구와바라 지쯔조(桑原隲藏)의『동양사 교과서』(1925)를 보면 74%가 한족의 중국에 할애되고 몽골 10.9%, 일본 5.7%, 인도 5.2%, 한국 3.1%, 베트남 2.6% 순이었다.52)

그러니 해방 후 1세대 동양사 학자들이 대부분 일제시기의 이런 역사교육을 받았고 일본의 대학에서 수학한 점을 감안하면, 당시 한국의 동양사 연구와 교육이 중국사 위주로 진행될 것은 당연하였다. 주체성을 강조하던 당시 분위기를 타고 김상기를 비롯한 한국학계는 이런 중국중심주의를 식민사학의 일환으로 파악하고 극복하려 했던 것으로 보인다.

둘째, 민족·종족(種族)을 역사의 주체로 파악하고 그 독특한 문화와 국가의 성쇠를 강조하였다. 춘추전국─송대의 중국 주변민족의 활동을 흉노, 숙신, '우리민족'을 비롯한 동북민족 위주로 서술하고 그 속에서 '우리민족'의 내력을 파악할 수 있게 하였다. 춘추시대 패자들의 존왕양이론(尊王攘夷論)은 흉노의 침략에 대한 대응으로 제기된 것이며, 전국시대 조(趙)의 무녕왕(武寧王)은 흉노를 막기 위해 흉노의 본을 떠서 그들과 같은 방법으로 군사를 훈련하여 막아내었다고 하였다(23쪽). 말하자면 19세기 웨이위안(魏源)의 "사이장기론(師夷長技論)"은 이미 여기서 실천적으로 등장한 셈이다. 손진태는 한제국의 여러 황제들이 흉노제국의 위세에 눌려

옮김,『일본동양학의 구조』, 문학과 지성사, 2004 ; 백영서,「동양사학의 탄생과 쇠퇴」,『창작과 비평』, 2004년 겨울호 참조.
51) 우선주,「일제강점기 朝鮮의 중등학교 외국사교육」,『사회과학교육』9, 2006. 12, 59쪽.
52) 桑原隲藏,『東洋史教科書』, 開成館, 1925.

부득이 선우(單于)에게 공주를 출가시켜 겨우 침략을 일시 저지하였다면서 이를 "화번공주(和蕃公主)"라 하였고, 한무제(漢武帝)의 고조선 및 남월(南越) 침략을 "제국주의"로 간주하고 "찬란한 낙랑문화"는 "우리문화와 한(漢)문화의 합작"에 의해 일어난 것으로 파악하였다(31, 37쪽).

셋째, 일본과 베트남이 비교적 중시되었다. 4장 1절의 소절 "왜족(倭族)의 움직임과 그 생활상태"에서 1.2쪽 분량으로 족원을 동북아계통, 남양계통, 아이누의 세 갈래로 설명한 다음, 한반도의 낙랑과 삼한, 중국 남북조와의 관계를 서술하였다. 6장 4절 "일본의 변천"에서는 3.5쪽을 할애하여 다이카개신(大化改新) 이후 임진왜란까지의 일본사를 서술하였다. 7장 5절 "미국의 진출과 일본의 개혁"에서는 일본의 근대화를 다루었다. 손진태도 3장에서 "일본민족의 성장"이란 소절을 두어 그 족원, 낙랑 및 삼한(三韓)을 통한 대륙문화의 수용, 한제국과의 조공책봉관계 등을 서술하였다. 그런데 "그들은 우리를 통해 불교와 유교뿐만 아니라 모든 기술을 배웠고 옷도 우리와 같은 치마저고리를 입었다"고 하여 국수주의적인 면모를 보이기도 하였다(38~39쪽). 6장에서는 "일본민족의 활약"이란 절을 두어 다이카개신 이후 에도시대까지의 역사를 6쪽에 걸쳐 비교적 상세히 서술하였다. 그중 "일본인의 국민성"이란 항목이 눈길을 끈다. 군인들이 700년 동안이나 정치를 맡아 한 결과 군국주의가 일본 국민의 뼛속 깊이 박히게 되었지만, 다른 한편 상인이 점차 대자본가로 성장하여 돈으로 무사의 힘을 누르다가 기회를 보아 메이지유신을 단행하여 무가정치(武家政治)를 타도하였다는 것이다. 이때 대명(大名)들이 각기 번(藩) 단위로 산업화와 교화를 경쟁적으로 추진하였는데, 이것이 상공업 계급의 혁신 요구 정신과 결합하여 유신 이후의 큰 진보를 이루어낼 수 있었다고 보았다(101~106쪽).

베트남에 관해서는 "진한의 남월 정복"이란 항목에서 그 족원(族源)을 설명하고 한족과의 관계를 서술한 다음, "베트남의 변천과 쩡허(鄭和)의 대항해"란 소절에서 『대월사기(大越史記)』 편찬 등을 서술하였다. 8장 3절에서는 베트남의 독립운동을 다루었다. 손진태도 6장의 "베트남(安南)민족의 발전"에서 남월부터 참파왕국(2세기부터 17세기까지 존속)을 병합하기까지의 역사를 서술하였다(107~110쪽). 그런데 2차대전 직후의 독립운동에 대해서는 냉전사관에 입각해 부정확한 서술을 하고 있다(147쪽).

넷째, 중국과 주변국과의 관계사와 교류사를 중시하였다. 4장 1절의 소절 "우리민족의 발전과 대륙 여러 나라와의 관계", 5장 1절의 소절 "당(唐)과 주위 여러 나라와의 관계" 등이 그런 예이다. 교류사의 중시는 명말 청초 서양문화의 전래를 근대사의 기점으로 간주한 데서도 나타난다. 손진태가 4장 "서역(西域)의 광채" 밑에 "비단길을 따라서"와 "인도의 황금시대"란 두 절을 둔 것도 그러하다.

또한 한국사가 비교적 동아시아사와의 관련 속에 서술되었다. 해당 항목을 들면 기자(箕子) 건국설을 한중 간의 교류와 연관성을 보여주는 증거로 해석한 "고조선과 이웃나라", 삼국시대와 발해를 서술한 "우리민족의 발전", 송대의 고려를 다룬 "이 시대와 우리나라", "원명(元明)과 우리나라", 청대의 호란(胡亂) 등을 포함한 "이 시대와 우리나라", 개항 이후의 조선을 다룬 "조선의 개국", "청일전쟁", "러일전쟁과 우리나라의 수난", "우리나라의 독립", "한국동란과 유엔(UN)" 등이다. 북한 정권의 수립은 "붉은 제국주의의 침략"이란 항목에서 동유럽, 중국, 베트남의 공산정권 수립과 함께 서술하였다.

다섯째, 전제정치의 폐해를 아시아적 전통으로 간주하고 민주주의 실현의 과제를 강조하였다. 김상기는 2차대전 후 아시아는 일대전환기를 맞아 "침략에서 해방으로", "독재주의에서 민주주의로" 바뀌고 있다면서 우리민족은 통일부흥의 민족적 과업을 완수하는 한편 시대조류에 발맞춰 국제평화와 민주국민의 임무를 완수해야 한다고 하였다(171~172쪽). 손진태는 "이웃나라의 역사를 통해서 본 우리의 사명"이란 절에서 유능한 인물이 정치의 안정과 통일을 이룩하면 이윽고 호사할 생각이 일어나 전제정치를 낳고, 이것이 백성을 수탈하여 반란을 야기한 결과 왕조교체가 반복되는 전제정치의 비극을 강조하였다. 민주주의의 실현이란 과제를 이렇게 말한 것으로 보인다. 그리고 그는 아시아에는 아직 해방되지 않은 민족이 있으며 동서문화를 종합한 새로운 세계문명을 창조할 과제가 우리 앞에 놓여 있다고 하였다.

여섯째, 조공관계가 특히 일본의 경우에 강조되어 서술되었다. 그에 따르면 일본의 부락국가는 낙랑을 거쳐 한제국에 조공하였고, 야마타이국(耶馬臺國)은 대방군(帶方郡)을 거쳐 위(魏)에 조공하고 책봉을 받았으며 남북조시대에도 왜왕(倭王)은 책봉을 받았다(52쪽). "쩡허의 대항해" 이후 참파, 말라카, 실론 등 30여 국이 조공을 하였고, 일본의 무로마치 막부(室町幕府)의 아시카가 요시미쓰(足利義滿)와 그의 아들도 이때 입공(入貢)하고 책봉을 받았다(109, 115쪽). 그러나 한국의 삼국, 고려, 조선, 그리고 베트남 역대 왕조의 조공에 관해서는 일체 언급하지 않았다. 손진태도 고대 일본이 한황제로부터 책봉받은 사실만을 금인(金印) 사진과 함께 서술하였다.

이처럼 일본의 조공만 언급한 것은 무슨 이유 때문일까? 김상기는 "일본의 어용학자들이 고의적으로 우리나라의 역사적인 사실, 특히 대외관계를 왜곡하였다"면서, "우리 본연의 주체성을 천명"하려고 우리나라의 대외교섭과 문물교류 연구를 시작하였다고 밝힌 바 있다.[53] 실제로 제국시기 일본의 교과서는 청조는 조공국 조선을 여전히 보호국으로 여기고 있었다는 식으로 서술한 반면 베트남의 조공은 중국으로부터 독립을 보증받는 외교절차로 간주하였으니,[54] 이에 대한 반작용이었을 것이다. 그러나 엄연히 존재한 한국의 조공을 아예 언급하지 않는 것은 우리 자신의 화이의식을 드러내는 한 단면이 아닌가 한다. 전해종이 "한중관계사를 다룰 때 우리는

---

53) 金庠基, 『東方史論叢』, 서울대학교출판부, 1974, 서문.
54) 桑原隲藏, 『東洋史教科書』, 129 · 136 · 168쪽.

역사의 어두운 면을 많이 보게 된다"면서 "일반적으로 한중관계사를 다루기를 꺼려하는 이유의 하나는 바로 여기에 있는 것이다"고[55] 한 것도 조공관계의 어두운 면을 의식한 때문이었을 것이다.

이제 눈을 돌려 대학교재를 잠깐 살펴보자. 채희순의 『동양사개론』(1953)은 3편 37장으로 구성되었다. 그도 광의의 동양사를 추구하였지만, 중앙아시아와 서아시아는 인도·중국문화와 이질적이라는 이유로 제외하였다.[56] 제1편 고대사는 한족의 중국문화와 인도족의 인도문화가 발생하는 동양문화의 파생시대, 제2편 중세사는 인도의 불교가 동전(東傳)하는 동양문화의 교류시대, 제3편 근대사는 동서문화의 혼성시대이다. '현대'사도 서술하기는 했으나, 근대사 속의 한 장으로만 다루었다. 현대의 구분기준에 대한 명확한 의식은 없지만, 주로 아시아태평양전쟁부터 시작하는 것으로 보는 듯하다. 명말 서양문화의 전래를 근대사의 기점으로 본 것은 앞의 교과서와 마찬가지로 주목되는 점이다.

민족을 역사의 주체로 파악한 것, 전제정치의 극복이라는 과제를 중시한 것,[57] 한국을 동양사 속에 유기적으로 관련지어 파악한 것 등은 앞의 교과서와 다르지 않다. 그외 주요 특징은 다음과 같다.

첫째, 동양사를 구성하는 중심세력은 중국, 인도, 유럽의 3자이다. 이런 구성은 중국을 상대화하는 효과를 가져다줄 수 있다. 중국문화와 인도문화를 동양문화의 2대 원류로 보아 중국과 인도 중심으로 하고 불교로 양자를 상호관련지어 구성하였다. 그리고 명말(明末) 이래의 '서양인'과 '서양문화'의 도래 및 침략을 중시하였고, 이를 동서문화의 혼성시대라 불러 근대의 특징으로 강조하였다. 서양세력은 명말 청초에는 서양인의 동양진

---

55) 全海宗, 『韓中關係史硏究』, 서문.

56) 蔡羲順, 『東洋史槪論』, 高麗出版社, 1953, 序說.

57) 曺佐鎬, 『東洋史大觀』, 第一文化史, 1956은 아예 동양 중세를 "君主獨裁國家"의 성립과 전개로 파악하였다.

출이란 하나의 장에서 묶어 서술하였지만 아편전쟁부터는 영국, 러시아, 프랑스, 미국, 일본의 침략이 각각 하나의 독립된 장으로 설정될 정도로 비중 있게 다루었다.

둘째, 불교가 동양문화사의 시대를 구분하는 기준이 될 정도로 중시되었다. 그에 따르면 중세사(중국 기준으로 보면 4세기 위진남북조~17세기 명말)에서 불교는 인도와 동아시아 간의 인적·물적 교류를 활성화한 촉진제인 동시에 동아시아 각 민족의 집권적 통일을 이루어낸 국가이념으로 파악되었다. 따라서 동양 중세의 민족적 각성은 불교에 의한 것이라 한다. 그러다 보니 명청대 이후의 유교는 극히 소홀히 다루어졌다.

셋째, 근대 이전 시기 일본과 베트남 등 동아시아 주변국이 소외되었다. 교과서의 '이웃나라' 의식과 대비되는 대목이다. 일본은 가장 소홀히 취급되어 임진왜란과 청일·러일전쟁 등 근대의 대륙침략과 관련해서만 극히 제한적으로 언급되었다. 고중세의 일본은 거의 누락된 것이다. 이는 대한제국기 유옥겸의 『동양사교과서』가 "당대의 일본", "송대의 일본", "조선 및 명과 일본의 관계" 등의 장을 두어 서술한 것과 비교된다.[58] 베트남에 관해서는 "프랑스의 인도지나 정복"이란 장에서 간략히 그 전사(前史)를 다루었을 뿐이다.

이렇게 근대 이전의 한국과 그 이웃 소국들이 소외된 것은 그가 서설에서 "중국과 인도를 중심으로 하고 그 주변국가의 흥망성쇠와 문화유통 중 인류문화 발달에 공헌한 것만을 서술한다"고 한 동양사 내용선정의 기준에 의해 규정된 것이다.[59] 그리하여 "동서문화를 포섭하고 융합하여 세계문화를 창설하는 것이 우리 동양인의 사명"이라 하였다. 정치적 통일을 촉진한 사상들, 가령 불교·유교·기독교·이슬람교 등을 학습하여 "세계적

---

58) 俞鈺兼, 『東洋史敎科書』, 82~84·127~130·165~168쪽. 여기서 베트남은 漢帝國의 정복대상으로만 서술되었다.
59) 이하 蔡羲順, 『東洋史槪論』, 1~8쪽.

대통일을 촉진할 대사상의 도래를 기대한다"고 한 것도 이런 맥락에서일 것이다. 이렇게 "인류문화 발달에 공헌한 것만"을 선정할 경우 '이웃나라'와 그것을 포함한 동아시아 지역사에 대한 인식은 뒷전으로 밀려날 수밖에 없다.

요컨대 서양이 동양을 지배한 것은 근대 1~2세기의 일에 불과하고 중국과 인도가 4천 년간 창조한 문화는 인류에 위대한 공헌을 하였다고 한 데서 보이듯, 그의 주된 관심은 동아시아 지역사라기보다 세계사의 일환으로서의 동양사인 것이다. 동양사 학습과 교육의 주된 관심의 방향이 이처럼 곧장 '세계'로, 그것도 '세계적 대통일'로 향해지게 되면 동양사 교육을 통해서도 한국의 이웃나라들을 역사적으로 이해하는 것은 거의 불가능하다. 세계사적 기준으로 동양사나 동아시아의 내용을 선정하고 조직할 경우 우리 자신에 의한 동아시아의 소외현상을 피할 길이 없다. 각 대학 교재로 집필된『세계문화사』의 경우 유럽중심주의로 인해 이런 현상이 더욱 두드러진다.

5. 맺음말

이상으로 지난 60년간 한국의 동양사 연구 속에 담긴 동아시아사 인식을 사학사적 맥락에서 검토하였다. 그 결과 동아시아 지역사를 구성할 역사적·현실적 기반은 존재하며 갈수록 커지고 있다는 사실, 하나의 체계에 의거한 통일적 동아시아사를 구성한 예는 없지만 그런 시각에서 진행된 개별연구는 적지 않았다는 사실을 확인하였다. 그중 동아시아 지역사에 가장 근접한 예인 중등학교 교과서『이웃나라의 역사』(1946~1954)에 반영된 '인국의식'은 앞으로 우리가 동아시아 지역사를 구성할 때 소중한 자산으로 활용되어야 할 것이다. 그러나 동시에 '인국의식'과 상충하는 '화이의식'을 동아시아 4국이 오랫동안 공유해온 사실을 고의로 은폐하기보다 역사적 경험으로서 인정하고 직시하고 성찰하여 미래지향적으로 극복하는 일이 시급하다.

'인국의식'을 강하게 의식하고 구성된 『이웃나라의 역사』에 비해 대학교재 『동양사개론』이 상대적으로 이웃나라를 홀시한 것도 확인하였다. 그것은 동양사를 세계사의 일환으로 파악하고 그 위에서 세계사적 중요성을 갖는 사실을 선정하여 내용을 구성한 결과였다. 그러니 1955년 이후 성립된 『세계사』가 『동양사개론』(1953)보다도 훨씬 더 '인국의식'이 박약하고 탈아입구적인 것은 당연하다. 동아시아 지역사도 물론 세계사를 향해 열린 시각에서 구성돼야 하지만, 내용선정의 기준에 관해서는 특별한 고려가 필요할 것으로 보인다. 인국의식은 그 뒤로 갈수록 박약해졌으며 이는 자국사와 세계사의 단절이 강화되는 것과 궤를 같이한다. 그것은 동아시아의 뒤늦은 산업화와 탈냉전을 거쳐 점차 도달하게 된 이른바 '세계화' 추세의 반영이다.

희한하게도 동아시아의 산업화와 세계화 속에서 경제적으로는 동아시아 지역 내의 협력과 상호의존이 급속히 증대되었음에도 불구하고 역사인식과 역사교육 면에서는 갈등과 분쟁이 오히려 증폭되고 있다. 물론 그 사이 동아시아 역사인식의 공유를 목표로 하는 공동역사교재들이 출간된 것은 소중한 성과이지만, 인국의식의 강조에만 지나치게 경도된 느낌을 준다. 화이의식을 바탕으로 한 상호소원의 역사가 직시되고 성찰되기 위해서는 무엇보다 중국과 일본의 제국성이 지적되고 극복되어야 한다.

현실의 제국성은 냉전체제 속에 잠시 은폐되었다가 탈냉전과 함께 노출되었으니, 화이의식의 역사와 관련지어 이해되어야 한다. 동아시아의 불교시대인 고중세에는 각국 간에 개방된 관계를 유지했으나, 유교시대인 14~19세기에 와서 폐쇄된 관계로 바뀌게 되었다. "열린 고중세"로부터 "닫힌 근세"로의 이행은 한·중·일·베 4국에서 화이의식이 강화되는 과정이었고, 또 그것은 중 · 일 · 베에서의 제국성의 강화로 이어졌다. 명치 후기 일본 자유주의자들에게 문명화의 상징인 입헌주의는 제국주의와 내 · 외의 관계로 파악되어 불가분의 일체로서 수용되었고,[60] 이는 량치차오(梁啓超)를 비롯한 중국의 개혁파와 혁명파에게도 거의 그대로 수용되어 제국지향의 "중화민족(中華民族)"론을 낳았다. 그로 인한 제국성은 일본을 비롯한 제국주의에 맞서는 중국과 베트남의 민족해방운동에도 다른 형태로 반영되어 있다.

화이의식과 결부된 제국성은 정도와 형태의 차이는 있지만 한국의 역사인식에도 상당 부분 존속한다. 한국도 중 · 일 · 베과 마찬가지로 자신을 중화로 여기던 화이의식의 연장선에서 문명화를 추진했기 때문이다. 그것은 『이웃나라의 역사』이든 『동양사개론』이든, 또 그 후의 『세계사』든 근대시기 동아시아 중심국의 제국화 과정에서 소외된 유구나 티벳 같은 동아시아의 소수민족들에 대한 관심을 결여하고 있다는 데서 드러난다. 현재 한국에는 그런 민족문제가 없지만, 이는 한국인이 제국의식을 갖고 있음에도 불구하고 실제 제국화에 실패한 결과일 뿐 내면적으로 극복한 결과라고 보기 어렵다.

그런 점에서 민두기가 동아시아사를 중심(중)－소중심(한 · 일 · 베)－주변(몽골, 티벳)의 3위계로 파악한 것은 동아시아 역내의 제국성을 성찰하는 데 상당한 지적 무기를 제공한다. 중국, 일본, 베트남이 18~19세기에 제국화한 결과 내포하게 된 소수민족 문제를 간과한 채 구성하려는 동아시아사는 중심국들의 역사일 뿐이다. 이 3위계는 근대시기에 중심(일)－주변(중국, 한국, 베트남, 몽골, 티벳)의 제국주의와 반제국주의의 2위계로

---

60) "밖으로는 帝國主義, 안으로는 立憲主義가 黨派의 차이를 떠나 日本國民의 大主義 大方針으로 되어야 한다"는 주장이 1902년 6월 『太陽』에 게재된 것은 그런 분위기를 보여주는 하나의 예이다. 榮澤幸一, 「帝國主義成立期における宇田和民の思想的特質」, 『歷史學研究』 332, 1968 ; 石川禎浩, 「梁啓超と文明の視座」, 狹間直樹編, 『梁啓超』, みすず書房, 1999, 120~122쪽.

바뀌었다. 중국과 베트남의 경우 제국일본의 그것과 달리 반제투쟁으로 인해 그 속에 내면화된 제국성이 은폐돼 있다. 이들 3국의 탈제국화 과제를 부각시키고 성찰하기 위해서라도 그들에 의해 흡수 병합된 몽골, 티벳, 류큐, 참파라는 '주변'의 시각이 도입되지 않으면 안 된다. 한반도의 분단도 상당 부분 주변 대국의 제국성에 의해 강요된 산물이니, 한반도 통일이야말로 제국성이 일국차원이 아니라 동아시아 차원에서 극복되는 것을 의미한다.

한일 역사교사들이 공동으로 저술한 『마주보는 한일사』(2005)는 편협한 국가주의를 벗어나 서로를 존중하는 자세를 갖도록 하기 위해 지배자 중심의 정치사뿐 아니라 사회경제사와 민중들의 생활사까지 담았다고 하지만,[61] 그 시야는 국민국가 형성에 도달한 중심국 안의 민중을 넘지 못한 것으로 보인다. 심지어 한중일 3국이 공동으로 집필한 『미래를 여는 역사』(2005)조차 이와 다르지 않다. 2012년부터 사용될 한국의 『동아시아사』 구성체제가 작년 초 만들어졌으나 한·중·일·베 4국 '중심'의 시각을 벗어나기 어려울 듯하다. 이번에는 종래의 연대기적 구성에서 주제중심의 구성으로 바뀌어 "공통적이거나 연관성 있는 주제"와 "교류와 갈등의 주제"를 비교 고찰하도록 하였는데,[62] 그 결과 선정된 6개 영역, 26개 내용 요소의 어디에도 이 '주변'의 문제를 다룰 곳은 없어 보인다.

이는 개화기 이래 우리의 역사인식이 국민국가 형성을 목표로 하는 진화론적 문명사관에 입각해 있었던 때문인 동시에,[63] 그간 무성한 동아시아 담론에도 불구하고 해방 후 연구사를 검토하는 작업을 소홀히 한 결과가 아닌가 한다. 『동아시아사』의 구성체제는 나중에 조정하더라도 우선

---

61) 전국역사교사모임(한국), 역사교육자협의회(일본), 『마주보는 한일사』Ⅰ·Ⅱ, 사계절, 2006.

62) 『동아시아사교육과정』, 교육인적자원부, 2007. 2.

63) 백영서, 「20세기 전반기 동아시아 역사교과서의 아시아관」, 『大東文化硏究』 50, 2005. 6, 43~54쪽.

내용서술을 위해 교과서 필자들은, 우리의 동양사 연구(그리고 여기서는 살피지 못했지만 동아시아적 시각에 의거해 수행된 한국사 연구도 포함하여)의 공과(功過)를 따져 그 성과를 딛고 한걸음 나아가야 할 것이다. 역사상의 어떤 것도 언제나 자신의 과거를 극복하고 한걸음 진전하는 것이지만, 그것은 과거와의 단절이 아니라 그 발전체(發展體)일 수밖에 없다.

【부록 1】 金庠基, 『이웃나라의 생활: 역사』(1949) 목차

【부록 2】 孫晉泰 지음, 이해남 증보, 『이웃나라의 생활: 역사』(1952) 목차

일본 역사학계에 있어서 동아시아론의 현재

미야지마 히로시(宮嶋博史)*

1. 머리말

일본의 역사학계는 현재 큰 혼미 상태에 있다. 즉 1945년 이후, 일본의 역사학계를 주도해 온 이른바 전후 역사학이 1980년경을 전후해서 해체 상황에 빠지면서 다양한 조류의 연구가 생기는 가운데, 연구자의 문제의식의 분산이 극단적으로 진행된 결과 연구사의 정리 자체가 불가능한 상황에 이르고 있다. 게다가 더욱 근본적인 문제로 역사를 둘러싼 담론에 있어서 역사 연구자가 차지하는 비중이 현저하게 저하되고, 전문의 역사 연구자가 아닌 사람들의 담론이 많은 사람에게 영향을 주게 되었다는 현실이 존재한다. 그러한 가운데 역사 연구의 존립 기반 그 자체가 요동하고 있는 것이다.

---

* 성균관대학교 동아시아학술원 교수.

전후 역사학이 해체에 이른 원인은 여러 가지로 분석되고 있지만, 가장 큰 원인으로서 소련의 붕괴와 사회주의권의 해체를 드는 것에는 거의 이견이 없다고 생각된다. 전후 일본의 역사학계는 자본주의국가로서는 예외적이라고 할 수 있을 정도로 마르크스주의의 영향이 강했으며(필자 자신도 결정적인 영향을 받았다), 마르크스주의에 비판적인 연구자도 끊임없이 그것을 강하게 의식하면서 연구하는 일이 계속되어 왔다. 그러나 중소의 대립이나 중국의 문화대혁명 등을 계기로 현실의 사회주의에 대한 의문이 점차 강해지는 것과 동시에, 일본의 경제성장과 거기에 따른 사회의 큰 변화, 또한 한국이나 대만 등에 있어서의 자본주의 경제의 본격화 등, 마르크스주의 진영이 전혀 예상하지 못했던 사태가 진행되는 가운데, 역사 연구가 현실의 변화에 적응할 수 없게 되는 현상이 1970년대 이후 벌써 생기고 있었다. 따라서 사회주의권의 해체는 전후 역사학에 마지막 만종을 고하는 것이었지만, 그 이전부터 자기 해체가 진행되고 있었다고 해야 할 것이다.

1980년대에 들어가 전후 역사학에 대한 비판이 본격화되는 것과 동시에 사회사, 국민 국가론, 여성사 연구, 도시의 역사 등, 전후 역사학에서 경시 내지 무시되어 온 다양한 문제가 다루어지게 되었는데, 그러한 연구를 어떻게 평가해야 하는지, 그 판단은 아직 시기 상조일 것 같다. 그야말로 백화제방, 백가쟁명의 상황이 계속되는 한편으로, 시민의 역사 멀리하기, 보다 정확하게는 역사가(歷史家) 멀리하기가 진행되고 있는 것이다.

필자는 1980년대부터 일본의 역사학 연구가 향해야 할 방향으로서 '방법으로서의 동아시아'라고 하는 가설을 주장해 왔지만,[1] 이 방향성은 현재에 와서 더욱 더 유효성을 가지게 되었다고 생각된다. 처음 이 주장을 시작했을 때에는 아주 미숙한 생각에 지나지 않았지만, 이후 「동아시아 소농 사

---

[1] 미야지마 히로시, 「방법으로서의 동아시아」, 『역사평론』 412, 1984.

회론」등의 연구를 진행시키는 가운데, 필자 자신의 생각도 점차 명확해졌다. 따라서 이 보고에서는 근년의 일본사 연구의 동향을 잘 나타낸다고 생각되는 하나의 통사를 대상으로, 거기서 동아시아가 어떻게 말해지고 있는지를 검토한 다음, 필자가 쓴 「방법으로서의 동아시아」가 어떠한 현재적 의미를 가질 수 있는지에 대해 의견을 피력하기로 한다.

2. 일본 역사학계에 있어서 동아시아 이해

1) 검토의 대상

여기서 검토하려고 하는 것은 현재 이와나미 서점에서 간행 중인 『시리즈 일본 근현대사』이다. 이 시리즈는 전 10권으로 구성되어 있는데 현시점에서 제8권까지가 간행된 상태이다. 각 권을 한 명의 집필자가 담당하는 형태로, 에도막부 말기부터 현재까지를 취급하고 있다.

이 시리즈를 검토 대상으로 선택한 것은 다음과 같은 이유에 의해서이다. 첫째 이유는, 21세기에 들어와 처음으로 간행된 본격적인 일본 근현대사에 관한 통사라고 할 수 있기 때문이다. 21세기가 어떠한 세기가 되는지는 누구나가 큰 관심을 가지는 테마이지만, 일본이 어떠한 역사인식을 가지면서 21세기를 맞이하려 하고 있는지를 검토하는데, 이 시리즈는 알맞은 대상이 된다고 생각되는 것이다. 둘째 이유는, 각 권의 내용이 근년의 일본 역사학계의 동향을 잘 반영하고 있다고 할 수 있다는 것이다. 10명의 연구자에 의한 분담 집필이기 때문에 권마다 차이가 있는 것은 당연하지만, 모든 집필자가 연구 동향을 의욕적으로 섭취하려고 하는 열의가 느껴지는 내용으로 되어 있다고 평가된다. 셋째 이유는, 이 시리즈의 특색 중 하나로서 동아시아, 식민지의 문제가 중시되고 있다는 것이다. 출판사인

이와나미 서점의 광고문구에는 다음과 같이 이 시리즈의 특색이 설명되어 있다.

> 에도막부 말기부터 현재에 이르는 일본의 걸음을 더듬는 새로운 통사입니다. 정치·경제·사회·문화의 흐름에 머무르지 않고, 가족이나 군대의 모습, 식민지의 움직임에도 주목하려고 합니다. 각각 저자의 특색을 살리면서, 역사를 읽는 재미를 전하는 한편, 현재의 여러 문제를 역사적 문맥 속에서 생각하는 단서를 전달하고 싶습니다. (이와나미 서점의 홈 페이지에 게재된 이 시리즈의 광고문)

즉 가족, 군대, 식민지 등, 세 개의 문제를 중시한다고 강조되어 있어서, 일본 역사학계의 동아시아론을 고찰하는 데 이 시리즈는 절호의 대상이라고 생각할 수 있는 것이다.

주지하는 바와 같이 근대 일본에 있어서는 일본을 아시아, 혹은 동아시아로부터 떼어내 이해하려고 하는 경향이 지배적이었다. 이른바 '탈아'적인 일본 이해인데, 여기서 동아시아론 그 자체가 아니라 일본 근현대의 통사를 검토 대상으로 한 것은, 동아시아의 문제가 일본 그 자체의 문제라는 것, 따라서 일본의 근현대사를 동아시아 속에서 어떻게 이해하는지가 일본의 동아시아론에 있어서 핵심적인 문제라고 생각되기 때문이다.

우선 전 10권의 제목과 저자를 소개하면 다음과 같다.

① 막말·유신 (이노우에 카츠오)
② 민권과 헌법 (마키하라 노리오)
③ 일청·일러 전쟁 (하라다 케이이치)
④ 대정 데모크라시 (나리타 류이치)
⑤ 만주사변으로부터 중일 전쟁에 (카토 요코)
⑥ 아시아·태평양 전쟁 (요시다 유타카)
⑦ 점령과 개혁 (아메미야 쇼우이치)

⑧ 고도 성장 (타케다 하루토)
⑨ 포스트 전후 사회 (요시미 토시야)
⑩ 일본의 근현대사를 어떻게 볼 것인가 (미야지 마사토)

현재까지 ①에서 ⑧까지가 간행되었고 ⑨와 ⑩은 미간이다.[2]

2) 일본 근현대사에 대한 이해

10권의 구성을 보면, 큰 구성 자체는 종래의 것과 다르지 않다고 할 수 있다. 단지 1945년 이후의 시기에 3권이 충당되어 있어서 전후의 시간적 길이가 실감된다. 한 가지 주목하고 싶은 점은 ⑨의 제목에 사용되고 있는 "포스트 전후 사회"라고 하는 용어이다. 이 용어가 얼마나 일반적인 것이며, 또한 그것이 어느 시기 이후를 가리키는지, 포스트 전후라고 하는 이상 전후가 벌써 종료됐다는 판단이 전제되고 있는지 등의 의문이 생기지만, 미간이므로 여기서 논하는 것은 삼가고 싶다. 다만 ⑥의 저자는 첫머리에서, "왜 '전후'는 끝나지 않는 것인지"라고 하는 물음을 던지고 있으므로, ⑨는 시리즈로서의 일관성이 부족하다고 생각된다. 전후가 끝났는지, 아직 끝나지 않았는지는 전쟁 책임의 문제와 관련해서 일본의 동아시아론에 있어서 중요한 위치에 있다고 생각되는데, 이는 ⑨가 간행되고 나서 재차 논의하고 싶다.

이 시리즈의 기획, 집필, 편집의 과정에서 어떠한 조정이 이루어졌는지, 특히 각 권의 집필자 사이에 어느 정도의 의사 통일이 이루어졌는지는 알 수 없지만, 전체적인 인상으로는 잘 통일되고 있을 뿐만 아니라, 근년의 연구 성과에 대해서도 잘 배려되어 있다고 느껴졌다. 아마도 각 집필자가

---

[2] 필자는 ①에서 ⑦까지는 입수해 읽을 수 있었지만, ⑧은 한국의 서점에는 아직 들어오지 않았기 때문에 읽지 못했다. 이 점을 양해해주기 바란다.

각각 시기의 연구에 있어서 현재 가장 활발한 연구 활동을 펼치고 있는 사람들이라는 데에 그 최대의 원인이 있다고 생각되며 이 점에서 집필자들의 역량에 경의를 표하고 싶다.

전체의 경향으로서 내가 가장 강하게 느낀 것은 내재적인 시각의 중시라고 부를 수 있는 경향이다. 특히 이것이 전형적으로 나타나 있는 것이 ①과 ⑦인데, ①의 저자는 다음과 같이 말하고 있다.

구미 열강의 도래에 대해서 사태가 훨씬 심각했던 남아프리카(내적 발전은 높았다고 한다)에서도 전통 사회가 해체하지 않았던 것과 상통하는 바이지만, 막부 외교도 본문에서 말하는 대로 성숙한 전통 사회를 배경으로 그 역량을 발휘했다. '극동'의 동단이라는 지세상 유리한 위치에 있는 일본에 있어서는, 발전한 전통 사회 아래에서 개국이 수용되어 천천히 정착해 나가면서 일본의 자립이 지켜졌다는 것이 본서의 일관된 입장이다.

전통 사회의 힘은 막부 외교에 한정되지 않는다. 지역경제의 발전에 의거한 상인(수입품 판매 상인)들이 개항장에 빠짐없이 쇄도했다. 일본에서는 무역을 외적인 압력에 의해서가 아니라 일본쪽으로부터 정착시켜 나갔다는 사실도, 근년의 경제사 연구에 의해서 밝혀지고 있다.

일본의 개국은 비교적 빨리 정착했다. 그렇다면, 에도막부 말기·유신기의 대외적 위기의 크기도 지금까지의 평가를 근본적으로 재검토할 필요가 있다.

임박한 대외적 위기를 전제로 해 버리면, 전제적인 근대국가의 급조조차 '필연의 국가적 과제'였다는 이야기가 된다. 그러나 1871년부터 정부의 요인들이 장기간에 걸쳐 일본을 '부재'(1871년 11월에 출발, 1873년 9월에 귀국한 이와쿠라 사절단)할 수 있던 것은 어떻게 설명할 수 있을까. 구미 열강의 압력에 대해서가 아니라 반대로 그것을 순풍으로 하면서 메이지정부의 외교정책이 동아시아 이웃나라에 대한 침략으로 향하는 행정, 그리고 일본 민중이 전통 사회에 의거해서 신 정부에 대해서 격렬한 싸움을 전개한 사실을 중심으로 강화도 사건의 새로운 사료 등, 근년의 성과를 소개하면서 유신사를 다시 그리고 싶다. (① ⅳ~ⅴ쪽)

이와 같이, 메이지유신의 전제로서 전통 사회의 높은 역량을 강조하는 입장이 천명되고 있다. 이러한 입장은 이 저자의 독자적인 것이라기보다도 메이지유신 연구자들의 공통된 입장이라고 생각되는데, 종래 외부로부터의 힘에 의한 것이라고 생각되어 온 전후 개혁을 취급한 ⑦의 저자의 말은 필자에게는 놀라운 것이었다. 즉 ⑦의 저자는 전후 개혁에 관한 지금까지의 일반적인 이해를 점령국(실제로는 미국)에 의한 개혁의 성공담이라고 비판한 데다가, 아래와 같이 말한다.

> 상기한 것 같은 성공담으로서의 이야기를 상대화시키기 위해서는, 하나는 점령에 의해서 '개혁'되었다고 하는 것에 대해서, 전쟁 전, 전시, 패전 직전에 그 계기가 있었는지, 없었는지, 있었다고 하면 총력전 체제하에서의 패전에 의한 변혁과 점령에 의한 그것을 명확하게 구별할 필요가 있다고 생각된다. 그렇게 함으로써 점령이 없어도 민주화를 추진 할 수 있었는지 여부를 검토할 수 있는 것이 아닐까.
> 이러한 방법은, 이 20년간의 일본 근현대사 연구에 있어서 패러다임 (paradigm) 전환을 이룬 총력전 체제론에, 한층 더 새로운 의미와 위치와 전개를 가져온다고 생각된다. 전후 사회를 규정하는 것으로서 점령정책보다 전시기의 중요성을 지적하면서 전시부터의 구조적 연속성을 지적함으로써 사회과학, 역사학의 연구 방향을 바꾸었다는 점에서, 총력전 체제론은 포스트 전후체제(여기에서도 포스트 전후체제라는 말이 등장하고 있다-인용자)의 화두를 준비한 것으로 자리매김된다. 거기에 더 무조건 항복 모델이라고 하는 시점이 더해지면, '소멸'된 일·미 관계의 재창조, 아시아에 있어서의 공동성의 창조, 신자유주의에 의해 해체된 것처럼 보이는 사회민주주의나 사회의 연대의 재생을 생각하기 위한 재료가 나오는 것은 아닐까. (⑦ viii~ix쪽)

점령하에서의 일련의 개혁3)을 안으로부터의 시점에서 파악하려고 하는

---

3) 군부의 해체, 재벌의 해체, 농지 개혁, 교육의 민주화, 그리고 가장 큰 개혁으로서의 일본국헌법 제정 등.

저자의 입장에 현재적인 의미가 있다는 것은 이해할 수 있지만, 그러나 다른 한편으로 의문도 적지 않다. 이 점에 관해서는 나중에 논하기로 하겠다.

내재적인 시점에서 일본의 근현대사를 이해하려고 하는 입장은, ①과 ⑦의 저자만이 아니라, 많든 적든 다른 저자에게도 공통적으로 볼 수 있는, 이 시리즈의 특색이라고 생각된다. 그리고 이 특색과 관련해서 역시 많은 저자들에게서 나란히 볼 수 있는 또 하나의 특색은 민중의 동향에 큰 관심이 기울여져 있다는 점이다. 이것이 잘 나타나 있는 것이 ②와 ④인데, ②에서는 대일본국 헌법의 제정에 이르는 과정을, 종래와 같이 정부와 자유민권운동의 대항이라고 하는 이극 구조로 파악하는 것이 아니라, 거기에 민중을 더한 삼극 구조로서 파악하는 입장에 서서 그리려고 하고 있다. 그리고 ②와 ③의 두 권에서는 민중의 에너지가 국가의 테두리에 흡수되어 '국민'이 되어 가는 과정을 정밀하게 추궁함으로써, 근대라는 시대가 가진 양면성(해방이라고 하는 측면과 억압이라고 하는 측면)이 밝혀지고 있다. 또한 ④에서는 '대정 데모크라시'로부터 1930년대의 전시 동원체제의 변화가, '대정 데모크라시에도 불구하고'라고 하는 측면과 '대정 데모크라시이기 때문에'라고 하는 측면을 가진, 이중의 과정이었다는 것이 말해지고 있다. 추상적·이념적인 민중상이 아니라 구체적인 민중상을 그리는 작업을 통해서 복잡한 민중의 실체를 구명하고 있는 점은 근년의 일본사 연구의 성과를 근거로 한 귀중한 것이며, 필자도 많은 것을 배울 수 있었다.

이상으로 말한 것처럼, 이 시리즈는 일본 근현대사의 통사로서 주목해야 할 내용을 많이 포함하고 있다고 말할 수 있다. 이 점을 전제로 해서 다음으로 동아시아 문제, 식민지 문제에 관한 이 시리즈의 특색에 대해 검토해 보려고 한다.

3) 동아시아와 식민지 문제에 관한 인식

식민지 문제의 중시는 앞에서도 지적한 것처럼 이 시리즈의 특색으로서 강조되고 있다. 그렇다면 실제의 내용은 어떠할까? 우선 ①부터 ④까지에 있어서는 권마다 하나, 혹은 두 개의 장이 동아시아, 식민지의 문제에 할 당되고 있다. 구체적으로 말하면, ①의 제5장 "'탈아시아'로의 길", ②의 제4장 "내국 식민지와 '탈아'로의 길", ④의 제4장 "식민지의 광경" 등이 그것이다. 대만과 한국의 식민지화를 취급한 ③에서는 제4장 "대만 정복 전쟁"과 제7장 "러일 전쟁과 한국 병합"이라고 하는 두 개의 장이 이 문제에 할 당되고 있다. 물론 동아시아나 식민지의 문제는 이러한 장에서만 기술되고 있는 것이 아니라, 다른 부분에서도 언급되고 있다.

한편 ⑤로부터 ⑦까지의 세 권에서는 동아시아나 식민지의 문제가 독립적으로 한 장으로서 다루어지지는 않고 ④까지와는 분명하게 차이가 난다. 1931년의 '만주사변' 이후를 대상으로 하는 ⑤와 ⑥에서는 중국이나 구미, 또한 소련과의 관계가 대외관계의 대부분을 차지하고 있는데, 중일전쟁이나 제2차 세계대전이 주된 테마가 되기 때문에 당연한 현상이라고 해석할 수도 있다. 그러나 ⑤의 저자가 솔직하게 말하고 있듯이, 식민지의 문제는 거의 기술되지 않았으며(⑤ 241쪽), 또한 ⑥에서는 제3장 "전국의 전환"의 3절로서 "'대동아공영권'의 현실"이라는 표제로 전쟁 동원체제나 강제 연행, 황민화정책 등이 기술되어 있을 뿐 한국이나 대만에 있어서의 사회 변용이나 그 의미 등에 관해서는 전혀 언급이 없다.

따라서 식민지의 문제를 중시한다고 하는 이 시리즈의 캐치프레이즈는 용두사미에 끝나 버렸다고 하지 않을 수 없는데, 어째서 이러한 현상이 생긴 것일까? 그것은 단지 ⑤, ⑥, ⑦ 세 권을 담당한 집필자의 개인적인 문제일까(개인적인 문제도 있다고 필자는 생각하지만)? 저자들에게는 미안한 말이 될지도 모르지만 1930년대 이후는 '만주국'을 포함한 대중국 문제가 동아시아 문제의 모두여서, 한국이나 대만 지배의 문제는 사소한 문제였다고 하는 일본의 연구자들에게 공통되는 이해 탓이 아닐까 하는 의심이 든다.

그러나 ⑤의 저자가 강조하고 있듯이, 1930년대를 통해서 중·일 간, 혹은 일본과 미국·영국과의 사이에서 가장 큰 문제가 된 '만몽(만주와 몽고)'에 있어서의 일본의 특수 권익을 둘러싼 대립은 일본과 '남만주'의 영토 접속을 전제로 한 것이었음이 상징하듯이, 한국에 대한 일본의 지배가 없었다면 중일전쟁 자체가 원래 있을 수 없는 것이었다. 따라서 '만주사변'으로부터 '만주국'의 성립에 이르는 과정, 더 나아가 중일전쟁의 발발에 이르는 과정에 있어서 한국 지배의 문제는 떼어낼 수 없는 문제였으며, 실제로 그러한 시각에서 하는 연구도 많이 존재한다. 아마 저자 자신도 이러한 일은 충분히 알고 있다고 생각되지만, 그렇다면 통사라는 서적의 성격상, 식민지의 문제가 빠져 있는 것은 치명적인 결함이라고 하지 않을 수 없다.

⑥에서도 한국이나 대만의 전시하 상황에 관한 기술이 극히 간단한 것임은 앞에서 지적한 그대로인데, 한국의 경우, 특히 전시하의 체제가 해방 후에도 여러 가지 면에서 영향을 준 것을 상기하면, 식민지 지배와 독립 후의 연속성을 중시하는 근년의 식민지 근대성의 논의를 감안한 기술이 있어야 마땅하지 않을까 생각된다. 또 종군위안부의 문제에 관해서는 전혀 언급이 없는데, 이것은 어째서일까? 현재 한국, 중국과의 사이에서 계속되는 역사문제에 있어서, 특히 초점이 되어 있는 것은 독도·다케시마 문제, 종군위안부 문제, 난징 대학살 문제, 야스쿠니 신사 참배 문제 등인 것은 재차 말할 필요도 없다. 그러나 이 시리즈에서는 독도·다케시마 문제 발생의 기원이 된 일본에 의한 다케시마 영유의 고시라든지, 위안부의 문제에 관해서는 무시되고 있는 것이다. 이러한 문제에 관해서 각 저자가 어떻게 생각하고 있는지는 중요한 문제가 아니지만, 견해가 어떠한가를 떠나 장기간에 걸쳐 논쟁이 되고 있는 이러한 문제에 대해 언급하지 않았

다는 것은 납득이 안 가는 대목이다. 이 시리즈의 독자에는 한국인, 중국
인도 당연하게 포함된다는 것을 생각하면, 저자나 편집자의 견식을 물어
봐야 되는 것이 아닐까?

⑦은 이 시리즈 중에서 가장 개성적인 권이라고 할 수 있는데, 동아시
아, 식민지 문제에 대해 전혀 언급이 없다는 점에서도 특이하다. 저자의
주장의 핵심적인 부분은, 전시하에 존재한 네 개의 정치 조류[4] 가운데 패
전 전에 자유주의파가 주류가 되어 있었던 것이 전후 개혁의 가장 중요한
전제였다는 데에 있다. 그리고 점령하에서 실시된 개혁의 상당한 부분이
자유주의파가 구상하고 있던 내용과 일치한다는 것을 밝히면서, 전후 개
혁의 내재성이 강하게 주장되어 있는 것이다. 현재의 일본에 있어서 헌법
개정의 움직임에 상징되듯이, 전후체제를 전면적으로 부정해서 재차 '보통
나라'가 되어야 한다는 소리가 높아지고 있는 것을 생각하면, 전후 개혁의
내재성을 강조하는 저자의 주장의 의미는 그 나름대로 이해된다. 그러나
이것 역시, 너무 일본의 국내 상황만을 염두에 둔 논의라고 하지 않을 수
없다.

말할 필요도 없이 일본은 식민지와 지배 지역을 가지는 제국이었으며,
총력전 체제란 이러한 지역을 불가분의 구성요소로 하는 것이었다. 그렇
다면 저자가 말하는 자유주의파는 식민지나 지배 지역의 문제를 포함해
어떠한 전략 구상을 갖고 있었는가? 저자가 보여주는 자유주의파의 정책
은 일본 국내에 한정된 것이어서, 식민지 문제에 관해서는 전혀 언급이 없
다. 총력전 체제화에 의해서 일본에서는 "사회관계의 평등화, 근대화, 현
대화가 진행했다"라고 하지만, 만약 그렇다면 당연히 식민지나 지배 지역
과의 관계도 근본적인 변화가 일어나지 않을 수 없을 것이다. 그러나 저자
의 시야에는 이러한 문제가 완전히 빠져 있는 것이다. 여기서 주의를 환기

---

[4] 국방국가파, 사회국민주의파, 자유주의파, 반동파.

하고 싶은 것은, ③의 저자가 하고 있는 다음의 말이다.

 '식민지 지배'란, 얼마나 본국이 자본을 투하하여도 원래 그것은 본국의
번영을 위해서이지, 역은 아니다. '헌법'이라고 하는 법은 국민 국가의 지혜
의 하나이다. 국민의 권리와 의무를 규정하되, 인종이나 민족, 사상이나 신
조 등 사람에 따라서 차이가 있어도 인간으로서의 취급에 차이를 인정하지
않는다. 식민지의 존재는 그러한 헌법 원래의 자세와 모순된다.
 오랫동안 그 모순에 고민한 프랑스 공화국은 결국 1962년 3월, 알제리의
독립을 인정함으로써 모순의 해소로 향했다. 그 와중에서 프랑스의 현대 사
상가들, 살톨 등이 문제 제기를 계속하면서 세계에 충격을 주었다. 제국이
라고 하는 역사가 가져온 결과로서의 식민지를 왜 포기해야 하는 건가, 라
고 하는 큰 사상적 과제와 격투하는 일 없이, 1945년의 패전이라는, 말하자
면 '외압'에 의해서 대만이나 조선을 놓치게 된 근대 일본은, 안이하게 '식민
지 문제'를 '해결'했던 것이다, 라고 하는 역사적 경위를 반복해 생각해 내지
않으면 안 된다. 그 출발점이 '청일전쟁으로부터 러일전쟁'에 이르는 시기에
있었다. (③ 240쪽)

이런 입장에 비해서 ⑦의 저자의 입장은 다음과 같은 것이다.

 상기한 '점령과 개혁' 및 전후체제에 의해 봉인된 자립적인 개혁의 가능
성, 자기 부담의 전쟁 책임, 식민지 지배 책임, 전승국 체제, 협동주의 등은
냉전체제가 끝나서 전체제가 동요하게 될 때, 좋든 싫든 관계없이 표면화될
것이다. (⑦ 192쪽)

 그러나 전쟁 책임이나 식민지 지배 책임의 문제는 벌써부터 표면화된
것이며, 냉전체제의 종언과는 무관하다. 저자의 말투로는, 이러한 문제가
해결되지 않았던 것은 냉전체제가 존재하고 있었기 때문이다라는 것으로
들린다. 바꾸어 말하면, 일본으로서는 책임을 질 수가 없었던 것이다라고
하는 주장과 같이 들리는데, 그렇게 말할 수 있는 것일까?

식민지 지배의 '종언'에 관한 인식에 이러한 문제가 있다고 한다면, 그 '시작'에 관해서는 어떨까? ①, ②, ③에 있어서의 이해를 검토해 보자.

여기서 주목하고 싶은 것은, ①에서 "'탈아시아'로의 길", 그리고 ②에서 "내국 식민지와 '탈아'로의 길"이라고 해서 두 명의 저자가 닮은 표현을 사용하고 있다는 것, 특히 거기서 '길'이라는 말이 공유되고 있다는 점이다. 두 명의 저자가 대단히 닮은 표현을 사용하고 있는 것은 아마 우연한 결과이며, '길'이라고 하는 말에 관해서도 마찬가지일 것이다. 그래서 이러한 표제는 두 명의 저자만의 역사 이해라기보다도 일본의 역사 연구자들에게 널리 공유되고 있는 이해이라고 봐도 괜찮을 것이다.

탈아시아 혹은 탈아라는 말이 두 권에 걸쳐서 사용되어 있는 것은 탈아가 긴 과정이었다는 것을 말해주는 표현이라고 생각할 수 있다. 문제는 왜 일본에서는 일찍부터 탈아의 방향이 목표로 설정되었는지, 그것은 어떻게 결정되어 무엇을 의미하는 것으로서 선택되었는지 등, 탈아에 관한 기본적인 문제들이 이 시리즈를 읽어도 명확하지 않다는 것이다. '길'이라고 하는 말이 우연하게도 두 명의 저자에 의해서 사용되어 있는 것도 이 문제와 관련된 현상이 아닐까? 처음부터 있었기 때문에 '길'인가, 걷기 때문에 '길'이 생기는지, 이런 의문이 떠오르는 것이다. 아마 '길'이라고 하는 애매한 말이 사용되어 있는 것 자체가, 일본에 있어서의 탈아라고 하는 선택의 애매모호함을 상징하고 있을지도 모른다. 탈아가 도착한 결과가 '대동아공영권'이었다는 것은 근대 일본의 최대의 아이러니이지만, 탈아가 확실한 이념에 의거해서 선택된 방향이 아니고, 따라서 대만이나 한국을 식민지로 지배하게 되었는데도 그것이 얼마나 중대한 것인지에 관한 인식이 결락되었던 것이 아닐까 생각된다.

①은 앞에서 언급한 것처럼, 전통 사회의 높은 달성, 특히 민중의 그것을 평가하고 있는데 이러한 높은 달성과 동아시아에 대한 팽창주의, 침략주의가 어떻게 관련되는지에 대해서는 아무런 설명도 이루어지지 않았다.

팽창주의, 침략주의가 유신정부의 지도층만의 것이었는지, 만약 그랬다고 해도, 조선에 대한 대국주의적 태도는 어떤 인식에 의거한 것인지, 또한 대국주의적 인식이 있었다고 해도 실제로 팽창주의, 침략주의를 발동시키는 것은 다른 차원의 문제인데, 왜 극히 초기부터 무력의 동원이라고 하는 선택이 고려되어 있었는지 등, 이렇게 해명되어야 할 많은 문제에 대해서 충분한 설명이 없기 때문에 탈아라고 하는 방향이 최초부터 자연스러운 존재로서, 즉 '길'로서 있던 것 같은 인상을 받게 되는 것이다. ①의 저자가 강조하고 있는 에도막부 말기 일본의 대외 위기를 과대평가해서는 안 된다는 주장이 올바른 것이라면(이 점에 관해서는 필자도 같은 의견이다), 더욱더 일본에 있어서 왜 일찍부터 대외 팽창의 방향이 선택되었는지가 중대한 문제일 것이다.

이러한 문제는 ①의 저자에게 한정한 것이 아니라 아마 일본의 역사학계에 공통되는 문제인 것처럼 생각된다. 한국에 대한 침략정책이 무언가 일본에 있어서는 아주 자연스러운 방향인 것같이 간주해 버리는 경향, 이것은 당시 일본의 정치가들에게 공통된 경향이었다고 말할 수 있는데, 그만이 아니라 현재의 연구자조차 같은 경향을 가지고 있는 것은 아닌가? 그러나 냉정하게 생각하면, 한국은 일본의 3분의 2에 가까운 국토를 가지며(홋카이도와 오키나와를 포함한 숫자), 인구도 일본의 반 가까이에 이르렀을 뿐만 아니라 꽤 오래된 역사를 가지는 국가였다. 따라서 일본이 한국을 지배하에 둔다는 일이 얼마나 중대한 일인지, 쉽게 생각할 수 있음에도 불구하고, 당시도 현재도 그것에 생각이 미치지 못하는 것이다.

현재의 일본국민들 사이에서는, 1937년부터의 중일전쟁, 혹은 그 직접적인 계기가 된 1931년의 '만주사변'으로부터 1945년의 패전에 이르는 역사가 잘못이었다고 하는 점에 관해서는 거의 합의를 보고 있다고 해도 좋을 것이다(물론 이것에 반대하는 사람들도 존재하지만). 이 시리즈의 ⑥에서, 2005년 10월에『요미우리 신문』이 실시한 여론 조사의 결과가 소개되고 있다. 그것에 따르면, 중국에 대한 전쟁도 미국에 대한 전쟁도 다 일본의 침략전쟁이었다고 생각하는 사람이 34.2%, 중국에 대한 전쟁은 침략전쟁이었지만 미국에 대한 전쟁은 침략전쟁이 아니었다고 생각하는 사람이 33.9%, 양쪽 전쟁 모두 침략전쟁이 아니었다고 생각하는 사람이 10.1%라고 하는 결과가 나와 있다(⑥ 11쪽). 즉, 3분의 2 이상의 사람이 중국과의 전쟁이 침략전쟁이었다는 것을 인정하고 있다.

문제는, 1931년 이전의 일본과 동아시아의 관계를 어떻게 인식하는가에 있다. 메이지유신으로부터 대일본국 헌법의 제정에 이르는 국민국가의 형성과정, 그것을 이은 제국주의체제의 형성이라고 하는 일련의 과정은, 동아시아에 대한 침략의 과정이기도 했는데, 이 시기의 역사에 대해 많은 국민은 긍정적으로 파악하고 있는 것이다. 국민적 작가인 시바 료타로의 역사관이 그것을 대변하고 있다고 말할 수 있다. 따라서 이 시기의 역사에 대한 비판은, 일본의 근대사 전체를 부정하게 된다는 생각이 국민들 사이에 강하게 존재하는 것이 아닐까 생각되는 것이다.

필자의 생각으로는, 현재도 계속되고 있는 '역사 분쟁'을 해결하기 위해서는, 1931년 이전으로 거슬러 올라가서 일본의 근대사 전체를 새로운 시각으로부터 다시 파악하는 일이 필요하다. 이러한 입장에 설 때, 위에서 검토한 『시리즈 일본 근현대사』도 종래의 틀을 기본적으로 답습한 것으로서, 21세기를 전망하는 통사로서는 큰 문제를 안고 있다고 판단하지 않을 수 없다.

3. 새로운 일본 근현대사상을 위해

그러면, 지금까지의 일본 근현대사상을 근본적으로 고치기 위해서는 무엇이 필요할 것인가? 본고는 이 문제에 대해 본격적으로 검토하는 것은 아니기 때문에 핵심적인 문제에 한정해서 극히 간략하게 사견을 피력하는 데 머무를 수밖에 없었다.

메이지유신 이후의 일본 근현대사를 재검토하기 위해서는 그 이전의 국가와 사회에 대한 재검토가 불가결하며, 적어도 일본에 있어서의 무사 정권의 성립 문제로부터 생각하지 않으면 안 된다고 생각한다. 특히 중요하다고 생각되는 것은 14세기이다.

현재의 일본사 연구에 큰 영향을 주고 있는 아미노 요시히코는, 몽골 제국의 일본 공격으로부터 1392년의 남북조 통일에 이르는 과정을 일본사에 있어서의 결정적인 전환점으로 파악하는 견해를 주장했다. 이 견해에 필자도 찬성하지만, 아미노의 주장에서 빠져 있는 것은, 이 일본사의 결정적 전환이 동아시아에 있어서의 일본의 주변적 지위를 결정지었다는 시점이다. 14세기는 동아시아 규모로 보면, 몽골 제국이 붕괴하는 가운데 명, 조선, 베트남의 려조 등, 새로운 왕조가 일제히 등장한 세기이다. 그리고 이러한 왕조에서 공통적으로 볼 수 있는 현상은 유교, 특히 주자학을 국가 이념으로서 내걸었을 뿐만 아니라, 그 이념에 알맞는 국가체제, 사회체제의 건설이 진행되었다는 것이다. 이러한 관점에서 보면, 남북조 통일을 획기로 하는 무사 정권의 확립이라고 하는 일본의 움직임은 극히 특이한 것이며, 동아시아적인 동시대성이 결여된 것이었다고 보지 않으면 안 된다. 14세기의 역사에서 한 가지 더 놓칠 수 없는 일은 류큐가 동아시아 세계의 주체로서 본격적으로 등장했다는 것이다.

메이지유신 이후의 일본이 마주보게 되는 것은, 이와 같이 14세기를 획기로 형성, 확립되어 온 동아시아의 왕조 국가체제였다. 이 왕조 국가체제는 물론 여러 가지 모순을 내포하고 있었고, 특히 19세기가 되면 그 모순이 한계에 이르게 되었지만 도쿠가와시대의 일본도 메이지유신 이후의 일본도 이들 왕조 국가체제에 대한 객관적인 인식이 결정적으로 부족했다. 이것이 도요토미 히데요시의 조선 침략이나 근대의 동아시아 침략이라고 하는 노선을 규정했다고 볼 수 있다.

　이상과 같은 견해는, 지금까지의 일본사상의 근본적 수정을 요구하는 것이지만, 이러한 문제를 정면에서 마주보려는 노력이 없으면 21세기에 있어서의 일본과 동아시아와의 새로운 관계를 쌓아 구축할 수 없는 것이 아닌가 우려된다. 상기 시리즈의 ④에 대해서 이와나미 서점의 편집자는 "세기 전환기를 유연하게(しなやかに)" 그려낸 책이라고 소개하고 있는데 (이와나미 서점 홈 페이지), 일본의 근현대사는 "유연하게" 그릴 수 없다는 것이 필자의 생각이다.

동아시아사의 구축 및 관련 문제*

런팡(任放)**

1. 머리말

성균관대학교에서 현재 학생들을 가르치고 있는 중국 학자로서, 필자는 항상 지금(한국 생활)의 자기 정체성과 당시(중국 생활)의 자기 정체성 사이에 존재하는 미묘한 차이를 느끼게 된다. 얼핏 보기에는 이러한 자기 정체성 혼란이 개인적 명분이나 지위 또는 이해관계와 관련 있는 듯이 보일 수도 있겠지만, 실질적으로는 국가 정체성, 민족 정체성, 역사 정체적, 문화 정체성 등의 근본적인 함의를 갖는 자기인식의 문제이기도 하다. 이러

* 본고는 필자가 '한중일 동아시아사 교육의 현황과 과제' 국제 심포지엄(한국 서울, 성균관대학교, 2008. 6. 14)에서 발표한 것을 수정한 원고이다. 이 자리를 빌려 적극 추천해주신 성균관 대학교 하원수(河元洙) 교수님과 회의 발표를 맡겨주신 주최 측에 감사를 드리며, 또한 토론을 맡아주신 국립한경대학교 윤휘탁(尹輝鐸) 교수님과 한국어 번역을 맡아주신 서울외국어대학교 대학원 도희진(都熙縉) 교수님께도 감사의 말씀을 드린다.
** 역사학 박사, 중국 우한대학교(武漢大學校) 교수, 한국 성균관대학교 사학과 교수.

한 상황에서 과거에는 당연하게 생각했거나 보고도 관심을 기울이지 않던 현상들이, 가슴 깊은 곳에서 갑자기 민감한, 심지어 첨예한 문제로 의식되기 시작하였다. 시공간의 변화는 한 개체의 뿌리의식 콤플렉스와 문화의식의 표류라는 갈등을 노정시키게 되었다. 이러한 개체로서의 문화적 자각을 더 넓은 층위로 확대한다면, 불가피하게 '아시아' 나아가 '세계'와 조우하게 될 것이다.

서구 중심주의자의 시각에서 볼 때, '세계'의 형성은 콜럼버스가 탄 배가 지리적 발견의 서막을 열어젖힌 이후에 이루어진 것으로, 오로지 서구의 손길에 의해 창조된 것이며 서구 문명이 시공간적으로 세계화된 것이다. 중국을 중심으로 바라보는 이들에게 '세계'는 곧 오래전부터 성현들이 믿어 의심치 않았던 '천하'이며, 그 무엇도 겨룰 수 없는 '화이질서'일 것이다. 물론 힌두교, 자이나교(Jaina, 석가모니와 같은 시기 인도에서 일어난 종파—옮긴이), 이슬람교 등의 종교 서적에 적혀 있는 '세계'는 또 다른 모습일 것이다. 유사 이래로 인류의 세계관은 천차만별의 모습을 가지고 있다.

다시 본론으로 돌아와 '아시아'를 보자. '아시아'라는 단어는 서구 담론으로 서구 식민주의의 산물이며, '아시아'를 '타자'로 보는 서구가 창조해 낸 상징적 기호이다.[1] '아시아'가 '서구'와 조우하여 후자에 의해 무력으로 정

---

[1] '아시아'라는 단어의 어원과 관련해 학계에는 다양한 견해가 있다. 먼저 '아시아'의 어원을 그리스어 'Aσια'로 보고, 그리스 역사학자 헤로도토스가 페르시아전쟁을 기술할 때, 페르시아 제국의 아시아 부분을 그리스 및 이집트와 구별하기 위해서, 아나톨리아 고원(Anatolia, 터키 영토의 아시아쪽 부분에 해당한다. 아시아 서쪽 끝의 반도에 있으며, 에게해와 접해 있다. 그 북쪽으로는 흑해, 남쪽으로는 지중해가 있으며, 동쪽은 옛 토러스 산맥으로 이어진다. 고대에는 셈어(Semitic-speaking) 지역 서부에 속하였다)을 언급하면서 최초로 이 단어를 사용했다고 보는 견해가 있다. 그리스 헤로도토스 이전에는 『호머 서사시』에서 Asios라고 부르는 트로이인의 연맹(a Trojan ally)이 이미 출현하고 있으며, 소택지를 ασιος라고 불렀다. 이 그리스 어휘는 아마도 Assuwa(기원전 14세기 소아시아 서부의 국가 연맹)라는 단어에서 파생된 것으로 보이며, 히타이트어(Hittite)의 assu-(good)라는 의미를 갖는다. 또 다른 견해로는, '아시아'라는 단어의 어원이 아카드어(Akkadian)에서 '나가다', '올라가다'의 의미를 가진 (w)aṣ(m)로서, 중앙아시아 지역에서 해가 떠오르는 방향을 가리키는 데 사용되었으며, '동방'을 의미하는 페니키아어

복당한 후, 다시 말해 서구 문화가 거침없이 '아시아'로 쳐들어온 이후, '아
시아'는 점차 '아시아인' 공동의 인식이 되어 갔으며, 이와 함께 '서구'를 자
기 정체성을 결정짓는 '타자'로 삼게 되었다.[2] 그러므로 '아시아'라는 단어
는 서구 중심주의적 색채가 짙다. 이것이 근대의 역사이다. '근대(Modern)'

(Phoenician)의 asa와도 관련이 있을 것이라고 본다. 이와 마찬가지로, '유럽(Europe)'이라
는 단어의 어원 역시 아카드어에서 '들어가다', '일몰'을 의미하는 erēbu(m)이라고 본다.
http://en.wikipedia.org/wiki/Asia, 2008-6-13 참고.
이와 비슷한 해석으로는, '아시아'라는 단어가 고대 서아시아 등지의 셈어에서 나왔으며,
'아시아주'의 약칭으로 '태양이 떠오르는 곳'을 의미한다고 보는 견해도 있다. 구전에 따
르면, 페니키아인들은 항해할 때 방향을 알기 위해서 에게해 동쪽을 '해가 떠오르는 곳'
을 의미하는 'Asu'라고 부르고, 에게해 서쪽을 '해가 지는 곳'을 의미하는 'Ereb'이라고 불
렀다고 한다. 따라서 영문 Asia는 'Asu'에서 바뀐 단어라는 것이다. 기원전 1세기가 되자,
Asia는 로마제국의 일부분을 가리키는 이름이 되었고, 이후 점차 의미가 확대되어 이제
는 아시아 지역 전체를 포괄하는 의미가 되었다. http://baike.baidu.com/view/2918.htm,
2008-5-15 참고.
이와 같이 서구 식민주의자들이 고어를 빌어 '아시아'를 '서구'와 대응하는 문화를 가리
키는 개념으로 탈바꿈시킴으로써, '아시아'는 순수한 지리적 개념에서 벗어나게 되었다.
프랑스 학자 프랑소와 고드망은 '아시아'라는 개념이 유럽의 협애한 상상의 일종이라고
지적하면서, 민족주의와 반식민주의 운동의 시대에 이르러 '아시아'라는 개념이 아시아
인들에 의해 거부되고 있다고 하였다. Francois Godement, *The New Asian Renaissance:
From Colonialism to the Post Cold-War*, Translated by Elisabeth J. Parcell, London and
New York: Routledge, 1997, p.4 참고 ; 嚴鵬, 『東亞史如何成爲可能』, http://blog.sina.com.cn/
u/4d6dcb8f01000ary, 2007-6-19에서 재인용.
비록 고드망이 서구식 아시아 분류법에 대한 에드워드 사이드(Edward W. Said)의 비판
에 동조하기는 했지만, 그 역시 저서에서 민족중심주의와 서구중심주의 시각이 담긴
'orient(동방)'나 'Far East(극동)'과 같은 어휘를 빈번하게 사용하고 있다. Gerald W. Fry,
Review(untitled), *The Journal of Asian Studies*, 57:3(1998), pp.804~805 참고.
중국 학자 趙汀陽은 '동방'이 가짜 개념이며, 소위 아시아의 문화적 동일성은 모종의 정
치적 의도에서 나온 기술인 경우가 많다고 보았다. 王青, 「儒教與東亞的近代」國際學術
硏討會綜述」, 『哲學硏究』, 2004年 第5期 참고.
아시아 주체론 관련 모더니즘적 견해, 포스트모더니즘적 견해, 중국학적 견해, 아시아적
견해에 대한 분석은 石之瑜 · 吳昀展, 「進出現代性 : 亞洲立場的有與無」, 『世界經濟與政
治』, 2007年 第2期 참고.

[2] 혹자는 본고의 글쓰기 방식을 에드워드 사이드의 방식으로 볼 수도 있다. 그 점에 있어
필자는 다음의 두 가지를 강조하고 싶다. 첫째, 비록 사이드의 견해에 대해 학계에서 논
쟁이 분분하기는 하지만, 지금으로서는 오리엔탈리즘에 대한 사이드의 비판에 필적할
만한 다른 학자가 없다. 둘째, 사이드는 단지 학문적 경계를 가르는 의미를 가질 뿐, 전
부는 아니다.

는 곧 서구 중심주의적 '근대'이며, 서구에서 만들어낸 새로운 시대이다. 어휘의 배후에는 역사의 아이러니와 문화적 논란이 존재하며, 현재를 살고 있는 우리들이 비판적으로 정리해서 독자적인 가치 판단을 통해 앞으로 나아가야 할 방향을 밝힐 필요가 있다는 사실을 시사한다. 여기에는 올바른 역사인식이 결정적인 역할을 할 것이다.

이른바 역사인식이란 첫째, 역사를 존중하고 모든 왜곡을 반대하며 역사의 진위를 가리는 것이다. 둘째, 인물이든 사건이든 모두 역사적 과정 속에 자리매김하여 인식하고 평가하도록 사람들의 역사적 사고력을 기르는 것이다. 이러할 때 교만하거나 성급하지 않게 되고, 냉정하고 이성적이되며, 큰 지혜와 넉넉한 포용력을 확보하게 된다. 셋째, 풍부한 역사 지식을 마음의 양식으로 삼아 더욱 찬란한 문화를 창조하는 것이다. 넷째, 역사 경험을 통한 교훈을 진지하게 받아들여 현재에 발을 붙이고 미래를 전망하는 것이다. 다섯째, 인류의 우수한 문화를 계승·발전시켜 조화롭고 아름다운 대동(大同)의 세계를 만드는 것이다.

따라서 서구 중심주의적 시각을 경계하는 동시에 '아시아'는 '아시아'이고 '세계'는 '세계'임을 인정하고, 이러한 개념에 새로운 함의를 부여하여 내재된 문화적 축적물을 역사 진보의 원동력으로 창조적으로 바꾸어야 한다. 이러한 의미에서 동아시아사의 구축과 이와 관련된 문제에 대한 필자의 의견 제시가, 글로벌화 시대에 동아시아인의 올바른 자아인식을 통해 갈등을 해소하고 더 아름다운 내일로 손잡고 나아가는 데 일조하기를 기대한다.

2. 동아시아사의 개념

지리적으로 동아시아란 아시아 동부 지역을 가리킨다. 여기에는 중국, 몽골, 북한, 한국, 일본의 5개국이 포함되며,[3] 그 핵심은 한중일 세 나라이다. 따라서 일반적으로 '동아시아사'는 아시아 동부 지역의 역사로 중국, 일본 및 한반도 전체의 역사이다. 즉, 개별 국가의 역사가 아니라 지역사인 것이다. 이는 학술 연구의 대상으로서 '동아시아사'는 개별 국가의 역사를 합한 것이 아니라[4] 동아시아 각국이 서로 관계를 맺는 역사과정을 연

---

[3] 동아시아의 지리적 범위에 대해서는 학설이 분분하다. 러시아를 포함시키는 학자도 있고, 베트남을 포함시키기도 하며, 동남아시아 각국을 포함시키는 학자도 있다. 이 밖에도 아시아는 곧 동북아시아로서 동남아시아와는 구별해야 한다는 의견도 있다. 이러한 다양한 의견은 동아시아 자체의 복합적 성격을 보여준다. 동남아시아 5개국(베트남, 라오스, 캄보디아, 태국, 미얀마) 가운데, 베트남은 중국 문화의 영향을 받은 나라이다. 몽골의 문화 수용의 경우는 비교적 특수한 예이며, 러시아는 완전히 다른 문화 시스템으로 볼 수 있다. 현대 아시아에서는 싱가포르 문화에 중국 문화의 흔적이 가장 뚜렷하다.

[4] KeyinWiki의 '동아시아사' 항목에는 4개의 하위 항목이 포함되어 있다. 차례로 중국 역사, 대만 역사, 일본 역사, 한국 역사가 그것이다. http://cache.baidu.com/c?m, 2006-3-28 참고. Wiki의 '동아시아사' 항목에도 6개의 하위 항목이 있는데, 차례로 중국 역사, 대만 역사, 일본 역사, 한국 역사, 북한 역사, 류큐 역사이다. http://www.wikilib.com/wiki?title, 2007-5-7 참고.
이 같은 두 가지 기술 내용에는 근본적인 오류가 있을 뿐 아니라(대만 역사를 중국 역사에서 분리시키고 있다는 점에서), 기준이 명확하지 않은 채 마구 뒤섞여 있다. 2005년 제1차 '동아시아 정상 회담' 개최 당시 한국 학자 백영서(白永瑞)는 발표문을 통해, 동아시아 세계 내부에서 힘차게 분출되고 있는 자각적인 의지는 이제 막을 수 없고, 이미 하나의 '동아시아사'를 구축하자는 목소리가 나오고 있으며, '동아시아사'가 동아시아를 내부적인 상호관계를 맺고 있는 하나의 역사적 단위로 볼 때, 민족 국가를 단위로 하는 각국사의 편찬 체계를 극복하리라고 기대할 수 있다고 하였다. http://finance.people.com.cn/GB/1047/3929011.html, 2005-12-9 참고.
또 다른 학자는 '동아시아' 개념의 기원에 상관없이, 동아시아는 나름의 체계를 가진 지역 세계로서 이미 자체적인 다원적 통합과정 속에서 배태되었다고 지적하고, 동아시아사는 동아시아를 전체로 보는 역사라고 지적하였다. http://www.langlang.cc/product.aspx?pid=1417835, 2008-3-17 및 http://www.soobb.com/Destination_Wiki_3663.html, 2008-4-27 참고.
최근 오스트레일리아 학자 프리먼 얌(Freeman Yam)은 『언어 문자로 보는 동(東)과 서(西)의 사고 – 다시 '큰 사고'에서 '큰 전략'으로』에서 역사교육을 언급하면서, "글로벌을

구한다는 의미이다. 이러한 연구과정에서 분열과 통합 및 흥망성쇠의 역사적인 연원을 분석하고, 그 속에서 교훈과 지혜를 추출해 동아시아의 평화를 이룩하고 공동의 발전을 추구함으로써 인류 사회에 공헌하고자 하는 것이다.

'아시아'와 마찬가지로, '동아시아' 역시 서구 담론 헤게모니의 산물로서, 서구적 시각에서는 '극동'에 해당한다. 따라서 동아시아는 지리적 개념이지만 동시에 단순한 지리적 개념만은 아니다. 동아시아가 서구 담론이라고 하지만, 그 기의(시니피에)와 기표(시니피앙)를 서구중심주의로 구속하는 것 또한 불가능하다. 다시 말해 문화 연구라는 심층적인 의미에서 보면, 동아시아는 역사적 개념이자 서구의 담론이며, 현대 어휘이자 분석 도구인 것이다. 이제 이를 하나씩 분석해 보자.

첫째, 동아시아는 역사적 개념이다.

동아시아에 서구 식민주의의 손길이 뻗기 이전, 동아시아는 이미 하나의 문화적인 실체였으며 인류의 역사과정을 구성하는 하나의 문화 단위였다. 특히 인류 문명의 초기 단계에서 동아시아의 지위와 영향력은 거의 독보적이었으며, 그 역할도 상당히 중요했다. 당시 동아시아는 '동아시아'라는 이름이 없었다고 하나, 페니키아인의 '아시아'라는 이름으로 부르기에는 적절하지 않다. 후자의 개념이 지나치게 광범위하기 때문이다. 비록 '이름' 없는 동아시아였지만, 이미 문화적으로 상당히 발전하여 세계가 인식하고 꿈꾸는 존재였다. 비단길과 마르코 폴로의 동방견문록은 이러한

유일한 기준으로 역사를 인식한다면, 인류의 역사는 동과 서의 역사로 나눌 수 있다. 서쪽의 역사는 유럽의 역사가 중심이 되고, 동쪽의 역사는 동아시아사가 중심이 되며, 동아시아사는 곧 '한자문화권'의 역사이다. 과거의 중국사를 '한자문화권'의 범위 안에서 기술하여, 여기에 중국과 '한자문화권' 내의 다른 나라 및 지역과의 상호관계를 포괄해야 한다. 이는 고립된 '중국사'여서는 안 된다는 의미이며, 이와 동시에 동양사를 기술할 때도 역시 서양사와 수평적으로 비교하여 글로벌이라는 각도에서 '세계관'을 길러야 한다"고 강조하였다. http://www.dongwest.net/pdf/think2.pdf, 2006-9-4 참고.

역사의 흔적이라고 볼 수 있다.

　또한 지리적 발견 이전의 동아시아 문화를 대표하는 것은 중국을 중심으로 그 주변으로 전파된 한자문화권이며, 중화 문화를 핵심적 가치로 하는 화이질서 또는 조공체계라고 볼 수도 있다. 중국의 한자, 유교, 법령, 제도, 문물, 풍속 및 중국화된 불교는 주변 각국에 문화의 척도로서 큰 역할을 하였으며, 뭇 나라가 이를 중심으로 모여드는 문화적 자장(磁場)을 형성하였다. 다시 말해, 정치적인 조공과 책봉, 경제적인 유무상통(有無相通), 우방에 대한 군사적인 보호 장치, 외교적인 종범(宗藩) 질서, 문화적인 전파 등 모든 면에서 동아시아는 통합되었다고 말할 수 있다.5) 당시의 동아시아는 비록 내부적인 갈등이 없지는 않았지만, 이미 문화적 동질성과 구심력이 이질성과 원심력을 압도했던 지연 공동체였다. 근현대에 이르러 '동아시아'라는 어휘는 악명 높은 '대동아공영권'의 존재로 인해 부정적인 함의를 갖게 되면서 비판적 성찰의 대상이 되었으며, 동시에 피해국에게 있어서는 역사의 신경을 건드리는 민감한 어휘가 되었다.6)

---

5) 동아시아사가 보여주는 각국 사이의 유기적인 역동적 관계가 정치, 경제 등의 영역에서는 대체로 주동 또는 수동적 관계로 나타나지만 문화, 종교 등의 영역에서는 자연스러운 교류로 나타났기 때문에 학계에 '동아시아 세계'라는 정치 질서론과 '중국 문화권'론(또는 '한자문화권'론)이 존재한다고 보는 학자도 있다. 가오밍시(高明士)의 '한중일 동아시아사 교육의 현황과 과제' 국제 심포지엄(한국 서울, 성균관대학교, 2008. 6. 14)에서의 「한국 대학의 동아시아 교육—역사와 현실」 토론문 참고.

6) 중국 역사학계를 예로 들면, 2차대전 이후 학문적으로 '대동아공영권'을 비판하는 논저가 많이 쏟아져 나왔다. 최근 저작을 예로 들면, 呂萬和·崔樹菊의 「日本"大東亞共榮圈"迷夢的形成及其破滅」(『世界歷史』, 1983年 第4期), 趙建民의 「"大東亞共榮圈"的歷史與現實思考」(『世界歷史』, 1997年 第3期), 王永江의 「簡論"大東亞共榮圈"始末」(『齊齊哈爾大學學報』, 1999年 第4期), 馮瑋의 「從"滿蒙領有論"到"大東亞共榮圈"—對日本殖民擴張主義的再認識」(『抗日戰爭研究』, 2002年 第2期), 林慶元·楊齊福의 『"大東亞共榮圈"源流』(社會科學出版社, 2006年) 등이 있다.
이 밖에 군국주의적인 색채를 띠는 일본 학계의 동아시아 사관에 대한 비판적 논문으로는 張憲文의 「評"大東亞戰爭史觀"—紀念中國人民抗日戰爭勝利五十周年」(『求是』, 1995年 第13期), 步平의 「關於日本的自由主義史觀」(『抗日戰爭研究』, 1998年 第4期), 王向遠의 「近代日本"東洋史", "支那史"研究中的侵華圖謀—以內藤湖南的〈支那論〉, 〈新支那論〉為中心」(『華僑大學學報』, 2006年 第4期), 司馬有點亮의 「一個學子眼中的東亞史感觀」

　동아시아의 중국, 일본, 한반도 문화는 '동문동종(同文同種, 같은 언어 같은 인종)'이라는 단어로 요약할 수 있다. 기자(箕子)와 상(商)나라의 혈연관계, 서복(徐福)이 3천 명의 동자(童子)를 이끌고 일본으로 건너갔다는 전설이 암시하는 이민사(移民史), 한글과 가나의 한자와의 긴밀한 관계, 위로부터 아래까지 모두 공자와 주자를 숭상하는 한중일 세 나라의 전통, 젓가락 문화, 세시 풍속 등, 이 모든 것은 동아시아 문화가 하나의 뿌리에서 나왔다는 사실을 보여준다. 오늘날 길거리를 걷다보면 중국인과 일본인 그리고 한국인을 겉모습만 보고 구별해낼 수가 있을까? 어려울 것이다. 이것이 곧 동아시아사의 신비이고, 동아시아사의 진실이기도 하다.

　이상과 같이 동아시아는 역사의 동아시아로서 직접 만지고 느낄 수 있는 문화적 실체로, 결코 '상상의 공동체(imagined community)'가 아니며 나중에 덧씌워진 패러다임도, 결코 다다를 수 없는 유토피아도 아니다.

(http://pastnow.bokee.com/tb.b?diaryId=15180305, 2007-3-1) 등이 있다.
이 밖에 1990년대 일본의 '아시아론'[주요 저서는 1994~1996년 동경대학출판사에서 간행된 溝口雄三, 濱下武志, 平石直昭, 宮島博史 편저의 『從亞洲思考』(『在亞洲思考』로 번역되기도 함)로, 이 가운데 濱下武志의 '조공무역권'론의 영향력이 가장 크다이 중국학자(孫歌), 한국학자(白永瑞, 河世鳳), 일본학자(岡本隆司, 本野英一, 中村哲), 미국학자(Paul A. Cohen) 등에 의해 세계적으로 비판을 받았다. 川島真, 「90年代日本的"亞洲論"和來自中韓的批判」, 金熙德 역, 『中日兩國的相互認識－第四屆日本研究青年論壇論文集』, 世界知識出版社, 2002와 孟凡東, 「亞洲區域模式論－濱下武志教授的"亞洲史重構"研究」, 『歷史教學問題』, 2005年 第5期 참고.
사실상 이 총서에 대한 孫歌의 평가 속에는 비판도 있지만 긍정하고 있는 부분도 있다. 孫歌는 결론적으로 『在亞洲思考』가 사실상 내부적으로 모순된 시각으로 가득 차 있으며, 아시아가 더 이상 '서구'와 마찬가지로 기호화된 개념이 아닐 때 비로소 '아시아에서의 사고'가 의미를 가진다고 보고 있다. 孫歌, 「亞洲意味著什麼？－讀〈在亞洲思考〉」, 『讀書』, 1996年 第5期와 「在歷史中尋找什麼？－再讀〈在亞洲思考〉」, 『讀書』, 1996年 第7期 및 「普遍性的載體是什麼？－三讀〈在亞洲思考〉」, 『讀書』, 1997年 第3期 참고.
濱下武志의 '조공무역권'에 대한 객관적인 학술 분석으로는 이 밖에도 朱蔭貴, 「朝貢貿易體系與亞洲經濟圈－評濱下武志教授的〈近代中國的國際契機〉」, 『歷史研究』, 1999年 第2期 참고.
2004년 2월 17일, 濱下武志가 화동사범대학(華東師範大學)에서 '全球化與東亞歷史'라는 제목으로 발표한 내용도 함께 참고할 만하다. http://www.zisi.net/htm/ztzl/dyyj/2005-06-10-29252.htm, 2008-2-24 참고.

둘째, 동아시아는 서구의 담론이다.

동아시아에 관한 여러 해석 가운데, 동아시아가 서구의 담론이라고 보는 관점은 상당히 중요하다. 이러한 관점은 특히 동아시아인에게 지리적 발견을 기준으로 그 이전의 동아시아가 유교의 동아시아였다면 그 이후의 동아시아는 기독교의 동아시아라는 사실을 일깨우는 것이다. 다른 말로 바꾼다면, 지리적 발견 이전의 동아시아가 중국을 중심으로 하는 동아시아라면 그 이후의 동아시아는 서구를 중심으로 하는 동아시아라고도 할 수 있다. 더 중요한 사실은 이때부터(1840년 아편전쟁을 기점으로) 오늘날까지, 동아시아는 여전히 서구를 중심으로 하는 동아시아라는 점이다. 당시 중국의 걸출한 사상가인 위원(魏源)은 "오랑캐의 장기를 배워 오랑캐를 제압하자(師夷長技以制夷)"라고 부르짖었다. 이는 서구의 확장(또는 무력 정복을 등에 업은 식민화)이 이미 역사의 흐름으로 자리잡던 시기에 나타난 동아시아인 최초의 각성이었다. 위원 이후 백여 년의 시간은 동아시아의 전란과 혼란의 세월이었다.

하지만 이러한 상황에서도 일관되게 존재하던 두 가지의 역사의 흐름이 근대 동아시아의 생명력을 형성했다. 하나는 모든 면에서 서구를 보고 배워 서구적인 근대화 모델을 동아시아 부흥의 목표로 삼는 것으로, 서구형의 민족국가를 세우는 것이었다. 이에 따라 갖가지 근대화 사상, 실험, 전략, 모델 등이 쏟아져 나와, 스스로 부국자강을 이룩하려는 동아시아인의 신념을 보여주었다. 이러한 노력의 성공과 실패 역시 동아시아사의 중요한 일부가 되었다. 또 하나는 민족의 독립과 해방을 쟁취하여 공화국을 수립하는 것이었다. 이를 위해 수많은 애국지사들이 피를 흘리고 목숨을 바쳤다. 그들의 용감한 투쟁, 장렬한 희생, 군건한 의지, 위대한 기개는 하늘을 놀라게 하고 땅을 감동시킬 정도였다.[7]

---

[7] 이 가운데에도 민족국가의 입장에 선 대국주의와 아시아주의가 존재했다. 백영서는 이러한 강대국의 꿈에서 탈피해야, 또 한반도 등 '주변'으로 격하되었던 주체가 고려의 대

하지만 시각을 바꾸어보자. 근대화, 민족국가, 공화국, 그 어느 것 하나 서구의 것이 아닌 것이 있는가? 지리적 발견 이전 중국을 중심으로 하는 동아시아에 과연 근대화라는 개념이나 공화국이라는 체제가 존재한 적이 있는가? 만약 동풍이 서풍을 제압했다면 지금 세계의 문화적 지도는 과연 어떻게 바뀌었을까? 누군가는 이런 질문을 던질 수도 있다. 하지만 역사에는 '만약'이 없으며, 역사는 상상을 허용하지 않는다. 역사는 곧 존재 자체이다. 지리적 발견 이후 동아시아는 서구의 동아시아가 되었고, 서구 문명 확장(식민화)의 손쉬운 먹이가 되었으며, 서구 중심적인 담론이 되었다. 이는 곧 서구의 기준이 보편적인 가치가 되어, 시비와 고하를 판단하는 유일한 잣대로서, 문명과 야만 그리고 선진과 낙후를 가늠하는 유일한 척도로서, 서구와 비서구(동아시아 포함)라는 이분법적 정체성을 형성하게 되었다는 뜻이기도 하다.

이에 따라 '전통'과 '현대'라는 개념이 바야흐로 생겨나, 서구 중심주의의 동의어이자 세계적인 유행어가 되었다. '전통'은 서구가 아닌 세계, 특히 아시아 그중에서도 동아시아를 대표하게 되었다. 동시에 '전통적'이라는 것은 곧 낙후, 우매, 보수, 빈곤, 전제(專制)를 의미하게 되었다.[8] 한 마디로 말해 '전통'은 곧 구시대적이라는 것이다. 이에 반해 '현대'는 서구를 대표하게 되었다. '현대적'이라는 것은 곧 선진, 개명, 혁신, 부강, 민주를 의미하게 되었고, '현대'가 곧 '문화'가 되었다. 문제는 서구 자신이 서구와 동아시아를 이렇게 바라보았을 뿐 아니라, 동아시아조차도 서구와 동아시아

상에 들어가야, 진정한 의미에서 동아시아의 시각을 형성할 수 있다고 지적하였다. 그는 '국민 국가의 완성과 극복', '지성의 실험대로서의 동아시아' 등의 명제를 가지고 민족국가를 중심으로 하는 사고 방식의 폐단을 줄여 동아시아사 편찬이라는 역사적 전환을 이룩하자고 제안하였다. 白永瑞, 「世紀之交再思東亞」, 『讀書』, 1999年 第8期와 白永瑞‧李長莉, 「再造東亞史學」, 『讀書』, 2005年 第4期 참고.

8) 한 학자의 지적에 따르면, 서구 중심론자의 아시아사 연구는 이론적 방법론에서나 지적인 축적 측면에서나 모두 심각한 오류가 있다. 孫達人, 「魏特夫陷阱和東亞的復興」, 『史學月刊』, 1995年 第1期와 葛兆光, 「缺席的中國」, 『開放時代』, 2000年 第1期 참고.

를 같은 시각으로 보게 되었다는 점이다.

　세계화를 일종의 역사적 과정으로 볼 때, 지리적 발견 이후의 세계화는 곧 서구화이다. 다시 말해 서구 문명의 확장(식민화) 과정에서 서구의 것이 아닌 문명을 배척하고 말살하거나 동화시켜 서구 문화의 성격을 부여하면서, 그 서구화 정도를 가지고 서구 문화의 계보에 편입시키는 것이다. 이러한 서구화는 바로 미국을 위시한 서구에서 '친(親)서방'의 정도를 가지고 우방국과 적대국을 가르고 있는 현대 국제 정치 질서가 가장 대표적이라고 할 수 있다. 이러한 문화 식민주의는 서구 중심주의의 핵심으로, 영토 식민주의보다 더 긴 세월 깊숙이 스며든 그 영향을 뿌리 뽑기란 녹록치 않다.

　근대화의 길을 걸어오면서 우리 동아시아인은, 공화(共和)와 민주(民主)의 가치관을 칭송하게 되었고, 동방의 전제주의는 구시대의 잔재가 되었다. 근현대 동아시아사를 연구할 때, 우리 동아시아인 스스로 '뒤처지면 두들겨 맞는 게 당연하다'고 탄식하고 있으며, 동서 문명의 우열 구분은 이미 동아시아의 집단 무의식이 되었다. 또한 지금의 국제무대에서 동아시아는 '서구는 선진국이고, 비서구(물론 동아시아 포함)는 개도국'이라는 이름표를 무조건적으로 수용하고 있다. 게다가 우리 동아시아인은 서구를 '타자'로 삼을 때 비로소 스스로를 자리매김하며, 서구 없이는 자신의 자리를 찾지 못해 당황한다. 이것이 바로 지리적 발견 이후의 역사가 보여주는 동아시아이고 서구 담론 속의 동아시아이며, 또한 동아시아의 현주소이다.

　시국과 역사 사이의 긴장에서 나온 '위원의 명제(命題)' 속에 질서와 혼란을 반복했지만 면면히 이어져 내려온 화이질서가 있다고 한다면, 즉 중국을 중심으로 하는 동아시아 문명을 계승·발전시키려는 사명감이 있었다고 한다면, 다시 말해 중국은 천하의 중심이라는 세계관이 있었다고 한다면, 백여 년의 격동의 역사를 거치면서 '위원의 명제'는 완전히 다른 모습으로 변했다. 화이관은 서구식의 자유와 평등 사상에 의해 무대 밖으로

떠밀려나고, 중국이 중심이라는 '사실[已然]' 역시 일련의 사건들로 인해 '개연성[或然]' 정도로 바뀌었으며, 중국이 천하의 중심이라는 가치관은 중국 학자를 포함한 동아시아 학계에 의해 단호하게 버림받았다. 그리하여 '위원의 명제' 가운데 '오랑캐를 배운다[師夷]'는 부분만 남게 되었다. 게다가 '오랑캐'라는 차별적인 표현 대신, 동아시아문화권의 '오랑캐'는 서구 중심주의에서 볼 때 긍정적인 함의를 가진, 역사의 발전 방향을 상징하는 '서구'가 될 것이다. '오랑캐를 제압한다[制夷]'는 부분은 지금의 상황에서는 거의 미친놈의 헛소리나 다름없다.

하지만 위원은 하나의 경계석으로 여전히 유의미하다. '위원의 명제'야말로 지리적 발견 이후 서구 문명이 아시아를 바꾸었던 시대적 명제이기 때문이다. 게다가 당시는 결정적인 역사적 시기였다. '위원의 명제'는 그 전의 동아시아가 중국을 중심으로 하는 동아시아였지만 그 이후의 동아시아는 서구를 중심으로 하는 동아시아가 될 것이라는, 힘없는 자기 고백을 의미한다. 역사가 증명하듯이, 이러한 자기 고백은 재빨리 모든 동아시아인의 합의가 되었다.9) 이제 동아시아는 더 이상 과거의 동아시아가 아니며, 서구 역시 과거의 서구가 아닌 것이다.

셋째, 동아시아는 현대 어휘이다.

현재 동아시아에 살고 있는 동아시아인은 현대 '동아시아'의 존재를 강하게 느낀다. 이러한 느낌은 역사의 연속이자 문명의식의 표출이며, 동아시아사의 현주소이다. 지금의 동아시아를 깊이 이해하기 위해서, 현재 자신의 생존 환경을 철저하게 인식하기 위해서, 발전의 기회를 틀어쥐기 위

---

9) 2차대전 이전과 이후 일본 사상계의 '동아시아' 개념을 정리한 일본학자 馬場公彦은 "근현대 이후 아시아인의 사고 속에서 '아시아'라는 단어는 단순한 지역 개념이 아니라 대립적 성격을 가진 외재적 지역주의를 겨냥한 여러 가지 시도의 하나였다"고 지적하였다. 馬場公彦, 「後冷戰時期"東亞"論述的視域－走向開放性區域主義的幾個嘗試」, 石井剛 譯, 『開放時代』, 2004年 第3期 참고.

해서, 동아시아인은 역사로 돌아가야 한다. 현재 눈앞에 보이는 동아시아는 역사라는 거대한 배경 속에서 존재하기 때문이다. 또한 현실적으로 존재하는 갖가지 갈등, 오해, 원망 심지어 뿌리 깊은 적대감까지도 모두 역사로 돌아가야 비로소 해결이 가능하다. 하지만 그 전제는 역사를 존중하는 것이다. 동아시아가 역사의 동아시아이기 때문에, 현재 동아시아인 사이에 그리고 동아시아인과 비동아시아인 사이에 그토록 수많은 기쁨과 슬픔이 존재하기 때문이다.

하지만 현재의 동아시아에 살고 있는 개인으로서, 대부분의 동아시아인(중국인, 일본인, 한국인 등)은 동아시아가 서구 담론이라고 의식하지 못한다. 대부분의 사람들은 동아시아를 당연한 것으로 여긴다. 자신이 생활하는 실제적 상황이기 때문이다. 그들은 중국인, 일본인, 한국인이면서 동시에 동아시아인이기도 하다. 이는 이상할 것이 없으며 문제가 되지도 않는다. '동아시아'를 '문제'로 보는 이들은 소수의 학자들이다. 대부분의 사람들 눈에는 동아시아 문제를 연구하는 우리야말로 문제가 있다고 비춰진다. 서로 인식의 관점이 다르기 때문이다. 생활에 매몰된 사람들이 학문에 관심을 두지 않는 것은 당연하다.

사회적 분업 체계에 의해 우리와 같은 사람은 학술연구자(줄여서 '학자'라고 하며, 이 단어에 너무나 큰 의미를 둘 필요는 없다)로 정의된다. 우리들은 치열한 문제의식을 가져야 할 의무가 있으며, '동아시아'를 '문제'로 연구해야 한다. 동시에 학자의 사회적 책임은 학술의 울타리를 벗어나 학문을 대중의 지식과 보편적 가치로 '승화'시켜 문명 창달에 기여하고 사회복지를 확대하는 데 있다. 이러한 의미에서 학자는 대중에게 '동아시아'가 '문제'라고 알려야 한다. 우리 가족과 아이들의 더 밝은 미래를 위해, 우리나라와 이웃나라의 사이좋은 관계를 위해, 우리 동아시아인은 이 문제를 직시하고 해결하기 위해 노력해야 한다고 말해야 한다. 역사가 남긴 문제도 있고 현실 생활의 각 분야에서 빚어진 문제도 있으며 우리 자신도 문제가 있다고 학자는 대중에게 말해야 한다. 이것이 책임지는 자세이며, 학문을 위하고 인간을 위하는 생활 자세이다. 우리는 지식인이라고 불리고, 지식인은 사회의 양심을 대표하지 않는가. 지식인의 천직은 지식을 생산하고 전승하고 축적하는 것이며, 지식인은 문명을 전승하는 신성한 사명을 지지 않는가.

미디어가 고도로 발달한 정보 혁명 시대에, 역사로서의 동아시아와 서구 담론으로서의 동아시아는 모두 동아시아인의 문화인식으로 내재화되었다. 이는 중국인, 일본인, 한국인이라는 정체성의 중요한 표지로서 일상생활 곳곳에 깊숙이 스며들어 있다. 이에 따라 동아시아는 현재 동아시아인의 현실인 동아시아가 되어, 그들이 살고 있는 현대 사회를 일컫는 고유명사가 되었다. 지금 그들이 빈번하게 입에 올리는 '동아시아'에는 역사의 그림자가 존재하지만 동시에 서구의 취향도 담고 있으며, 또한 시끌벅적한 현재의 삶도 녹아들어 있다. 역사적인 동아시아와 서구 담론의 동아시아를 비교할 때, 일반적으로 사람들의 입에 오르내리는 어휘로서 '동아시아'는 중성(中性)에 가깝다. 그렇기 때문에 수많은 첨예한 명제나 사상의 긴장감은 줄어들고, 동시에 가치판단도 거의 개입하지 않는다. 하지만 그래도 우리는 그들에게 당신들은 문제 속에서 생활하며 우리도 마찬가지라고 말해야 한다고 강조하고 싶다.

넷째, 동아시아는 하나의 분석 도구이다.

학술 연구 층위에서 동아시아는 일종의 분석 도구로 기능한다. 동아시아는 일종의 개념으로서 일련의 개념들이 학문의 틀을 구성한다면, 역사는 이 학문의 틀 속에서 해석되며 동아시아사 역시 이 학문의 틀 속에서 인지된다. '동아시아'를 하나의 개념으로 보지 않는다면 '동아시아'는 역사학자의 시야에서 사라질 것이며, '동아시아사'는 구축의 근거를 잃게 된다.

동아시아를 하나의 분석 도구로 삼을 때, 동아시아는 하나의 문제가 되고 분석의 대상이 되며 연구 단위로서 구축이 가능하다.

동아시아가 하나의 문제라고 하는 것은 역사의 동아시아, 서구 담론의 동아시아, 현대 어휘로서 빈번하게 사용되는 동아시아가 모두 문제라는 의미이다. 보다 범주를 확대하면, 동아시아를 하나의 문제로 보는 학자 역시 문제가 되며, 이는 동아시아를 문제로 보지 않는 대중이 문제인 것과 마찬가지다.

동아시아를 하나의 분석 도구로 삼는 자체가, 동아시아사에 수많은 문제들이 아직 완전한 해답을 얻지 못했고, 동아시아사에 대한 사람들의 인식에는 수많은 이견이 존재하기 때문에 심지어 동아시아사를 새롭게 구축해야 할 정도라는 사실을 충분히 보여준다. 하지만 이것은 반드시 필요한 것일까? 그리고 가능한 것일까?

물론 문제는 역사에 머물지 않으며, 현재에까지 도사리고 있다. 지금 동아시아 혼란의 뿌리는 과거에 있지만, 그 결과인 분쟁은 현재에 있다. 수많은 현재진행형의 다툼은 모두 역사의 한 지점으로 거슬러 올라갈 수 있다. 현대 동아시아는 역사의 동아시아의 연속이기 때문이다. 역사의 동아시아를 어떻게 인식하는가는 곧 현대 동아시아를 바라보는 결정적인 열쇠가 된다. 따라서 동아시아를 하나의 분석 도구로 삼아 사료를 모으고 비교하고 밝혀, 이를 가지고 학문 체계(동아시아사)를 세우고, 이를 가지고 동아시아가 동아시아됨을 분석하고, 이를 가지고 동아시아 역사의 내재적 맥락을 인지하고, 이를 가지고 역사의 동아시아와 현재의 동아시아 그리고 동아시아와 서구 나아가 동아시아와 세계를 해석해야 한다.

그렇다면 동아시아를 분석 도구로 삼을 때 아무런 문제가 없을까? 동아시아 각국의 독자적인 역사 맥락을 훼손하고 각 민족의 고유한 문화 정체성을 훼손하며, 각국의 국민 정서를 훼손하고 학문 자체를 훼손하여, 결국 '동아시아사'는 가짜 역사이고 '동아시아학'은 가짜 학문이라고 느끼도록 만들지는 않을까?

　그렇다면 동아시아는 동아시아인의 동아시아(정서적으로)에 불과하단 말인가?

　아니면 동아시아는 서구의 시각(방법론적으로)에 불과하단 말인가?

　우리가 동아시아를 분석도구로 삼을 때, 수많은 문제들도 그림자처럼 따라 나오지 않을 수 없다.

　한 가지 반드시 짚고 넘어가야 할 점은 동아시아의 다양한 모습은 역사로 인한 것이며, 마치 역사의 빛을 담아 현란한 무늬를 보여주는 만화경과 같다는 점이다. 역사는 만화경처럼 사람들의 관심을 끌지만, 그 구체적인 양상을 따로 구별해 내기란 쉽지 않다. 그렇기 때문에 우리는 역사의 현장으로 돌아가, 그 근원을 탐구하여 진실을 복구해야 한다.

3. 동아시아사 역사 기술과 현실적 관심

　이상과 같이 동아시아 개념을 다룬 이유는 동아시아사 인식과 교육을 다루기 위한 것이며, 동아시아라는 개념을 세우는 것이 곧 동아시아사의 개념을 세우는 것이다. 따라서 이제 다루어야 할 주제는 동아시아사의 역사 기술과 현실 관계이다.

　동아시아사의 역사 기술은 어떻게 진행되어야 할까? 물론 학자마다 나름대로 각자 서로 다른 견해를 가질 수 있다. 필자의 소견으로는 다음의 세 층위로 나누어 기술이 가능하다고 생각된다.

　첫째, 연구방법, 즉 방법론을 주목해야 한다.

　동아시아사는 역사학의 전문 분야사이기 때문에, 동아시아사 연구방법은 당연히 역사학의 연구방법을 기반으로 인류학, 사회학, 인구학, 통계학, 심리학, 구술사학 등 사회과학의 제 방법론을 병행해야 한다.

역사학의 연구방법을 기조로 한다고 강조하는 것은 동아시아사의 학문적 지위를 고려한 때문이다. 역사학 방법론의 요체는 사료를 근거로 한다는 데 있다. 일단, 근거 없는 상상이나 토론을 지양하고, 주장에는 근거가 되는 사료가 뒷받침되어야 한다. 또한, 역사 복원을 목적으로 삼고, 오류를 바로 잡아 진실을 인식한다. 마지막으로, 대의(大義) 고양을 취지로 삼아, 변증법적 사고와 이성적인 인지로 정의를 함양하고 국혼을 세운다. 실증과 변증은 역사학 방법론의 양 날개이며, 어느 하나라도 잃게 되면 역사학이라고 부를 수 없다.

다른 제 학문 분야의 방법론을 보조적으로 취해야 하는 까닭은, 동아시아사의 연구 범위가 다양한 범주를 포괄해야 하기 때문이다. 여기에는 정치, 경제, 문화, 군사, 외교, 과학기술, 풍속, 신화, 인물, 기물(器物) 등이 있으며, 먼 옛날부터 현재까지, 동아시아에서 세계까지, 거의 잡탕이라고까지 할 수 있다. 동아시아사의 진실을 깊이 있게 연구하려면, 관련 학문 분야의 분석 도구(개념에서 방법론까지)를 활용하여 역사학 방법론과 결합시켜야 한다. 이렇게 동아시아사의 역사적 맥락을 다양한 각도에서 파헤쳐야 보다 입체적인 이해가 가능하다. 문호를 닫아걸고 역사학의 경계를 고집한다면 역사 지식의 발굴이 제한적일 수밖에 없으며, 결국 역사학자로서 자신의 통찰 능력과 해석 능력을 상실한 우물 안 개구리와 같은 존재가 될 것이다.

물론 동아시아사의 연구 주체는 동아시아 각국의 역사학자임에 틀림없다. 수천 명에 이르는 동아시아 각국의 연구 인력은 아직 본격적으로 힘을 합치지 못한 상태이다. 정부와 민간이 역사의 필요성에서 출발하여 흉금을 터놓고 서로 포용하면서, 차이점보다는 공통점을 찾기 위해 노력하는 동시에 무조건적인 의견일치보다는 다양성을 추구하면서, 중요한 역사적 사실에 대해 합의점을 찾아나가야 한다. 이렇게 할 때 동아시아사의 구축을 위해 함께 노력할 수 있으며, 그 결과 더 높은 수준의 동아시아 의식을

구축할 수 있을 것이다.[10]

---

[10] 동아시아사에 대한 공동 인식 달성 여부에 회의를 나타내는 학자들도 있다. 일례로 일본 학자 竹內好는 "아시아주의를 일종의 범주로 고정시키려는 시도는 실패할 수밖에 없다. 모아서 분류한 정의가 아무리 많아도 아시아주의에서 이견의 여지가 사라질 수 없으므로, 아시아주의 안에서 현실에 적용 가능한 사상을 찾기란 불가능하다"고 주장하였다. 步平, 「東亞地區能否建立面向未來的歷史認識」, 『中國圖書評論』, 2007年 第11期 참고. 梅棹忠夫, 原洋之介, 川勝平太, 馬場公彦 등 다른 일본학자들도 같거나 비슷한 견해를 보이고 있다. 馬場公彦의 경우, '기능으로서의 아시아'의 시각에서 동아시아 현실의 다양한 모습을 파헤치고 있다. 여기에는 경제 권역으로서의 동아시아, 문화 권역으로서의 동아시아, 민족 국가 집합 권역으로서의 동아시아, 소비 문화 권역으로서의 동아시아가 포함되며, 이를 통해 그는 동아시아를 어떤 실체 개념이나 고정된 지역 개념으로 자리매김하기는 어렵다고 보고 있다. 그는 또한 동아시아의 동아시아됨의 진정한 가치는 세계화의 압력과 동아시아의 역사성이라는 중대한 시련에 직면하고 있다고 하였다. 그에 따르면, 이러한 역사성은 전근대 중국을 중심으로 하는 화이질서, 근대 일본의 제국주의, 전후 미국 패권을 따르는 냉전 구조라는 삼중의 패권 구조로 나타났다. 이에 따라 강약, 우열, 대소, 주종과 같은 관계를 포함한 '다층 구조'를 형성하였으며, 이러한 구조로부터 탈피 여부가 포스트냉전 시대에 동아시아 발전의 열쇠가 될 것이라고 보았다. '동아시아' 기술의 어려움을 인정하는 동시에 그는, 대항적 성격이 없는 '개방적 지역주의'를 지향해야 한다고 호소하였다. 馬場公彦의 「後冷戰時期"東亞"論述的視域－走向開放性區域主義的幾個嘗試」 참조.
현대 동아시아사 이해와 관련하여 일본학자들의 다양한 견해는 小林英夫, 「現代東亞史再探」, 曲翰章 역, 『國外社會科學』, 1990年 第10期 참고.
동아시아 정체성에 관한 논문으로는 이 밖에도 兪新天의 「東亞認同感的胎動－從文化的視角」(『世界經濟與政治』, 2004年 第6期), 田毅鵬의 「全球化, 民族國家與東亞認同」(『史學集刊』, 2005年 第2期), 陳奉林의 「東亞區域意識的源流, 發展及其現代意義」(『世界歷史』, 2007年 第3期) 등 참고.
중국학자 葛兆光은 '아시아주의' 문제에 있어 근대 중일 양국의 서로 다른 인식에 대하여 상세하게 정리한 바 있다. 葛兆光의 「想像的和實際的：誰認同"亞洲"？－關於晚淸至民初日本與中國的"亞洲主義"言說」, http://philosophyol.com/pol04/Article/aesthetics/a_culture/200407/888.html, 2004-7-20 참고.
덧붙이자면, '공동의 지식'에 관한 대화에서 溝口雄三과 孫歌는 국수주의, 문화 본질주의, 학술 객관주의(역사학의 객관성과 실증성의 한계와 보편성), 민중 정서 속에 학자가 지성적으로 파고들 수 있는 방법 및 '불만족', '고뇌', '연대' 등의 문화 심리적 층위의 문제 등을 언급하고 있는데, 동아시아 공동의 역사인식 문제에 있어 시사하는 바가 크다. 溝口雄三 · 孫歌, 「關於"知識共同體"」, 『開放時代』, 2001年 第11期 참고.
이와 함께 溝口雄三의 「"知識共同"的可能性」(戴煥 역, 『讀書』, 1998年 第2期)와 「創造日中間知識的共同空間」(趙京華 역, 『讀書』, 2001年 第5期) 및 孫歌의 「跨文化視野的形成－回顧知識共同體的思想課題」(『中國圖書評論』, 2008年 第1期)도 참고할 수 있다.

둘째, 학문 체계, 즉 해석의 틀이 중요하다.

동아시아사가 각국의 개별 역사가 아닌 지역사라는 점을 고려할 때, 그리고 특정 시대의 역사가 아닌 통시적인 역사라고 할 때, 동아시아사의 학문 체계를 조심스럽게 설정해야 풍부한 통찰 능력과 해석 능력을 확보할 수 있다. 물론 동아시아사 연구자에게 이러한 해석의 틀 자체가 큰 도전이 될 것이다.

중국을 예로 들어 보자. 2006년 중국에서 동아시아사에 대한 중국 최초의 저서 『東亞史 : 從史前至20世紀末』가 출판되었다.[11] 이 책은 동아시아사 분야에서 중국학계의 최신 연구 성과를 보여주고 있다. 이 책의 편저자는 동아시아를 중국 대륙과 부속도서 및 동북아시아와 동남아시아 15개국을 포괄하는 개념으로 사용하고 있다. 여기에는 중국, 북한, 한국, 일본, 몽골, 인도네시아, 브루나이, 필리핀, 싱가포르, 말레이시아, 베트남, 라오스, 캄보디아, 태국, 미얀마 외에 러시아의 아시아 지역이 포함된다. 이는 최대한으로 범위를 설정한 동아시아로서, 본고의 동아시아 개념과는 다르다.

이 책은 지역 구조의 변화를 기조로 동아시아사를 초기 동아시아 세계(상고~기원전 3세기 말), 지역 구조의 형성(기원전 3세기 말~8세기 말), 다민족 다국가 경합 발전(8세기 말~13세기 말), 조공 책봉체제(13세기 말~1874년), 조약 체제(1874~1945년), 냉전 시대(1945~1992년), 탈냉전 시대와 같이 7개의 시기로 나누고 있다. 편저자는 또한 지리적 환경에 따라 동아시아를 황하 유역, 장강 유역, 몽고 고원, 청장(靑藏) 고원, 천산(天山) 남북, 동북아, 동남아의 7개 사회로 나누고 있다. 역사 기술 측면에서 편저자는 시대 구분과 지리적 구분을 연결시키는 동시에 지리적 구분과 국가 구분을 연결시켜, 지리적 구분을 방법론으로 취하고 있다. 이에 따라 동아시아 국가와 민족의 상호관계에 역점을 두고 기술하면서 정치, 경제, 문화

11) 楊軍·張乃和 편저, 『東亞史 : 從史前到20世紀末』, 長春出版社, 2006.

영역의 교류를 강조하고 있다.

　이 책은 선구자적인 성과물로서 특히 편찬 체계와 동아시아사 인식 측면의 독창성으로 학계의 격찬을 받았다.[12]

　필자는 이러한 평가에 대체로 동의하지만, 이와 동시에 선구자적인 성격으로 인한 문제점도 노정되었다는 점을 지적하고 싶다. 첫째, 일관성이 부족하다. 편저자는 지역 구조의 변화를 기조로 삼았다고 강조하고 있지만, 일부 장절의 편제나 구체적인 기술에서는 구조의 껍데기만 남고 알맹이는 사라지고 없다. 둘째, 기술 방식에 서구 중심적 편향이 심하다. 특히 이 책의 후반부 제5장 "조약 체제(1874~1945년)", 제6장 "냉전 시대(1945~1992년)", 마지막 "탈냉전 시대"가 가장 대표적인 부분으로, 동아시아사 자체의 역사적 맥락에서 유리되고 있다.

　필자의 소견으로는, 동아시아사의 학문 체계(또는 해석의 틀)는 중국을 중심으로 동아시아 각국(주로 일본과 한반도)과 중국의 관계가 중심이 되어야 하고, 동아시아사의 내재적 맥락이 중심이 되어야 하며,[13] 서구의 충

---

[12] http://chinaneast.xinhuanet.com/2006-03/01/conte, 2006-3-1. 또 다른 서평으로는 陳景彦, 「可貴的創新, 明顯的缺憾－評〈東亞史〉」, 『史學集刊』, 2006年 第5期 참고.

[13] 溝口雄三는 『作為方法的中國』(東京大學出版會, 1990년)에서 동아시아 연구의 새로운 방법론을 제시하였다. 그는 중국을 독립적인 연구 대상으로 삼아, 유럽 중심의 평가 척도나 일본의 문화적 혼입을 탈피하고 중국 문화 자체의 규칙에 주목하여, 다원적 세계 문화구도 속에서 중국을 새롭게 인식하자고 하였다. 孫歌, 「作為方法的日本」, 『讀書』, 1995年 第3期 참고.
　溝口雄三는 '內髮式' 근대의 시각으로 중국 근현대사를 연구하자고 주장하였다. 이는 코헨(Paul A. Cohen)의 '중국에서 역사를 발견하다'의 전복적 개념과 매우 흡사하다. Paul A. Cohen, 「俯瞰近代中國」, 『讀書』, 2001年 第9期 참고.
　溝口雄三은 중국을 연구할 때 중국을 매개로 유럽의 척도를 상대화하면서, 동시에 자국과 타국과 같은 인식의 전제를 상대화하여, 세계 인식을 다원화시켜야 한다고 강조하였다. 溝口雄三, 「作為"態度"的中國研究」, 『讀書』, 2005年 第4期 참고.
　아시아 연구에 대해 孫歌는 "아시아를 다룰 때 국민국가를 기본적인 단위로 설정하지 않는다고 가정한다면, 그 기반은 무엇인가? 아시아는 이념인가 아니면 실체인가. 하나의 전체로서 존재하는가?"라는 의문을 던졌다. 孫歌, 「亞洲論述與我們的兩難之境」, 『讀書』, 2000年 第2期 참고.

격은 원인으로서 주변적으로 다루어야 한다. 이러할 때 서구 중심적 편향을 탈피하고, 페어뱅크(John K. Fairbank)의 '충격-반응' 모델의 간섭을 벗어날 수 있으며, 동아시아의 입장에서 동아시아사의 진실한 모습을 복원시킬 수 있다.

부연하자면, 동아시아사의 기조는 당연히 중국을 중심으로 하는 동아시아 질서가 되어야 한다. 여기에는 이 질서의 구축, 발전, 쇠퇴, 해체, 무질서, 재구축과 같은 부분이 포함되어야 하며, 각 시기별 흥망성쇠를 다루어야 한다. 여기에서 다음과 같은 몇 가지 설명이 필요할 것이다.

중국을 중심축으로 삼아야 한다고 강조하는 이유는, 예로부터 동아시아에서는 대국(大國)으로서 중국의 지위가 그 어느 나라에 의해서도 대체된 적이 없기 때문이다. 이 문화권을 한자문화권이라고 해도 좋고 유교문화권이라고 해도 좋다.[14] 어쨌든 동아시아에 대한 중국의 영향력이야말로 동아시아문화권 형성의 결정적 요인이기 때문이다. 중국 중심의 동아시아 질서가 동아시아사의 내재적 맥락을 구성하므로, 이를 버린다면 동아시아사를 논할 근거가 사라지며, 이를 버린다면 동아시아사는 각국의 개별 역사를 한데 모은 잡탕에 불과하게 된다. 아마도 이를 중국문화권을 동아시아문화권과 사실상 동일시하는 견해로 보는 학자도 있을 것이다. 하지만 이는 긴밀한 연관성을 갖지만 단순하게 등호로 처리할 수 없는 두 개의

---

[14] '동아시아문화권'의 정의에 대해, 한중일 학자들은 아직 이견을 보이고 있다. 胡禮忠·汪偉民, 「東亞文化圈 : 傳承, 裂變與重構－"東亞漢文化圈與中國關係"國際學術會議曁中外關係史學會2004年會述評」, 『國際觀察』, 2004年 第2期 참고.
1986년 5월 일본 도쿄에서 열린 '한자 문화의 역사와 미래－정보화 사회에서의 한자 신문화 창조' 국제 심포지엄에서 발표된 한중일 및 베트남 학자들의 연구 성과도 주목할 만한 가치가 있다. 회의 주제에 동감한 일본학자 阿辻哲次는 『圖說漢字的歷史』(高文漢 역, 山東畫報出版社, 2005)를 출판하였다. 이 책에 동감한 중국학자 劉曉峰은 「漢字背後的東亞史」(『讀書』, 2005年 第11期)라는 제목의 서평을 통해 "한자의 미래는 역사의 연장선상에 있다"는 阿辻哲次의 관점을 반복하면서 역사와 현실의 연관성을 파악하여 한자문화권의 생명력에 희망을 건다는 의견을 피력하였다. 이 밖에도 '동아시아 한자 기술권'의 개념을 제시한 학자도 있다. 康榮平, 「東亞"漢字技術圈"的興起」, 『漢字文化』, 1993年 第2期 참고.

개념이라는 점을 밝히고자 한다. 한 마디로 말해, 동아시아문화권은 중국
문화권보다 넓은 범주이다. 그러나 동아시아문화권의 주체는 중국문화권
이며, 동시에 다른 하위(Sub) 문화권이 그 속에 존재한다.

소위 중국 중심의 동아시아 질서란 중국과 동아시아 각국의 관계 정립
을 가리킨다. 하나의 전체로서 그리고 지역사로서 동아시아사의 중심 컨
텐츠는 곧 동아시아 각국과 중국의 관계사이다. 각 시대별로 중국을 중심
으로 하는 동아시아 질서는 큰 변화를 겪었다.15) 첫 번째로 연구해야 할
부분은 다른 나라가 아닌 중국이 동아시아 질서의 중심이 된 이유다. 두
번째 연구 대상은 중국 중심의 동아시아 질서가 구축된 시기이다. 이 질서
를 상징하는 제도(화이질서, 조공체제)의 설계는 문헌에서 어떻게 기술되
었으며, 여기에 합리적인 부분과 그렇지 못한 부분은 무엇이고 그 문화적
기반은 무엇이며, 그 제도의 실질적인 결과는 어떠했는가? 마지막으로 각
시대별로 동아시아 각국과 중국의 관계는 연합과 분열 양상이 나타났고,
구심력과 원심력의 불규칙한 변화가 나타났으며, 이 때문에 동아시아 질
서는 단계별로 특징을 갖게 되었다. 이러한 단계별 특징은 또한 어떻게 기
술해야 하는가?

이러한 과정에서 중국의 지위를 대신하려는 꿈을 꾸었던 일본은 무력
동원을 서슴지 않았고, 한반도와 중국을 침략하여 동아시아 질서에 상당
히 부정적인 영향을 미쳤다. 일본 군국주의와 우익세력에 대한 비판에 그
치지 않고, 학술적인 측면에서 일본의 종주국 망상의 심층적인 원인을 해
부해야 한다. 명청의 교체, 아편전쟁, 청일전쟁은 동아시아 질서에 지속적
인 질적 변화를 일으킨 세 가지 사건이다. 명청의 교체는 화이관의 혼란과
해체를, 아편전쟁은 조공체제를 대체하는 조약체제를, 청일전쟁은 학생이
스승을 상대로 싸워 이기는(청일전쟁에서 일본이 승리하였으며, 이는 세

---

15) '중심—주변'은 동아시아사의 문화 구조라는 사실을 인정해야 한다. 張金榮 · 田毅鵬, 「文
明論 : 東北亞硏究的新視角」, 『東北亞硏究』, 2007年 第3期 참고.

계사 최초의 현대 전쟁이었다) 변화를 의미하며, 이렇게 중국 중심의 동아
시아 질서가 무너져[16] 오늘날에 이르게 되었다. 이 가운데 우리가 다루어
야 할 문제들이 산적해 있으며, 우리가 확장시켜야 할 학술적 공간이 산재
해 있다.[17]

　주변 국가의 원심력 증가가 아니라 서구의 충격을 동아시아사의 기조로
끌어올릴 경우, 동아시아사의 내재적 맥락의 연속성을 무시하게 된다. 이
는 지엽으로 전체를 가리는 연구 방법론으로 경계해야 한다. 서구의 충격
은 동아시아 질서에 혼란이 출현하게 된 원인의 하나이지만, 유일한 원인
도 원인의 전부도 아니다. 이러한 요인에 다른 요인이 더해져, 동아시아
각국과 중국의 관계에 과거와는 다른 변이가 나타났다. 하지만 기조는 여
전히 뚜렷하며, 동아시아 질서의 근현대적 양상에 대해서는 역사학자들의
깊이 있는 연구가 더욱 절실하다.

　역사학자가 대답해야 할 질문들은 다음과 같다. 중심이 사라진 시대에
동아시아 각국은 전쟁과 평화의 교향곡 속에서, 동서 문화가 서로 맞부딪
쳐 변하는 과정에서, 막중한 역사의 짐을 진 채 어떻게 서로 싸우고 교류
했는가? 거의 백 년 동안 동아시아는 무질서 속에 있었다. 전체 역사의 맥
락에서 보면, 무질서(선사)에서 질서(고대)로, 다시 무질서(근현대)에서 질
서의 재건(현재 중국의 부흥)까지, 동아시아사의 기조는 뚜렷하고 일관되
며, 동아시아사는 중국 중심의 동아시아 질서의 변천사이다(중국이 중심

---

16) 葛兆光은 동아시아 화이질서의 쇠퇴와 와해에 대해 깊이 있는 분석을 하였다. 葛兆光,
「漸行漸遠－淸代中葉朝鮮, 日本與中國的陌生感」, 『書城』, 2004年 第9期 ; 「大明衣冠今何
在」, 『史學月刊』, 2005年 第10期 ; 「從'朝天'到'燕行'－17世紀中葉後東亞文化共同體的解
體」, 『中華文史論叢』, 2006年 第1期 참고.
　　관련 연구로는 韓東育의 「關於東亞近世"華夷觀"的非對稱畸變」(『史學理論硏究』, 2007年
第3期)와 「"華夷秩序"的東亞構架與自解體內情」(『東北師大學報』, 2008年 第1期)를 참고
할 수 있다.
17) '중국'에 관한 역사인식 재구축과 관련하여 葛兆光의 글에 주목할 필요가 있다. 葛兆光,
「重建關於"中國"的歷史論述－從民族國家中拯救歷史, 還是在歷史中理解民族國家?」,
http://www.tecn.cn/data/detail.php?id=14157, 2007-5-1 참고.

이 되었다가 이를 잃고, 다시금 중심으로 회귀). 이러한 동아시아사야말로 동아시아인이 주인공이 되는 동아시아사이다. 이 무대에서 서구는 단지 조연에 지나지 않는다.

물론 서구 중심주의를 경계하는 동시에 동아시아와 서구를 포함한 세계의 역사적인 관계를 중요하게 다루어, 세계사라는 배경 속에서 동아시아를 자리매김할 필요가 있다. 이렇게 될 때 동아시아로 동아시아를 말하는 편향을 벗어나, 보다 넓은 시각으로 동아시아성을 부각시킬 수 있다. 두 가지 시각을 비교해 본다면, 우선되어야 하는 것은 동아시아의 내재적 역사 맥락에 주목하는 것이며, 그 다음이 세계사적인 관점일 것이다.

아마도 다음과 같은 의문을 제기하는 학자도 있을 것이다. 중국을 중심으로 동아시아사를 구축하자고 강조하는 것은 중국 중심주의가 아닌가? 백 년에 가까운 동아시아를 무질서로 본다는 것(중국이 근대에 와서 쇠퇴했다고 해서)은 중국 중심주의가 아닌가? 중국의 평화적 부흥이 동아시아 질서의 재구축이란 말인가? 이러한 질문에 대해 하나씩 간단하게 답변해 보겠다.

중국 중심주의와 서구 중심주의는 본질적인 차이가 있다. 가장 근본적인 차이는 전자가 평화적 문화 전파라면 후자는 침략적 문화 식민을 의미한다는 점이다. 중국을 중심으로 하는 동아시아사 구축을 강조하는 이유는 유구한 역사 발전과정에서 중국과 일본 및 한반도의 관계가 대국과 소국의 관계였고, 주변 국가에 대한 중국의 문화적 영향력이 한중일 관계사의 중심축이 되었기 때문이다. 이러한 과정 속에서 중국 역시 일본 문화와 한반도 문화의 영향을 받았지만, 이러한 영향력은 동아시아 역사 속에서 부차적인 위치에 있었다. 역사의 진실[已然, 사실]을 인정하는 것이야말로 역사 연구의 첫걸음이고, 역사적 진실에 대해 시비와 우열과 같은 가치 판단[應然, 정의]을 하는 것은 그 다음에 할 일이다.

이는 연구 작업에 있어 서로 다른 두 단계(또는 방식)로, 양자는 상호

대체될 수 없다. 구체적으로 말해 화이관, 조공 체계, 종번(宗藩) 관계 등
에 불평등하거나 불합리한 요소가 있는가 또는 민족 차별적인 부분이 개
입했는가 등은 가치 판단 층위의 작업으로서, 그러한 판단이 화이관, 조공
체계, 종번 관계의 역사적 존재 자체를 부정할 수는 없다. 이것이 바로 역
사 연구의 기본적인 입장이다. 좀 더 직설적으로 말한다면, 중국 중심의
동아시아사는 부정할 수 없는 역사적 사실이며, 이것이 동아시아사 인식
의 첫걸음이고, 이러한 역사적 진실을 어떻게 평가할 것인가는 동아시아
사 인식의 다음 단계가 된다. 이를 오만한 중국 중심주의로 귀결짓거나 나
아가 서구 중심주의와 동일시한다면 역사주의에서 벗어난 편견이고, 민족
주의적인 발상이다. 이 지점에서 우리는 일원론적인 서구 중심주의를 경
계하는 동시에 국수주의도 경계해야 한다.

중국 중심의 동아시아 역사관을 굳이 '중국 중심주의'로 이름 붙이고자
한다면, 이러한 중국 중심주의는 페어뱅크의 '충격-반응' 모델로는 설명
이 불가능하며, 오히려 코헨(Paul A. Cohen)의 확대로 보아야 할 것이다.
코헨의 방법론에서 가장 높이 평가할 수 있는 점은 중국 내부에서 중국
역사를 관찰하거나 또는 중국의 내재적 발전 맥락 속에서 중국 역사를 구
축하는 것이다. 이를 바탕으로 동아시아사의 방법론을 도출한다면, 그것
은 동아시아 내부에서 동아시아 역사를 관찰하거나 또는 동아시아의 내재
적 발전 맥락 속에서 동아시아사를 구축하는 것이 될 것이다. 물론 동아시
아사의 '중국 중심주의'와 코헨의 중국 중심주의 사이에는 서로 다른 부분
이 있다. 전자는 지역사의 방법론이지만 후자는 개별국가 역사의 방법론
(코헨 역시 개별국가 역사의 시각 속의 지역학을 강조하였다)이라는 사실
이 바로 그것이다.

따라서 동아시아사 연구는 주변 국가에 대한 중국 문화의 영향을 주목
하는 동시에 중국 문화의 영향을 받은 이들 국가의 내재적 역사 발전 맥락
을 중요시해야 하고, 주변 국가에 대한 중국의 문화 전파를 주목하는 동시

에 주변 국가에 대한 중국의 문화적 수용을 중요시해야 하며, 중국을 중심으로 한 동아시아 역학관계에 주목하는 동시에 한중일의 비교 연구를 중요시하여, 동아시아사의 진실을 다각도로 조명해야 한다는 점을 강조해야 할 필요가 있다.

최근 백 년 가까이 동아시아에서 근대화 강국이 된 일본은 침략 전쟁을 수단으로 '대동아공영권'이라는 동아시아 질서 재구축을 꿈꾸었지만, 결과적으로 동아시아 민중들은 반파시스트 전쟁을 승리로 이끌었다. 2차대전 이후 수십 년간, 일본과 한국은 차례로 괄목할 만한 근대화를 이루어 동아시아 지역에서 큰 영향력을 발휘하였다. 이에 따라 최근 백 년 가까운 동아시아사는 일본을 중심으로 기술해야 하며 근대 이전의 전통 시대만을 중국을 중심으로 기술해야 한다고 주장하는 학자도 아마 있을 것이다. 하지만 그렇게 한다면 동아시아사의 내재적 맥락을 끊어버리게 된다. 여기에 전후 동아시아에서 미국의 '주도적 지위'까지 덧입힌다면, 그것은 의심할 바 없는 냉전적 사고이며 동아시아사의 설자리를 잃게 만들 것이다.

이견이 존재하는 결정적인 이유는 시기가 길다는 방법론적 문제가 있기 때문이다. 동아시아사의 시각을 최근 백 년 또는 전후 수십 년으로 국한시켜서는 안 되며, 역사의 시야를 넓혀 수천 년 동안 면면히 이어 내려온 역사의 발자취로 최근 백 년 또는 전후의 동아시아사를 자리매김해야 한다. 그렇지 않을 경우 최근 백 년 또는 전후의 동아시아사는 뿌리가 없는 나무로 변할 것이며, 이렇게 구축된 동아시아사는 썩어버린 나무처럼 의미가 없다. 수천 년 동안 동아시아의 여러 소국과 중국의 역동적인 관계가 동아시아사의 주체가 된다면, 최근 백 년 또는 전후의 이러한 '주체'의 변화 고찰이야말로 합리적으로 자연스럽게 이루어진 역사의 논리는 아닐까?

게다가 동아시아 근현대 구조와 그 이전의 구조 사이에는 끊을래야 끊을 수 없는 복합적인 관련성까지 존재한다. 동아시아사의 내재적 맥락으로 볼 때, 수천 년의 과거 동아시아 구조가 최근 백 년 또는 전후의 새로운 구조를 결정짓고 있으며, 현대적인 옷차림 밑에서는 수천 년의 피가 돌고 있다. 최근 백 년 또는 전후의 동아시아는 비록 중국이 더 이상 과거처럼 중심은 아니지만 여전히 동아시아 변화에 열쇠의 역할을 하고 있으며, 중국과 동아시아 각국의 관계가 여전히 동아시아사의 주체라고 역사는 우리에게 말하고 있다. 청일전쟁에서 일본의 패전까지, 중일관계가 동아시아 역사에서 가장 중요한 기조가 아니란 말인가? 일본의 패전에서 오늘날까지, 중일관계와 한중관계 그리고 중국과 북한의 관계가 동아시아 역사에서 가장 중요한 기조가 아니란 말인가? 상대적으로 한일관계(또는 일한관계) 역시 매우 중요하지만, 동아시아 지역에 대한 전반적 영향력이라는 점에서는 역시 부차적이다. 이러한 관계 가운데 물론 미국과 같은 동아시아 밖의 요인도 끼어들고 있다. 하지만 이러한 요인들은 동아시아의 내재적 맥락이라기보다는 단지 동아시아에 영향을 주는 외재적 요인에 불과하다. 이렇게 동아시아 역사의 장구한 흐름은 결코 끊어진 적이 없이 수천 년을 이어 왔다.

현대 중국의 평화적 부흥이 동아시아 질서의 재구축을 상징하는가라는 의문은 지나치게 단순한 가치 판단이다. 현대 동아시아 질서의 재구축은 당연히 여러 가지 요인이 함께 작용한 결과이며, 여기에는 여러 역사적 및 현실적 요인이 포함된다. 이 가운데 중국의 평화적 부흥이 결정적인 요인이지만 유일한 요인은 아니다.

현재 중국을 중심으로 동아시아사를 재구축하는 데 의문을 제기하거나 비판 또는 반대하는 학자는 물론 있을 수밖에 없다. 백가쟁명(百家爭鳴)은 학문의 진실이자 생명이기도 하다. 하나의 목소리만 존재하는 학문은 가짜 학문이다. 지금 동아시아 각국의 학자들이 동아시아사에 대한 공동의 인식에 도달하기를 바라는 것은 비현실적이며, 공동의 동아시아 역사인식으로 가는 길에는 수많은 장애물이 널려 있다. 따라서 동아시아 공동의 역사인식은 아마도 먼 장래의 전망일 것이며, 그때에도 모든 문제에 대해 공동의 인식에 도달할 수는 없으며 단지 일부 영역에서 서로 같거나 비슷한 인식에 도달할 수 있을 따름이다. 지금 현재로서는 서로 다른 목소리의 존재를 허용해야만 한다. 중국을 중심으로 동아시아사를 구축하는 것은 한 가지 연구 방법론에 불과하며, 다수의 동아시아사 편찬 방식 가운데 일종일 뿐 유일한 것이 될 수는 없다.

강조하고 넘어가야 할 점은 중국이 평화를 사랑하는 국가이고, 중국 문화는 평화를 사랑하는 문화이며, 중국인은 평화를 사랑하는 사람들이라는 사실이다. 이는 자고이래 역사에 비춰본 사실이다. 중국 중심의 동아시아 질서가 곧 역사 자체인 것과 마찬가지로, 동아시아는 역사의 산물이다. 근현대사에서 강도와 다름없는 서구의 수탈과 일본 군국주의의 잔인성과는 달리, 중국이 주도한 동아시아 질서는 침략과 폭력이 아닌 중화 문화의 매력에 바탕을 둔 자연스러운 결과로, 문화적인 호소력에 의해 형성된 지역 공동체이다.

셋째, 학술적 규범 또는 학술적 금기는 무엇인가.

동아시아사가 역사학의 일부인 이상, 역사학의 기본적인 학술 규범을 고수하는 것이 핵심이다. 여기에서 2명의 위대한 20세기 중국 역사학자의 가르침을 되짚어볼 필요가 있다. 먼저 왕궈웨이(王國維) 선생은 종이 위(전래 문헌)의 자료를 땅 밑(고고학 발굴)의 새로운 자료로 보완 수정한다는 '이중증거법(二重證據法)'을 강조하였다. 또한 천인커(陳寅恪) 선생은 왕궈웨이의 '이중증거법'을 '3중증거법(三重證據法)'으로 발전시켰다. 즉, 종이 위의 사료를 땅 밑의 실물(實物)로 해석하여 증명하고, 중국의 옛 서적을 다른 민족의 고서(故書)로 보완하고 바로잡으며, 고유의 자료를 외부의 관점으로 비추어 밝히는 것이다. 왕궈웨이와 천인커는 모두 사료를 역사학 연구의 으뜸 요체로 보았으며, 출처가 서로 다른 사료의 상호 인증을 강조하였다. 사실상 실증과 고증을 중시했던 건가학파(乾嘉學派)의 맥은 동아시아사학이 계승·발전시켜야 할 우수한 학문적 전통이다.

연구에 들어가기 전에 먼저 선인들의 연구 성과를 존중하고 학술사를 세심하게 정리하는 것 역시 기본적인 학술 규범이다. 학술사의 의의는 어떤 주제나 학문 분야의 학술 맥락과 지적 축적물을 명확히 밝히고, 선인들의 연구의 우수한 부분과 부족한 부분을 명백하게 구분하며, 앞으로의 연구 방향과 주력해야 할 부분을 뚜렷하게 부각시켜, 낮은 수준의 중복 노동과 선인들의 성과에 대한 폄훼나 과소평가를 피하는 데 있다. 이러할 때 새로운 지식의 생산과 축적이 가능하고 학술적인 발전이 가능하다. 기존의 한중일 각국의 동아시아사 연구(동아시아 이외 기타 국가들의 동아시아사 연구 포함)의 많은 성과와 결과물은 동아시아사의 새로운 틀을 위한 기반을 형성하고 있다. 이제 관련 결과물을 진지하게 정리하고 받아들여 선인들을 넘어서는 성과를 얻어야 할 것이다.

이를 위해 동아시아사 연구자들은 다양한 언어에 능통해야 하며, 특히 중국어, 일본어, 한국어, 영어가 강조되어야 한다. 또한 각자 장점을 기반으로 공동연구를 진행하여 학술 철학의 깊이를 더해야 한다. 언어적 제약이 있는 학자는 자국의 문자로 기록된 문헌에만 의존하여 연구하는 학자일 수밖에 없으며, 학술사적 개념이 부족하거나 자국사에 매몰된 학자 역시 동아시아사 연구에 적합한 인물이라고 할 수 없다. 이렇게 많은 제약을 가지고 있는 학자들이 저술하는 동아시아사 논저의 학술적 가치 또한 제한적일 수밖에 없으며, 심지어 학술 규범을 위배한다고도 말할 수 있다.

학술적 규범(이러해야 한다)을 얘기하다 보면, 자연스럽게 학술적 금기(이래서는 안 된다)도 함께 거론하게 된다. 동아시아사의 기본적인 학술적 금기는 바로 경솔한 단정이나 경거망동을 피하고 표절과 왜곡 그리고 곡학아세를 경계하는 것이다. 이와 동시에 협소한 민족주의나 서구 중심주의를 모두 벗어나야 한다. 이 지점에서 반드시 짚고 넘어가야 할 점은, 동아시아 학자가 동아시아사를 편찬하다 보면, 민족주의와 역사주의의 갈등이라는 함정에 빠지기 쉽다는 점이다. 따라서 민족주의적 아집과 근시안적인 사고에서 벗어나 이성적이고 객관적인 역사주의를 견지하기 위해 노력하는 것이야말로 동아시아사 연구자가 갖추어야 할 학술적 소양일 것이다.

동아시아사의 현실관계는, 역사학자들 그리고 동아시아의 모든 사람들의 직접적인 이해관계가 달린 문제이다. 크로체(Benedetto Croce)는 "모든 역사는 현대사"라고 말했다. 이 말은 현재와 과거의 시야가 겹칠 때 역사는 비로소 의미가 있다는 사실을 일깨운다. 바꾸어 말하면, 과거를 현재의 유래(由來)로 이해할 때, 현재를 과거의 연속으로 이해할 때, 과거의 과거됨과 현재의 현재됨을 비로소 이해할 수 있으며, 비로소 우리는 과거를 이해하는 동시에 현재를 이해할 수 있다. 이때에 과거와 현재에 생명력과 호소력으로 가득한 형태로 존재하는 역사가 우리의 나아갈 방향을 밝혀줄 것이다.

솔직히 말해, 동아시아의 현실적 이해관계는 우리로 하여금 문제가 있는 현재의 동아시아를 새롭게 성찰하도록 요구하며, 나아가 문제가 있는 동아시아사를 새롭게 해석하도록 요구한다. 문제가 있는 동아시아 역사는 문제가 있는 현재 동아시아를 풀기 위한 매듭이기 때문이다. 역사문제를 해결할 때 현재 동아시아 갈등의 매듭이 풀리게 된다. 유감스럽게도 대부분 동아시아인은 현실의 층위에 머물 뿐 역사를 외면하고 있어, 결국 근본을 외면하고 있다.

동아시아가 동아시아인의 동아시아라는 사실은 상식이다. 이러한 상식 없이 아시아의 동아시아를 상정할 수 없으며, 세계의 동아시아를 사유하는 것은 더욱 불가능하다. 21세기의 세계화 물결 속에서 정치, 경제, 문화, 전략 등과 같은 현실적인 이해관계를 살펴보면, 동아시아 경제권과 동아시아문화권의 재구축은 이미 대세가 되었다.[18] 한걸음 더 나아가 EU 같은

---

[18] 최근 출간된 高明士의 『東亞文化圈的形成與發展 : 儒家思想篇』(華東師範大學出版社, 2008)에 미국학자 두웨이밍(杜維明)의 「多元現代性 : "儒家"東亞興起的涵義」가 수록되어

동아시아공동체 구축 논의도 진행되어야 한다.19) 이는 역사가 동아시아에
부여한 기회이고, 역사가 동아시아의 지혜를 시험하는 것으로, 역사적인
대사업이라고 할 수 있다.

수많은 문제가 산적해 있고, 어떤 문제의 경우 갈등의 수위가 위험할 정
도로 높아서(일본 우익의 교과서 왜곡, 일본 고위층의 야스쿠니 신사 참

있다. 두웨이민에 따르면, 다원근대성은 다음과 같은 세 가지 서로 관련된 명제에 기
반을 두고 있다. 첫째, 전통을 경계로 볼 때 근대화 과정에서 적극적인 역할을 한 요인이
지속적으로 존재하고 있다. 둘째, 비서구 문화가 근대 서구의 자아인식에 영향을 미
치고 있다. 셋째, 지역의 지식이 전세계적 의미를 갖는다. '유교' 동아시아의 부흥은 글로
벌화 추세가 주로 경제와 지정학 영역에서 나타나고 있지만, 문화 전통이 지속적으로
근대화 과정에서 강력한 영향력을 발휘하고 있다는 사실을 보여준다. http://product.
dangdang.com/ product.aspx?product_id=20129316, 2008-5-8 참고.

19) 일찍이 1990년 말레이시아 마하티르 총리는 '동아시아 공동체'와 유사한 개념을 제안하
였다. 하지만 복잡한 국제 정세로 인해 그의 제안은 그저 구상에 머물러 있었다. 2005년
5월, 미국학자 로렌스 타웁(Lawrence Taub)은 앞으로 10~15년 안에 동아시아가 EU와 유
사한 정치 경제 연맹으로 발전하여 '유교 연맹'을 형성할 것이라고 주장하였다. 그는 2020년
을 전후하여 이 연맹이 EU와 미국을 중심으로 하는 NAFTA를 능가하여 세계적으로 가장
강력한 지역 집단이 될 것이며, 그 핵심은 중국이 될 것이라고 예측하였다. 같은 해 12월,
제1회 '동아시아 정상회담'이 말레이시아에서 개최되어, '동아시아 공동체'라는 정치적
실천의 단초가 마련되었다. 하지만 일본 고이즈미 준이치로 수상의 야스쿠니 신사 참
배 및 기타 이견의 존재로 인해 동아시아 정상회담에서 '동아시아 공동체' 관련 선언을
이끌어낼 수 없었다. http://finance.people.com.cn/GB/1047/3929011.html, 2005-12-9 및
http://world.zjol.com.cn/05world/system/2005/12/09/006395065.shtml, 2005-12-9 참고.
학술적 측면에서 최근 중국학자들은 '동아시아 공동체' 문제에 대해 많은 의견을 발표하
였다. 江瑞平의 「構建中的東亞共同體 : 經濟基礎與政治障礙」(『世界經濟與政治』, 2004年
第9期), 田中青의 「試論"東亞共同體"」(『當代亞太』, 2004年 第10期), 王勇의 「"東亞共同
體" : 地區與國家的觀點」(『外交評論』, 2005年 第4期), 馮昭奎의 「建設東亞共同體的十大
關鍵因素」(『外交評論』, 2005年 第4期), 易佑斌의 「論東亞共同體理念的基本價值觀規範」
(『東南亞縱橫』, 2005年 第12期), 劉阿明·朱明權의 「關於建立東亞共同體的幾點思考」(『國
際問題研究』, 2006年 第1期), 劉興華의 「東亞共同體 : 構想與進程」(『東南亞研究』, 2006年
第1期), 趙建民의 「試論構建"東亞共同體"的思想文化基礎 - 從歷史啟迪與未來追求的視角」
(『東北亞論壇』, 2007年 第1期) 등 참고.
특히 『史學集刊』(2005年 第2期)은 '동아시아 공동체 필담'이라는 주제로 중국, 일본, 영국
등 여러 나라 학자들의 관련 논문을 실었다. 유럽 정체성 문제 역시 동아시아 공동체
구축을 위한 참고 자료로 삼을 수 있다. 아돌프 무쉬그(Adolf Muschg), 「關於歐洲認同的
思考」, 王歌 譯, 『讀書』, 2003年 第10期와 루돌프 비니(음역 - 옮긴이), 「歐洲認同的歷史
起源」, 郭靈鳳 譯, 『歐洲研究』, 2006年 第1期 참고.

배, 동아시아 각국의 영토 분쟁 등), 실질적인 동아시아 공동체의 구축은 요원하게만 보인다.

　동아시아사의 인식과 교육의 측면에서 우선 다음의 두 가지 작업이 중요하다. 첫째, 완전히 새로운 동아시아사 공동연구를 진행하는 것이다. 이는 현재 이미 고무적인 성과를 거두었다. 바로 한중일 세 나라의 학자들이 함께 펴낸 역사 부교재『미래를 여는 역사(중국어판 제목은 東亞三國的近現代史)』(2006)가 그것이다.[20] 둘째, 동아시아 각국 국민들을 대상으로 하는 역사교육에 주목해야 한다. 여기에는 대학 역사교육, 중·고등학교 역사교육,[21] 동아시아사에 대한 매스미디어의 홍보 등이 있다.

---

[20] 최근 한국과 일본 두 나라 교사들이 공동 기획한『마주보는 한일사』와 한국과 일본의 역사학자들이 공동 집필한『한일교류사』와 같은 저작이 이미 출판되었다. 주목할 만한 점은 2006년 10월 중국과 일본 양국 정부가 중일 역사 공동연구에 합의하고 공동으로 근현대사를 편찬하기로 결정했다는 사실이다. 모두 9개의 장으로 계획된 이 책은 아직 완성되지 않았다. http://china.donga.com/gb/asahi/index2.php, 2007-1-1 참고.

[21] 한국『동아일보』에 따르면, 한국의 대다수 국민들은 초등학교부터 고등학교까지의 역사교육을 강화하여 일본과 중국의 역사문제에 대응해야 하며, 이와 함께 국민의 공동체의식을 함양해야 한다고 여기고 있다. 한국정부는 이미 교과과정 개혁에 착수하여, 중·고등학교 선택 과목으로 '동아시아사'를 개설하기 위한 준비를 하고 있다. 그 취지는 학생들이 "동아시아인이 긴밀한 교류를 통해 공동의 문화 유산을 창조했다"는 역사를 이해하도록 하는 데 있다.『동아일보』는 또한 2001년부터 중국이 중·고등학교 역사교과서와 교수법에 대한 개혁에 착수한 사실에 주목하고 있다. 보도 내용에 따르면, 중국은 앞으로 근현대사 내용을 강화하고 애국주의 교육을 강조하여 민족 자존심을 수립하고 중화민족의 부흥을 위해 노력하고자 하는 신념을 세워 입시 교육에서 소양 교육으로의 전환을 실현하며, 세계사 내용을 강화하여 국제화에 걸맞는 인재 육성을 강화하고자 한다. 일본의 경우 최근 교육기본법을 개정하여, 학생들의 '전통과 문화 존중' 및 '국가와 영토 사랑' 의식 배양을 강조하였다. 일본 문부성은 고등학교 일본사 교과과정을 선택 과목에서 필수 과목으로 바꿀 준비를 하고 있다. 메이지대학(明治大學) 山田朗 교수는 전전에 대한 반성에서 시작된 전후 일본의 역사교육에 지금은 '일국주의로 회귀하려는 동향'이 나타났다고 지적하였다. http://china.donga.com/gb/asahi/index2.php, 2007-1-1 참고. 한국『조선일보』역시 이와 관련하여, 기존의 고등학교 '한국 근대사'와 '세계 역사'를 통합하고 대신 '동아시아 역사', '한국 문화사', '세계사 이해'를 개설하며, 고등학교 역사 교과의 수업 시간을 현재의 주당 2시간에서 3시간으로 늘릴 것이라고 보도하였다. 한국 측의 이러한 역사 교과과정 개편은 일본의 역사교과서 왜곡, 한일 독도 주권 분쟁, 중국 사학계의 '동북공정' 및 고구려 등 역사문제 관련 한중 갈등 등이 배경으로 작용하였다. http://www.yn.chinanews.com.cn/html/guoji/20071223/20568.html, 2007-12-23 참고.

4. 맺음말

동아시아사의 인식과 교육을 추진하기 위해 우리는 다음과 같은 작업에 힘써야 할 것이다.

첫째, 학제 간 대화. 구체적으로 동아시아사와 동아시아학,[22] 동아시아사와 각국사,[23] 동아시아사와 세계사,[24] 동아시아사와 기타 전문사, 동아

최근 인터넷에 중국의 2008년 대학 입시 역사 과목에서 반드시 주목해야 할 10대 문제를 거론하는 내용이 올라 왔다. 여기에는 '동아시아사 또는 아시아의 관점에서 본 중국'과 '비교적 긴 역사 시기를 통해 본 한중 역사와 중일 역사'가 포함되었다. http://www.examda.com/gaokao/fudao/lishi/20071204/153140652.html, 2007-12-4 참고.

[22] '동아시아학'의 학문적 지위와 방법론에 관해서는 별도의 전문적인 저술을 통해 연구할 필요가 있다. 필자가 강조하고자 하는 바는 '동아시아학'의 주체는 반드시 '동아시아사'가 되어야 한다는 점이다. 다음의 두 논문의 관점은 우리가 주목할 만하다.
첫째, 미국학자 아리프 딜릭(Alif Dirlik)은 문화 정체성과 탈식민 이론이라는 두 가지 관점에서 유럽 중심주의 전통과 제3세계의 일부 민족주의적 경향을 비판하였다. 여기에는 유교의 부흥, 범아시아주의 등이 포함되며, 대안으로서 그는 서구 정체성을 벗어나면서 과거의 전통도 초월한 새로운 민족 문화를 창조하는 전략을 제안하였다. 아리프 딜릭(Alif Dirlik), 「反歷史的文化？尋找東亞認同的'西方'」, 王寧 역, 『文藝研究』, 2000年 第2期 참고.
둘째, 2005년 베이징에서 열린 한중일 등 각국의 학자들이 참석한 '동아시아 현대 문학 속의 전쟁과 역사 기억'이라는 주제의 국제 심포지엄에서 중국학자 楊義는 21세기 동아시아의 전반적 화해와 진흥을 지향하는 '동아시아학'의 구축을 제안하였다. 楊義, 「歷史記憶與21世紀的東亞學」, 『河北學刊』, 2005年 第5期 참고.

[23] 각국의 개별 역사 연구 강화는 동아시아사 연구의 기반이다. 마찬가지로 동아시아사 연구 강화 역시 각국 개별 역사 연구의 기반이 된다. 양자가 함께 진행될 때 서로 상승작용을 통해 성과물이 강화된다. 葛兆光은 '아시아' 또는 '동아시아'를 반드시 하나의 역사 연구의 공간적 단위로 삼아야만 하는 것은 아니며, 이를 한중일의 개별 국가사 연구의 시각 또는 배경으로 삼는 것이 가장 적절하다고 본다. 역사 기술의 관점에서 볼 때, 각국의 개별 역사는 역사를 정리하는 형식으로 여전히 유효하다. 단순하게 민족 국가를 초월하여 역사를 바로잡으려 하기보다는, 각국이 서로 둘러싸고 뒤얽히는 관계 속에서 역사를 새로이 이해하는 편이 낫다. 葛兆光, 「彼此環繞和交錯的歷史」, 『讀書』, 2008年 第1期 ;「攬鏡自鑒－關於朝鮮, 日本文獻中的近世中國史料及其他」, 『復旦學報』, 2008年 第2期 참고.

[24] 溝口雄三은 일본 학자들의 '중국이 없는 중국학'을 비판하는 동시에, 다원주의가 결여된 채 유아독존식의 동아시아 연구 방법론을 드러내는 중국 학자도 비판하면서, 비교사관을 제창하였다. 그는 중국 연구가 다원적 입장에 설 때 비로소 성과물을 낼 수 있다고

시아학과 다른 관련 학과의 대화가 그것이다. 둘째, 학계와 정부의 대화. 셋째, 학계와 초중고 및 대학생의 대화. 넷째, 학계와 대중의 대화. 다섯째, 학계(강단)와 비주류 민간 학자의 대화.[25] 여섯째, 동아시아 내부의 대화.[26] 일곱째, 동아시아와 세계의 대화(서구뿐 아니라, 동아시아도 서구도 아닌 나라까지).[27]

누군가 21세기는 태평양 시대라고 하였다. 21세기가 아시아의 신기원이라고 말하는 이들도 있다. 필자는 태평양 시대든 아시아의 신기원이든 상관없이, 그 핵심은 결국 동아시아의 부흥에 있다고 강조하고 싶다. 따라서 21세기는 동아시아의 세기가 되어야 한다.

보았다. 溝口雄三·汪暉, 「沒有中國的中國學」, 『讀書』, 1994年 第4期 참고.

[25] 여기서 소위 강단 학자란 정규 학술 훈련을 받고 고등 교육 기관이나 연구소에서 일하는 전문 인력을 가리킨다. 당연히 이들이 담론 헤게모니를 가지고 있기 때문에, 그들의 관점이 학계의 주류를 구성한다. 이에 비해 역사학에 대한 애정에서 출발하여 적극적으로 역사 관련 논저를 저술하는 비전문 인력도 소수 존재한다. 정보 혁명의 시대에 그들은 자발적인 연구를 통한 성과물을 인터넷에 공개하고 있다. 우리는 민간의 입장에 선 이들의 역사인식에 주목해야 하며, 그들과 대화를 하여 역사학의 발전에 일조하도록 해야 한다. 이러한 문제의식을 가지고 본고의 저술과정에서 任見山, 司馬有點亮 등의 저술을 인용하였다.

[26] 지금까지 한중일 세 나라는 다양한 형식의 동아시아 역사 학술 심포지엄을 공동으로 개최하였다. 일례로 2002년부터 '역사인식과 동아시아 평화 포럼'이 난징(南京), 서울, 베이징 등지에서 4회에 걸쳐 진행되었다. 또한 2002년 8월, 일본 도쿄에서 '동아시아 지식 공동체는 어떻게 가능한가?─아시아의 어려움과 가능성에 대하여'라는 주제의 국제 심포지엄이 열렸으며, 2005년 11월 중국 항저우(杭州)에서는 '동아시아 문화인과 공동 인식'을 주제로 국제 심포지엄이 열렸다.

[27] 여기서 孫歌의 다음과 같은 지적을 상기할 필요가 있다. "우리가 아시아를 강조할 때, 과연 어떻게 해야 허구적인 동서양의 이원적 대립을 벗어나는 동시에 곡학아세의 이론적 함정에 빠지지 않을 수 있는가? 글로벌화 시대에 상호 타자가 되는 동양과 서양을 직관적으로 구분하기란 이미 매우 어렵다. 이러한 의미에서 '서양에 대립되는 아시아와 자국을 강조하는 것이야 말로 공교롭게도 반역사적인 것이다." 孫歌, 「亞洲的普遍性想像與中國的政治敍─回應查特傑敎授的理論」, 『探索與爭鳴』, 2008年 第1期 참고.

제 2 부

동아시아사 교재와 수업

동아시아사 교육과정과 교과서 개발방안

동아시아사의 구조적 이해를 위한 시론

김택민*

1. 머리말

안병우 교수 연구팀이 발표한 『동아시아사 교육과정 개발시안』은 6개 대단원으로 내용을 조직하고, 단원별 성취기준은 주제별 서술이 가능하도록 각 단원별로 4~5개 정도로 하여 총 26개의 주제를 선정하고 있다. 그 가운데 본고에서 개발방안을 검토하려고 하는 (2) 단원의 제목과 주제를 적시하면 다음과 같다.

> (2) 인구 이동과 문화의 교류
>   각 지역에서 여러 국가와 정치 집단이 분열하고 통합되는 과정에서 전쟁과 인구 이동이 일어났음을 이해한다. 조공·책봉관계의 내용과 의미를 파악하고, 각국이 불교, 율령, 유교를 받아들인 이유와 과정을 이해한다. 시기는 대체로 기원 전후부터 10세기까지를 대상으로 한다.

---

* 고려대학교 역사교육과 교수.

① 지역 간에 인구 이동이 활발히 전개되고, 전쟁이 빈번하게 일어났음을 이해한다.
② 불교가 각 지역에 전파되는 양상과 그 영향을 비교한다.
③ 율령과 유교에 기반한 통치체제가 수립되고, 이를 각국이 수용하는 과정을 살펴본다.
④ 동아시아 외교 형식인 조공·책봉관계를 각국의 상호 필요라는 관점에서 파악한다.[1]

이상 4개의 주제가 기원 전후부터 10세기에 이르기까지 동아시아의 역사상을 대표하는 것인가에 대해서는 학계에서 여러모로 토론이 있었던 것으로 알고 있으나, 각각 주요한 역사상인 것만은 분명하다.

분명 각 지역에서 여러 국가와 정치 집단이 흥망성쇠를 거듭하였고, 또 분열과 통합을 반복하는 가운데 전쟁이 빈발하였으며, 국가의 경계는 항상 변동하여 일정치 않았다. 반드시 이런 이유에서만은 아니지만 그 과정에서 인구 이동도 무상하였다.

또한 인도에서 출현한 불교가 이 시기에 중국에 전래되어 한문으로 번역되고 독특한 해석이 가해져 이른바 중국불교가 성립되었으며, 이것이 한반도와 일본, 그리고 베트남에 전해졌다. 유교는 춘추시대 말기에 출현하여 전국시대를 거쳐 한대에 국가의 통치이념으로 정착되었으며, 불교와 마찬가지로 한반도와 일본, 그리고 베트남에 전해졌다. 율령도 춘추시대 말기에 출현하여 전국시대에 전제군주제의 법제적 장치로서 체제가 갖추어지고, 한대에 유교적 예제가 가미되어 독특한 중국법이 성립하였으며, 역시 한반도와 일본, 그리고 베트남에 전해졌다. 이로써 중원과 한반도, 일본, 베트남은 한자, 불교, 유교, 율령을 공유하는 이른바 동아시아문화권을 이루었다.

---

[1] 안병우, 『동아시아사 교육과정 개발시안』, 2006년도 동북아역사재단 학술연구과제 연구 결과보고서, 67쪽.

그런가 하면 이 시기의 동아시아 각 왕조는 서로 군과 신을 칭하는 위계적인 형식의 외교관계를 맺었는데, 특히 중원의 왕조가 책봉하고 책봉을 받는 왕조는 중원 왕조에게 조공을 하는 형식의 외교관계가 국제 질서의 기본 틀이었다.

그런데 이상의 주제들을 살펴보면 서로 다른 경향성을 간파할 수 있다. 이 시기의 동아시아에서 발생한 전쟁은 초원의 유목세력과 중원 왕조 사이에서 가장 격렬하였다. 이 밖에 중원 왕조와 한반도의 고조선 및 고구려와의 전쟁도 있었지만, 한반도 내의 왕조들 사이의 전쟁이나 일본 열도 내의 전쟁도 상시적으로 있었다. 인구 이동은 유목민족의 남진과 유목세력의 압력에 따른 한족의 남천이 두드러지지만, 만주 지역에서 한반도로의 남진도 꾸준히 이어졌고, 한반도에서 일본 열도로 바다를 건너는 것 또한 꾸준했다. 이처럼 전쟁과 인구이동은 복잡한 상호 작용 속에서 동아시아 지역 전반에 걸쳐 이루어졌다.

전쟁이나 인구이동이 동아시아 전역에서 복잡하고 다양하게 전개된 것과는 달리, 불교·유교·율령의 경우 대체로 중원에서 성립하여 동쪽의 한반도와 일본, 그리고 베트남과 같은 농경 지역으로 전해지는 것과 같이 일방적인 경향성을 보였다.

이런 역사 현상에 대해서 지금 시행되고 있는 7차 고등학교 세계사 교과서는 "수·당 통일 국가의 등장은 주변 민족에 영향을 미쳐 당 초기에 한자, 율령, 한역 불경을 매개로 한 불교와 같은 공통된 문화 요소를 가진 동아시아문화권이 형성되었다"고 하거나, "중국 주변의 신라·발해·일본 등은 당과 교류하면서 당의 제도를 선택적으로 수용하여 중앙집권적인 국가를 만들고 문화를 발전시켰으므로, 이 과정에서 동아시아문화권의 문화 요소가 정착하게 되었다"[2]는 방식으로 서술하고 있다. 이런 서술이 사실

---

2) 김은숙 외, 『고등학교 세계사』, 교학사, 2003, 98쪽. 다른 두 종의 세계사 교과서도 크게 다르지 않다.

과 다르지는 않지만, 그러나 충분한가는 의문이다.

　유교와 율령이 중원에서 먼저 성립했고 그것을 한반도와 일본에서 받아들였으니 중원 지역이 선진인 것은 틀림없는 사실이겠으나, 그것이 출현하게 된 인문 지리적 또는 역사적 환경을 먼저 이해하지 않으면 자칫 중원의 선진 문물이 후진 지역인 한반도와 일본에 전해졌다는 방식의 단순한 역사인식을 우리 학생들에게 심어줄 염려가 있다. 유교와 율령이 중원에서 먼저 출현한 것은 넓은 평원에 과다한 인구가 거주하면서 야기하는 많은 문제들, 즉 내란과 같은 난세를 극복해야 하는 현실의 절박한 필요에 따라 출현한 것임을 먼저 이해시키지 않으면 올바른 역사인식을 얻기 어렵다고 생각된다.

　조공 · 책봉제도에 대해서 지금 시행되고 있는 고등학교 세계사 교과서는 거의 기술하고 있지 않다. 그러면서도 아편전쟁 이후 "전통적 중화 질서가 붕괴했다" 또는 "중국이 다른 나라와 대등한 국제관계를 맺은 것은 현대에 와서야 가능하였다"3)고 서술하고 있어, 전통시대에는 위계적인 국제관계가 성립해 있었음을 간접적으로 기술하고 있다. 때문에 이 부분을 가르칠 때 교사들은 다시 과거로 돌아가 전통시대의 조공 · 책봉제도를 설명하지 않을 수 없다.

　이런 점을 고려하면 동아시아사 교육과정에서 조공 · 책봉관계를 2단원의 성취기준의 한 주제로 선택한 것은 적절하다고 할 수 있다. 다만 조공 · 책봉 형식의 국제관계를 교과서에 기술할 때는 그런 제도의 출현 동기와 실상을 정확히 파악하여 내용을 조직해야만 한다. 만약 주변 왕조가 조공하고 중원 왕조가 책봉하는 형식으로 성립했다는 사실만을 기술한다면 학생들은 이 역사 현상에 대해 올바른 인식을 얻지 못하게 될 것이다.

　조공 · 책봉관계는 유목 지역을 포함하여 중원의 주변 지역 모두를 대상

---

3) 김은숙 외, 『고등학교 세계사』, 교학사, 2003, 269쪽.

으로 성립했는데, 이 주제에 접근할 때는 먼저 중원 왕조에 대한 유목세력의 위협을 고려하지 않으면 안 되고, 아울러 중원 왕조 내부의 필요도 크게 작용했다는 점을 염두에 두지 않으면 안 된다. 특히 4세기 후반 동진에서 시행한 이민족 군주에게 동진의 관작을 수여하는 방식의 조공·책봉제도를 서주시대의 제도와 직접 연결시키는 것은[4] 매우 적절치 못한 것이다.

본고는 이상의 몇 가지 점에 유의하여 (2) 단원 가운데 "③ 율령과 유교에 기반한 통치체제가 수립되고, 이를 각국이 수용하는 과정을 살펴본다"와 "④ 동아시아 외교 형식인 조공·책봉관계를 각국의 상호 필요라는 관점에서 파악한다"에 관해 유의할 점 몇 가지를 지적하여 보다 나은 동아시아사 교과서 집필에 도움이 되고자 한다.

2. 역사 지리적 구조

1) 지리 환경

동아시아는, 북쪽의 사막과 초원과 동토지대, 서쪽의 사막과 높은 산맥, 남쪽의 늪지대와 열대우림, 동쪽의 태평양으로 둘러싸인 폐쇄적인 지형 구조를 보이고 있다.[5] 이 폐쇄적인 지역의 한복판에 중원 평원이 자리 잡고 있다. 중원은 북위 32~40.30도, 동경 113~121도 사이에 위치한 대평원으로 면적은 남한의 4배에 가까운 38.7만㎢이다.

중원 평원은 원래 대부분 저습지와 호수로 되어 있었다. 오랜 세월 동안 황허 강·화이허 강·하이허 강에 의해 침식된 황토가 퇴적되어 저습지와 호수가 메워지고 바다 쪽으로 육지가 확대되어 이 평원이 형성되었다. 세

---

[4] 교육인적자원부·서울특별시교육청, 『고등학교동아시아사 모형단원』, 2008.

[5] 존 K 페어뱅크 외 저, 김한규 외 역, 『동양문화사』 상, 을유문화사, 1991, 4~5쪽.

강 가운데 황허 강이 이 평원의 형성에 가장 큰 영향을 미쳤다. 황허 강은 수십만 년 동안 매년 평균 16억t씩 황토를 실고 와서 비옥한 중원 대지를 조성하였다.

중원은 퇴적평원으로 토양이 원시농경에 적합했기 때문에 문명이 출현했다. 이후 문명이 점차 발달함에 따라 기원 전후에는 중원 평원 대부분의 지역에서 농업이 가능하게 되었다. 기원 전후 시대에 남한 면적의 4배에 가까운 중원의 대평원이 대부분 농업 생산이 가능한 지역으로 조성되었다는 것은 동아시아의 역사에서 중요한 의미를 갖는다. 왜냐하면 이 시기에 중원 평원을 제외하고 이보다 광활하고 집중된 농업생산 지대가 형성된 곳은 없었기 때문이다.

중원 평원의 높은 생산성은 인구 부양 능력이 컸으므로 이 지역에는 일찍부터 많은 인구가 거주하였다. 고대 중국에서 비교적 믿을 만한 최초의 전국적인 인구통계는 A.D. 2년(전한 애제 원시 2년)의 5,967만 명인데, 이 가운데 57.1%인 3,293만 명이 중원에 거주하였다. 여기에다 중원의 일부분이라고 해야 할 관중의 인구 212만 명을 더하면 중원 인구는 3,505만 명으로, 전체 인구의 60.6% 이상이 된다. 당시 중국의 인구는 세계 인구의 1/4에 가까웠을 것으로 학계는 추정한다. 이러한 추정이 크게 틀리지 않다면 당시 중원 인구는 세계 인구의 15% 이상이 되어 세계 인구의 100명 가운데 15명 이상은 이 지역에 살았던 셈이 된다.[6]

이에 비하여 북쪽의 사막과 초원은 기후가 건조하고 토양이 척박하여 토지의 생산성이 현저히 낮으므로 고대로부터 현대에 이르기까지 소수의 인구가 유목 생활을 영위하고 있어 인구밀도가 1명/㎢를 넘지 않는 곳이 많다. 서쪽에는 히말라야 산맥과 티베트 고원과 같이 5,000m가 넘는 엄청나게 큰 아시아의 중심 산 덩어리가 융기되어 있고, 이 세계의 지붕으로부터 거

---

6) 김택민, 『3000년 중국역사의 어두운 그림자』, 신서원, 2006, 22~25쪽.

대한 산맥들이 사방으로 뻗어 있다. 고대로부터 현재까지 250만㎢에 달하는 이 산지에는 면적에 비해 극히 적은 수의 티베트인들이 야크 등을 방목하며 생활하고 있다. 양쯔 강 이남은 원래 대부분 불모지에 가까웠으나 한족들이 지속적으로 이주하여 그들의 거주지가 남쪽으로 확대되어 갔다.[7]

대륙의 동쪽에는 만주와 한반도가 북에서 남으로 이어져 있고, 바다 건너에 일본 열도가 있다. 만주의 대부분은 19세기에 한족들이 대거 이주할 때까지 소수의 만주족들이 반농반목 생활을 영위하고 있을 뿐이었다. 한반도는 기후와 토양이 비교적 농업에 적합하지만, 산지의 비율이 70%가 넘기 때문에 물산은 넉넉한 편이 아니고 인구도 그리 많지 않았다.[8] 일본은 기후와 토양이 한반도보다 양호한 편이어서 경지 면적당 인구 부양 능력은 높았으나 산지의 비율이 80% 이상이므로 절대 인구수는 많지 않았다.[9]

이와 같이 동아시아를 살펴보면 중원의 북쪽, 서쪽, 남쪽 지역은 고대농업이 사실상 불가능했고, 농경이 가능한 한반도나 일본의 경우도 퇴적지가 크게 발달해 있지 않았으므로 고대적인 농경 방식으로는 생산성이 극히 미미했을 것이다. 따라서 생산성이 높은 광활한 중원 평원을 차지하여 경제력으로 월등한 중원 왕조가 그렇지 못한 주변 지역에 대해 중핵적 위상을 확보했던 것은 오히려 필연이었다고 보아도 좋을 것이다.

---

[7] 류제현, 『중국 역사 지리』, 문학과지성사, 1999, 34~35쪽.

[8] 기원 전후 시기 한반도의 인구를 추정할 자료는 남아 있지 않다. 5~7세기의 인구에 대해서는 차이가 큰 여러 자료들이 전한다. 이런 자료를 기초로 고구려의 인구는 90~135만 명 정도로 보기도 하지만(李玉, 「高句麗의 인구」, 『경기사론』 창간호, 1997. 3, 7쪽), 이보다 훨씬 많게 보는 설도 있다. 백제 멸망 시점의 인구는 120만 명 정도로 추정되지만(金起燮, 「4세기경 백제의 人口와 住民構成」, 『경기사론』 창간호, 1997. 3, 16쪽), 이보다 많게 보기도 한다.

[9] 8세기 무렵의 일본 열도의 인구는 500만 명으로 추정한다. 鬼頭宏, 『人口で見る日本史』, 京都: PHP研究所, 2007, 41쪽.

2) 중원의 역사 환경과 유교 · 율령 및 조공 · 책봉제도

중원은 비옥한 퇴적 평원이므로 생산성이 높고 인구가 많아 이를 바탕으로 일찍부터 문명이 출현한 지역이다. 그렇지만 이 지역의 역사는 자연재해, 내란, 이민족의 침략에 의해 빚어지는 재난으로 얼룩져 있는 특징을 보이기도 한다. 유교와 율령의 출현은 과밀한 인구 및 반복되는 내란과 관련이 깊고, 조공 · 책봉제도는 중원의 풍부한 물산을 노리고 침공하는 이민족의 침략과 밀접한 관련이 있다.

(1) 난세와 유교 · 율령의 관계

전통시대 중국인들은 재난이 빈발하는 시대를 난세라고 불렀는데, 춘추 말기부터 최근까지 재난이 없는 치세는 극히 드물고 난세가 대부분이다. 이런 난세가 통치 이념으로 유교를 탄생시켰고, 기본법인 율령의 모태가 되었다.

춘추시대는 318년(B.C. 771~453) 동안 36명의 군주가 신하의 손에 피살되고 140개의 제후국 가운데 10여 국만 남고 대부분 멸망할 정도로 사회가 매우 혼란했다. 세력 있는 자들은 거리낌 없이 권력을 행사했으며, 욕망을 충족하기 위해 거대한 궁실을 짓고 온갖 호사를 누렸다. 그들은 호사생활을 사후까지 연장하기 위해 거대한 능묘를 조성하고 총애하던 신하와 비첩과 노비들을 무덤 안으로 데리고 갔다. 이런 시대를 살았던 공자(B.C. 551~479)는 순장을 비판하고 백성을 사랑하는 정치를 할 것을 강조했다. 그가 강조한 인의도덕은 무절제한 위정자들을 향해 욕망을 절제하고 백성을 배려하는 정치를 요구한 호소였다고 보아도 좋으며, 맹자의 교의는 이를 부연한 것이다.[10]

---

10) 이승환, 「사회 규범의 공공성에 관한 법가의 인식(2)」, 『동서철학의 공적 합리성』, 철학과 현실사, 2005, 119~120쪽.

　전국시대는 일곱 나라가 부국강병을 꾀하고 합종연횡하면서 전쟁이 끊이지 않았으므로 더욱 혹독하고 처참한 난세였다. 각국은 부국강병과 전제군주의 지배체제를 확립하기 위해 율을 제정하였다. 율의 핵심은 군주권의 절대화를 위한 규정, 모든 인민과 토지를 파악하여 관리하는 호적제도와 조세제도, 군현제도와 관료제도 등이었다. 치안유지를 위한 십오제(什五制), 국력 낭비를 막기 위한 사투(私鬪) 금지법도 포함되어 있다. 형벌은 신체를 훼손하는 육형(肉刑)이 기본이었다. 육형은 한(漢) 문제 때 폐지가 선언되었지만, 그 뒤로도 형법은 폭압적인 강제성을 띠었다.[11]

　진시황제(秦始皇帝)는 민(民)들을 가혹하게 희생시켜 가면서 통일을 완성했으나, 통일 뒤에도 강압적인 통치는 완화되지 않았다. 그의 강압적인 통치는 민들의 저항을 불러왔다. 농민 출신 진승이 반란을 일으키자 이것이 도화선이 되어 전국이 전란의 소용돌이에 빠져들었다. 전란의 와중에서 진나라가 멸망한 뒤 5년 동안 황제권을 둘러싸고 벌어진 치열한 축록(逐鹿)전쟁을 거쳐 한나라가 성립했다. 이것이 중국사에서 주기적으로 반복해서 일어난 대동란의 첫 번째이다. 중국 역사상 이런 대동란은 수십 차례 발생했다.

　대동란은 기존의 왕조를 멸망시키고 그 왕조의 권력층을 모두 죽음으로 몰고 갈 뿐만 아니라 인구의 태반을 소멸케 하는 대재난이다. 대동란의 소용돌이 속에서 한(漢)을 세운 새로운 권력자들은 그들의 지배 권력을 존속시키기 위해 진시황제가 취한 것과는 다른 새로운 제도와 이념을 구축할 필요를 절감했다. 진시황제는 법을 통을 통해 절대 권력을 구현하고자 했으나, 한나라의 황제는 법제적 장치 위에 천(天)의 유일자(唯一子)라는 신성성을 더해 그의 권위를 절대화하고자 했고, 동시에 신화시대 성왕(聖王)의 후계자로 꾸며서 역사적 권위를 더하고자 했다. 한나라에서 유교가 국

---

11) 김택민, 『중국고대형법』(新題『동양법의 일반원칙』), 아카넷, 2002, 81~90쪽.

교화된 것은 그 교의가 이런 요구에 적절히 응할 수 있었기 때문이며, 유학자들은 그들에게 요구된 임무를 충실히 수행했다.

그들은 또한 황제는 모든 신민의 부모가 되고 모든 신민은 황제의 충순한 자식이 되는 것과 같은 새로운 윤리를 만들고자 했다. 이런 윤리의 설정은 심정적 복종을 이끌어내는 효과를 노린 것이다. 유교는 효를 최고의 덕목으로 내세우고 있었으므로 이런 요구에 적절히 응할 수 있었다. 한나라 때 가(家)마다 비치하도록 의무화했던 『孝經』은 이런 요구에 응해 제작된 경전이다.

효는 덕목으로 그치지 않고 국가사회의 금기로 되어 이를 국가 형법으로 제정하는 작업이 전한·후한 400년 동안 꾸준히 진행되었으며, 위진남북조 시대를 거치면서 보완되어 "예를 법에 반영했다[以禮入法]"고 하는 수·당의 율이 성립했다.

(2) 이민족의 침략과 조공·책봉제도의 관계

중원은 서주시대 이래 최근까지 동쪽의 만주 지역에서 북쪽의 초원과 서쪽의 산악 지역에 이르기까지 중원을 둘러싸고 있는 유목세력들로부터 계속 위협을 받아 왔다. 중원 왕조들은 이들의 위협에 대하여 우세한 인력과 물자를 동원하여 대대적인 공격으로 굴복시키기도 했지만, 공세를 취한 때는 그리 많지 않다. 한 무제 때의 흉노에 대한 공격, 수 문제와 양제 때의 돌궐 및 고구려에 대한 공격, 당 태종과 고종 때의 돌궐·고구려·백제에 대한 공격 등이 대표적인 공세의 예라 할 수 있고, 그 밖에 명 성조 때의 막북 공략과 청대의 서북 지역에 대한 공략이 있다.

그런데 장기간 공세정책을 취했던 한 무제 때는 계속되는 전쟁으로 전사자가 속출하고 막대한 세 부담과 인력 동원으로 파산한 농민들이 도처에서 폭동을 일으켜 왕조 자체가 존망의 위기에 몰리는 정도였다. 수 양제 때는 고구려를 침공하다가 결국 왕조 자체가 멸망했다. 명 성조 때의 막북 공격도 큰 실효를 거두지 못하고 금세 수세에 몰리게 되었다. 그러고 보면 공세정책이 성공을 거둔 것은 당 전기와 청대뿐이라고 할 수 있다.

　중원 왕조가 대외적으로 공세를 취할 수 없었던 원인은 과다한 전비가 큰 부담이 되었기 때문이다. 게다가 많은 장정들이 군대로 동원되고, 그보다 훨씬 많은 장정들이 군수품 수송을 위해 징발되어야 했으므로 농가에서는 농사를 지을 수 없어 파산할 수밖에 없었다. 이렇게 되면 엄청난 저항에 부딪치게 되어 심지어는 왕조 자체가 멸망에 이르기도 하는 것이다.

　중원의 역대 왕조들은 이런 위험을 익히 알고 있었기 때문에 유목 정권의 위협에 대하여 군사적으로 공세를 취하기보다 그 군주들에게 관작을 주거나 공주를 시집보내면서 많은 예물을 주어 침공의 예봉을 피하면서 화평관계를 유지하는 경우가 더 많았다. 유목 정권 측에서도 본래 노리는 바가 경제적인 결핍을 충족시키기 위한 것이었고, 또 10세기 이전에는 강력한 통일 왕조를 구축하고 있지 못했으므로 중원 왕조의 화평정책이 효과를 보는 때가 많았다. 이렇듯 중원 왕조와 유목 정권 사이에 성립한 조공·책봉관계는 유목 정권의 경제적 욕구와 중원 왕조의 현실적인 대외정책이 맞아떨어진 결과였다. 다시 말하면 조공·책봉관계는 표면적으로는 중원 왕조의 천자가 유목 정권의 군주에게 관작을 수여하는 것으로 나타나 있지만 내용적으로는 양측의 이해관계가 합치되어 성립한 외교 형식일 뿐이었다.

3. 유교 · 율령의 본질과 전파

1) 10세기 이전 유교와 율령의 본질

(1) 유교의 본질

공자는 춘추 말의 난세에 태어나 어지러운 세상을 바로잡는 것을 하늘

이 자신에게 내린 명으로 알았다. 그는 전통적인 관례나 규범이 무너져 세상이 어지러워졌다고 생각하고, 이를 연구하여 정명(正名), 인의(仁義), 충서(忠恕)의 행위 원칙을 제시하고 실천을 강조했다. 이는 치세를 이루기 위해 반드시 실천해야 할 정치 방법론이기도 했다. 공자의 왕도정치론은 맹자와 순자에 의해 보다 정치하게 발전했다. 그렇지만 전국시대의 군주들은 유교의 효용 가치를 받아들일 여유가 없었다. 전국적(戰國的) 상황에서 유학의 정치방법론은 너무 우회적이었기 때문에 군주들은 당장 효과를 볼 수 있는 법가의 정치방법론을 채택했다.

대동란이 일어나 진(秦)이 멸망하고 한(漢)이 성립한 후 유교의 정치방법론이 점차 주목을 받게 되었다. 한나라의 집권자들은 엄격한 법에 따른 진의 통치 방법이 결국 왕조의 멸망이라는 파국을 초래하는 엄청난 현실을 직접 목도했으므로, 그들의 권위와 권력을 이념적으로 분식하고 의례를 통해 과시할 필요가 있다는 유학자들의 건의를 받아들이기 시작했다. 예를 들면 육가(陸賈)는 "(천하는) 무력[馬上]으로 얻는 것이지만, 무력으로 다스릴 수는 없습니다. ─만약 진나라가 천하를 병탄한 후 인의의 (정치를) 행하고 선왕[先聖]을 본받았다면 폐하가 어찌 (천하를) 얻었겠습니까?"[12] 라고 말하여 한 고조 유방을 깨닫게 했다. 또 숙손통(叔孫通)은 조회 의례를 제정하여 고조 유방으로부터 "이제야 황제의 고귀함을 알겠다"[13]고 하는 감탄의 말을 들었다.

이렇듯 당시 유학은 황제지배체제 유지를 위한 방법론을 제시하는 것이었다. 한 무제는 이 같은 유교의 효용 가치를 인정하고 태학에서 유교만을 교육하고 다른 학파는 교육할 수 없도록 명했다. 태학에서 채택한 교재는 시(詩)·서(書)·역(易)·예(禮)·춘추(春秋)의 5경이었다. 공자가 교재로 썼던 6예 가운데 악은 산일되어 교재로 채택할 수 없었다. 이 5경은 분서

---

12) 『史記』 권97, 酈生陸賈列傳, 2699쪽.
13) 『史記』 권99, 劉敬叔孫通列傳, 2723쪽.

갱유로 산일된 경전들을 당시의 한문으로 복원한 것이기 때문에 금문경전
이라 했다. 5경은 각각 일가(一家)를 이룬 학자를 박사로 임명하여 가르치
게 하였다. 박사들은 정해진 인원의 제자를 두고 교육했다. 제자들은 수업
을 마치면 관리로 임용되었다.

태학의 박사가 되면 높은 봉록과 영예를 얻는 데다가 제자들을 양성하
여 관계(官界)에 영향을 행사할 수 있었기 때문에 경전 연구에 대한 열풍
이 불었다. 그런데 태학은 금문경전 연구자들에 의해 폐쇄적으로 운영되
었다. 마침 재야에서는 산일되었던 고문(古文)경전들이 발견되어 경전 연
구에 새로운 바람이 일어났다. 고문경전 연구자들은 금문경전의 권위를
부정하고 태학의 폐쇄적인 운영에 도전하였다. 금문학파와 고문학파는 대
립하면서 한의 황제지배체제를 위해 필요한 유교 경전들을 만들어 갔다.
그 결과 후한 말에는 5경이 확충되고 분화되어 9경으로 정착되었다.

선진(先秦) 시대의 유학자들은 선왕(先王)의 정치를 역설했지만 선왕은
봉건시대의 왕이고 한(漢)의 황제와 같은 절대 · 전제적인 군주가 아니므
로 그들이 제시한 정치방법론은 한나라의 황제지배체제에 부합하지 못했
다. 한의 황제에게 봉사하기 위해서 유학자들은 이에 맞는 이념과 논리를
찾는 데 부심했다. 그들은 황제의 절대적이고 전제적인 지배의 정당성을
보증하고 모든 신민이 황제를 부모처럼 충효로써 섬겨야 하는 윤리와 논
리를 개발했다.

아울러 원래 유학은 경세(經世)의 학으로 사회의 제도와 규범이 주된 관
심사였으므로 한대의 유학자들은 율령을 아울러 연구하였다. 인간 내면의
도덕성을 계발하여 그것을 치도의 바탕으로 삼으려는 연구는 송대(宋代)
성리학자들에 의해서 비롯되었을 뿐, 그 이전까지 유학의 관심은 국가의
제도와 사회의 규범이었다.

(2) 율령의 본질

율(聿)·령(令)·격(格)·식(式)은 각각 전통시대 중국의 법형식의 하나이다. 율은 죄와 형(刑)을 정하는 형벌법(刑罰法)이다. 영은 비형벌법이며, 행정법적인 규정과 행위 규범적인 교령법(敎令法)을 포함한다. 격은 칙(勅) 가운데 법칙으로 삼을 만한 것을 모은 법전으로 증보개정법규(增補改正法規)의 성격을 갖으며, 율령을 개정하는 근거가 되기도 한다. 식은 율·령·격의 시행세칙(施行細則)으로 공무의 시한이나 규격 등이 주요 내용이다. 율·령·격·식의 네 가지 법 형식을 다 갖추어 시행한 시기는 당 전기에 한한다.

일본 학자들은 일본 고대왕조를 율령제국가라고 규정하고, 그런 시각에서 수·당 왕조를 율령제국가라고 부르기도 하지만 중국의 학자들에게는 생소한 표현이다. 왜냐하면 율령은 전국시대 이래 청대까지 계속 존속했기 때문이다.[14]

율은 황제를 정점으로 하는 국가의 통치체제를 유지하기 위한 금기(禁忌)를 제시하고 그것을 위반한 행위를 처벌하기 위한 형법적 장치이다. 율을 제정하는 권한은 전적으로 황제에게 귀속된다. 황제는 죄의 주체가 되지 않는 대신, 황제를 객체로 하는 죄형이 율의 주요 내용을 이룬다.

율은 신분에 따라 차등 적용을 원칙으로 하는 불평등법이다. 황제의 친속과 관인에게는 형사상 특전이 부여되는 반면에 천인들은 현저하게 불리한 처분을 받는다. 따라서 형법상의 신분은 크게 분류하면 황제의 친속과 관인 및 관인의 친속, 서인, 천인의 세 신분으로 나눌 수 있다. 특히 천인의 인격은 부정되며, 주인과 천인 사이는 부자 사이의 범행에 비견되어 천인이 주인을 범한 경우 극형에 처하지만 주인이 천인을 범한 경우 처벌은 극히 경미하거나 죄를 묻지 않기도 한다.

---

[14] 池田溫, 「律令制」, 『岩波講座世界歷史』, 岩波書店, 1970, 278쪽.

또한 율은 남계 혈통 중심의 유교적인 가족윤리를 지탱하는 보루의 성격을 띤다. 자식이 부모를 범한 행위는 극형에 처하고 절대 용서할 수 없도록 규정되어 있다. 부모를 욕하거나 고소 고발한 자는 교수형에 처하고 구타한 자는 참수형에 처하며 절대 용서받지 못한다. 대신 부모가 자식을 범한 경우 죄형이 면제되거나 극히 가볍다. 친족 내의 존비장유(尊卑長幼) 사이에 다툼이 있는 경우 존장은 가볍게 처벌하고 비유는 무겁게 처벌하는 차등법이 치밀하게 규정되어 있다. 이는 효를 기본으로 하는 가족윤리를 체제유지를 위한 규범으로 삼기 위한 것이다. 또한 부부 사이에도 남편의 형법상 지위가 부인에 비해 월등하다. 그 밖에 동성불혼법과 근친혼 금지법도 엄격하다.

영의 전형은 당령(唐令)이다. 당령은 십수차에 걸쳐 반포되었는데 각각 편수와 조문 수에 차이가 있다. 대부분 1편은 관품령으로 관인의 품계를 정한 법이고, 2~7편은 관부와 그 직원의 설치령이다. 이 영에 따라 중앙정부에 6성 · 9시 · 1대 · 5감 · 18위 및 동궁 1부 · 3방 · 3시 · 10솔부, 친왕부와 친왕국, 공주읍사가 설치되고, 지방에 300여 부 · 주와 1,500여의 현 및 630여의 절충부가 설치되었다.

나머지는 20개 내지 23개 편인데, 사령(祠令), 호령(戶令), 학령(學令), 선거령(選擧令), 봉작령(封爵令), 녹령(祿令), 고과령(考課令), 궁위령(宮衛令), 군방령(軍防令), 의복령(衣服令), 의제령(儀制令), 공식령(公式令), 전령(田令) 등등으로 구성되어 있다. 이는 각종 제도에 관한 것으로 각 관부의 직원들이 관장해야 할 직무에 해당한다. 따라서 이 영은 행정법규(行政法規)적인 교령법(敎令法)에 상당하는 것으로, 국가사회의 질서를 유지하기 위한 제도와 규범 전반을 포괄한다. 황제의 권위를 극대화하기 위한 의례, 관료 선발과 승진, 토지와 조세, 창고 · 목축 · 관시(關市) · 의료(醫料) · 재판 · 토목공사 등이 중요한 내용이다. 『신당서』 형법지는 "영은 귀천존비의 등급이며, 국가의 제도이다"라고 설명했다. 이는 영이 율과 함께 신분제

사회질서를 유지하기 위한 법제적 장치였음을 의미한다.

2) 유교와 율령의 전파

중원 왕조에서 제정된 율령은 중원과 이웃하는 초원과 산악의 유목지대
에는 전해진 흔적이 전혀 발견되지 않는다. 본래 정착생활을 하는 농경지
역의 윤리와 법이 이동 생활을 하는 유목지역의 그것과 상통하지 않았고,
또한 대개 10세기 이전까지 유목지역에는 통일적인 전제왕권국가가 성립
하지 않았기 때문에, 인구가 과밀한 중원 지배를 위해 만들어진 유교와 율
령이 필요치 않았기 때문일 것이다.

이와는 달리 한반도의 삼국과 통일신라, 그리고 고려와 조선, 일본의 고
대왕조, 발해, 베트남 같은 농경지역에서는 유교와 율령을 수용하였다. 다
만 이들 지역들은 역사 환경이 중국과 다르기 때문에 각각 수용의 강도나
시기에 차이가 있다. 그래서 유교와 율령을 수용하더라도 전면적이라기보
다 지역의 고유한 윤리와 제도가 온존한 위에 필요한 만큼 부분적으로 수
용하여 왕권 강화를 꾀한 점을 확인할 수 있다.

삼국은 모두 고유법을 근간으로 하고 율령 형식의 법을 제정했을 가능
성이 높다. 예를 들면 삼국에서는 살상죄에 대해 재물로 죄 값을 치를 수
있었으나,[15] 중원 왕조의 율에서 살상죄는 반드시 실형에 처해야 하고 재
물로 죄 값을 치를 수 없었다.[16] 살상죄에 대한 죄 값을 재물로 치르게 하
는 법은 유목 계열의 법체계에서 비롯한 것이다.[17] 이렇듯 삼국의 법은 유
목적 전통을 이은 것으로 보이며, 이런 전통은 율령을 반포한 후에도 변함

---

[15] 고조선의 법에서 "남을 상해한 경우 곡물로 배상한다."(『漢書』 권28, 地理志8, 1658쪽) 백
　제의 법에서 "살인자는 노비 3인으로 죄를 贖할 수 있었다."(『舊唐書』 권199상, 東夷 百
　濟, 5329쪽 ; 『新唐書』 권220, 東夷 百濟, 6198~6199쪽)

[16] 김택민, 『중국고대형법』, 675~676쪽.

[17] 시마다 마사오(島田正郞) 저, 임대희 외 역, 『아시아법사』, 서경문화사, 2000, 243~248쪽.

없이 유지되었던 것 같다.

한편 삼국의 사회는 혈연 신분에 따라 엄격하고 치밀한 차등주의를 기저로 하는 중원의 율령을 받아들여야 할 만큼 사회문제가 심각했던 것 같지 않다. 원래 조선은 도적이 없어 문을 닫지 않았고 부인은 절개가 있었으나, 한이 낙랑군을 설치한 후 한의 장사치들이 와서 밤에 도둑질을 하니 풍속이 점차 야박해져 법이 60조로 증가했다[18]는 사실은 유명하다. 그 연장선상에서 생각하면 이들 지역은 중원처럼 아직 그렇게 인구가 과밀하지 않아 사회의 갈등이 심각하지 않았기에 고유법을 중원왕조의 법으로 대체해야 할 만큼 절박함은 없었을 것이다. 또한 친속관계와 혼인제도가 중원과 달라 신라는 근친혼이 일반적이었으니,[19] 동성불혼 및 근친혼을 금하는 당의 율령을 적용할 수도 없는 일이었다.

영도 또한 고유 제도를 정리한 것으로 보인다. 영은 가장 중요한 부분이 관품령과 직원령인데 삼국과 통일신라의 그것을 보면 당령을 받아들인 흔적을 찾기 어렵다.

삼국이나 통일신라는 중원의 대동란과 같은 대전란을 경험하지는 않았으므로 대일통주의(大一統主義)를 최고선으로 하는 이념이 필요한 것도 아니었다. 예를 들면 신라의 국학에서 교수한 경전이나 원성왕 때 시행한 독서삼품과의 시험 과목[20]을 보아도 신라가 필요한 만큼만 유학을 수용하고 있음을 알 수 있다.[21]

일본 고대에는 네 차례에 걸쳐 율령이 제정되었고, 그 가운데 718년에 제정된 양노율령(養老律令)의 일부가 남아 있다. 양노율령은 조문 일부를 삭제하고,[22] 용어를 일본의 제도에 맞게 고쳐 쓴 것 외에 당의 율령을 그

---

18)『漢書』 권28, 地理志8, 1658쪽.
19) 河廷龍,「新羅上代 王位繼承 硏究－王室內 近親婚을 중심으로－」,『新羅文化』12, 1995.
20)『三國史記』 권38, 職官상, 國學.
21) 김영하,「儒學의 수용과 지배윤리」,『新羅中代社會硏究』, 일지사, 2007, 213~217쪽.

대로 옮겨놓은 것 같은 느낌을 준다. 일본에서는 율령이 제정되고 그 법전이 남아 있기 때문에 일본 고대국가를 율령제국가로 부르고 있지만 율령이 법조문대로 시행되었는가는 의문이 많기 때문에 재고해 보아야 한다. 율령을 시행하기 위해서는 법을 관철시킬 수 있는 군주의 절대 권력과 권위가 확보되어야 했을 터인데, 현실은 그렇지 못했다. 또한 일본 사회의 제도는 중원의 그것과 같지 않았다. 특히 근친혼이 일반적이었고, 친속관계도 전혀 달랐다.23) 따라서 중원의 율령을 그대로 시행할 경우 적지 않은 문제가 발생했을 것이다.

4. 동아시아의 국제관계

1) 조공 · 책봉체제의 출현

한나라 초기에는 흉노의 압력을 받고 막대한 세폐(歲幣)를 바치는 등 굴욕적인 관계를 유지했으나 무제 때는 대대적인 공세정책으로 전환했다. 한은 장기 공세정책으로 국력이 피폐해져 공세를 중단했는데, 흉노세력도 와해되기 시작했다. 이에 한나라는 적극적인 공세 대신 약화된 일부 흉노 부락의 군주들의 지위를 인정한다는 뜻으로 왕(王) · 후(侯)의 인수를 주고 물자를 지원하여 다른 흉노를 공격케 하는 이이제이 정책으로 흉노세력을

---

22) 예를 들면 養老律 名例律 6조는 八虐인데, 이는 唐律 名例律 6조의 十惡 가운데 不睦과 內亂을 제외한 것으로 아마도 일본의 친속제도와는 맞지 않기 때문에 그렇게 한 것으로 생각된다. 즉 당률의 不睦은 시마친 이상의 친속을 살해하려고 모의하거나 남편이나 대공친 이상의 존장이나 소공친 존장을 구타하거나 고소 고발하는 행위를 말하는데 이 같은 번쇄한 규정이 일본의 친속제도와는 걸맞지 않기 때문에 삭제한 것으로 보인다. 또 唐律의 內亂은 근친상간을 금하는 규정인데 일본은 최근까지 근친혼이 있었으므로 이 금지 규정을 적용할 수 없었을 것이다.

23) 關口裕子, 『日本古代婚姻史研究』 상 · 하, 嵩書房, 1993.

각개격파하는 전략을 펴 나갔다.

또한 한나라는 만주와 한반도 북부에 큰 세력을 형성하고 있던 고조선을 멸하고 군현을 설치하였고, 월남을 공략하여 직접 지배했다. 한나라는 군현 일대 지역세력의 군주들에게 왕·후의 인수를 주고 우호관계를 유지하였다. 인수는 왕·후의 지위를 인정한다는 신표로 인(印)은 도장이고, 수(綬)는 도장을 허리띠에 매다는 끈이다.[24] 후한 말에 이르기까지 일부 지역세력들은 자발적으로 한나라에 조공하고 한나라 황제가 내리는 인수를 받기도 했는데, 이는 한나라에서 주는 인수가 자신의 권위를 과시하는 데 유용했기 때문이다.

주변 국가의 군주들이 조공하고 한나라가 그 지역 군주들의 지위를 인정하는 신표로 인수를 주어 책봉하는 이른바 조공·책봉관계는 동진과 남북조 시대에 들어와 중원 왕조의 관작까지 포함하여 책봉하는 방식으로 변했다. 이런 방식은 유교경전에 기술되어 있는 고대 주(周)의 조공·책봉제도와 유사성이 있다. 즉, 조공·책봉제도의 원형은 주나라가 상나라를 멸하고 일족과 공신들을 제후로 분봉한 데서 나왔다고 한다. 분봉된 제후들은 3년에 한 번씩 조근(朝覲)하고 지역의 토산품을 공물로 바쳐 자신의 치적을 주왕에게 보고하도록 되어 있었다. 제후들이 주왕(周王)에게 조근하고 공물을 바치는 예(禮)가 바로 조공이다. 그렇지만 이 같은 조공·책봉제도는 중원 안에서 시행된 것으로 전국시대까지 주변의 이민족과는 무관한 것이었다.

전한 시대에 이민족 군장들에게 왕이나 후를 봉한 것도 주의 조공·책봉제도와는 제도적으로든 이념적으로든 관련이 없었다. 그런데 전한 말

---

[24] 印綬에 대하여 "중국의 황제는 책봉의 상징으로 제후나 주변국의 국왕들에게 도장과 비단 끈을 주었다. 외교 문서나 예물을 바칠 때 이를 봉한 뒤 도장을 찍고, 비단 끈으로 묶는 것이다"(교육인적자원부·서울특별시교육청, 『고등학교동아시아사 모형단원』, 18쪽)라고 설명한 것은 적절치 못한 것이다. 봉한 뒤 찍는 도장은 封印이라 하여 별도로 만든 것이다.

고제(古制)에 따른 개혁 정치를 표방하고 스스로 섭정이 되어 황제권 탈취를 획책하던 왕망(王莽)이 자신의 치적을 과시하기 위해 조공·책봉관계를 정치적으로 이용하기 시작했다. 그는 자신을 주의 주공(周公)에 비견하고, 주공이 예악(禮樂)을 정해 천하가 화평하니 멀리서 월상씨(越裳氏)가 두 번의 통역을 거치면서 찾아와 조공을 바쳤다는 고사25)를 재현시켰다. 그는 사신을 보내 많은 금과 비단으로 강족(羌族)을 회유하여 조공하게 하고서, 자신이 섭정이 되어 개혁 정치를 하니 지금 다시 이 같은 일이 나타났다고 선전한 것이다.26) 이후 외국의 조공은 이런 정치 목적에 이용되는 성향이 커졌다.

특히 서진이 흉노에게 멸망하고 그 후예들이 강남에서 동진을 세운 뒤, 허약한 형세를 감추기 위해 조공의 정치적 효과에 지대한 관심을 보였고, 뒤를 이은 남조 왕조와 이민족의 북조 왕조들도 조공의 정치적 효과를 십분 활용했다.

조공을 바치는 국가들도 마찬가지로 조공을 정치적 목적으로 이용했다. 한반도의 삼국과 일본의 왜는 중원 왕조의 책봉을 자신들의 정통성 강화와 이웃 나라들과의 경쟁에서 유리한 입지를 확보하기 위한 용도로 활용했다.

수와 당이 중원을 통일하자 동아시아의 형세에는 큰 변화가 일어났다. 수와 당은 먼저 직접적인 위협 세력인 돌궐의 내분을 조장하고 분열시켜 서로 대립하게 함으로써 각개격파해 나갔다. 이른바 이이제이의 전략이 바로 이것인데, 수·당은 돌궐의 일부 군장들에게 작위와 막대한 비단을 주어 우호세력으로 확보하고 용병으로 활용하기도 했다. 돌궐 제압에 성공한 수·당은 만주와 한반도 북부에 큰 세력을 형성하고 있던 고구려를 계속 공격했다.

---

25) 『尙書大傳』 권3, 嘉禾傳.
26) 『漢書』 권99상, 王莽傳상, 4077쪽.

고구려는 수·당에 대해서는 극히 형식적인 조공·책봉관계를 유지하면서 돌궐 및 말갈과 연대하여 수·당에 맞섰다. 이러한 사실은 수 양제가 돌궐의 계민가한(啓民可汗)을 방문했을 때 계민가한의 처소에서 고구려의 사자를 보고 경악한 사건을 통해서도 확인할 수 있다. 수 양제는 고구려 사자를 보고 돌궐이 겉으로는 수와 우호관계를 유지하면서도 고구려와 연대하고 있음을 간파하고 고구려에 대한 대대적인 침공을 결심하게 되며,[27] 이로써 동아시아 역사상 최대의 전쟁이 발발하는 것이다.

고구려는 수·당과 대결하면서 다른 한편으로는 백제 또는 신라를 압박하였다. 백제와 신라는 각각 수·당의 고구려 견제를 이끌어내고, 군사적 지원을 얻기 위해 적극적으로 조공·책봉관계를 활용하였다. 그리고 마침내 신라가 당과 연합하여 백제와 고구려를 멸망시켰다.

이와 같이 당시 동아시아 각국 사이의 국제관계는 자국의 이익을 우선으로 하고서 전개되었으며, 조공·책봉관계는 극히 의례적인 외교 형식이었던 것이었다. 따라서 정치적 이해득실이 맞지 않는 경우 언제든지 파기될 수도 있는 것이었다. 예를 들면 신라 문무왕 14년(674) 신라가 당에 반기를 든 고구려 유민을 받아들이고 백제 고지에 근거지를 두고 사람을 시켜 수비하니 당나라 황제가 크게 성내어 왕의 관작을 깎아버리라고 명령하고, 당에 와 있던 왕의 동생 김인문을 신라왕으로 삼고 유인궤 등에게 군대를 일으켜 공격하게 했다.[28] 그렇지만 당나라의 관작 삭탈 조치는 문무왕의 지위는 물론이고 그 정통성에 하등의 영향을 주지 못했다. 신라는 당의 관작 삭탈 조치 따위에 아랑곳하지 않고 당군(唐軍)을 한반도에서 축출했던 것이다.

---

27) 『資治通鑑』 권181, 隋紀5 煬帝 大業 6년(610) 12월 조, 中華書局 標點本, 1956, 5652쪽.
28) 『三國史記』 권7, 文武王하, 14년 조.

2) 군사 · 경제관계와 문화관계

조공 · 책봉관계는 정치적 목적 외에 경제적 또는 문화적 필요에 따른 것이기도 하였다. 다만 중원 왕조와 주위 국가들 사이의 관계를 살펴보면 뚜렷하게 구분되는 두 가지 경향을 발견할 수 있다. 그 하나는 중원 왕조와 유목민족 국가들 사이의 군사 · 경제관계이고, 다른 하나는 중원 왕조와 한반도의 삼국 및 발해 · 일본 사이의 문화관계이다.

7~9세기의 상황을 예로 들면, 당조와 북쪽 및 서쪽의 유목민족 국가들 사이에는 간단없이 공방전이 펼쳐지는 가운데 당조 측에서 이들 유목민족 국가들에게 몇 만 필에서 많게는 몇 십만 필의 많은 비단이 빈번하게 지급된 것을 확인할 수 있다. 그 가운데 몇 개의 예를 들어 보겠다. 619년(당 고조 무덕 2년) 시필가한(始畢可汗)이 죽자, 고조가 애도하고 3일 동안 폐조하였다. 내사사인 정덕정(鄭德挺)을 보내 조상(弔喪)하고 부물(賻物)로 3만 단을 보냈다.[29] 657년(당 고종 현경 2년) 12월, 서역이 평정되자, 그 땅을 곤릉(昆陵) · 몽지(蒙池) 2도호부로 나누고, 아사나미사(阿史那彌射)를 흥석망가한(興昔亡可汗)으로, 아사나보진(阿射那步眞)을 왕절가한(往絕可汗)으로 삼고, 각각 10만 필을 주었다.[30] 724년(당 현종 개원 12년) 3월, "사신을 파견하여 견(絹) 8만 단을 거란과 해(奚)에게 나누어 주게 하였다."[31] 732년(당 현종 개원 20년) 배요경(裴耀卿)에게 견 20만 필을 가지고 해의 부락에 가서 공을 세운 관리들에게 나누어 주게 하였다.[32] 이 밖에도 당 전기에는 돌궐 등 유목국가의 군주들에게 많은 비단이 지급되는 사례를 무수히 볼 수 있는데, 이는 대개 유목민족들의 욕구를 채워주어 침공의 예

29) 『舊唐書』 권194상, 突闕상, 5154쪽.
30) 『册府元龜』 권964, 外臣部 封册2, 11340쪽하.
31) 『册府元龜』 권975, 外臣部 褒異2, 11449쪽상.
32) 『册府元龜』 권655, 奉使部 謀略, 7849쪽상.

봉을 피하는 한편 우호세력을 확보하여 다른 유목세력을 견제하기 위한 것이었다. 이런 사실들을 통해서 보면 중국 역사상 최고의 전성기라고 칭해지는 당 전기의 성세도 실제로는 비단으로 얻어진 평화라고 보아도 크게 틀리지 않는다.

더구나 안사란(安史亂) 이후에는 당조가 일방적으로 유목민족에게 압박을 받는 상황이었으므로 유목세력의 위협은 거의 대부분 비단을 주는 것으로 대처했다. 우선 난 평정에 공이 큰 회흘(回鶻) 군주에게 주는 상이 많았고, 공주를 시집보내는 비용도 컸다. 예를 들면 809년(당 헌종 원화 4년) 회흘이 군사적으로 위협하며 청혼해 왔을 때 혼례 비용이 500만 관에 달한다는 계산이 나왔으므로 중단한 일도 있다.33) 회흘과의 견마무역(絹馬貿易)도 당조에게 큰 부담을 안겨주었다. 말 한 필의 값은 견 40 내지 50필이었고, 한꺼번에 수만 필을 몰고 오기도 하는데 비루먹어서 부릴 수 없는 말이 많았지만 당조는 이를 거절할 힘이 없었다. 그리하여 말 값으로 지불하는 비단은 당조의 재정을 압박할 정도로 막대했다. 예를 들면 790년(당 덕종 정원 6년)에는 30만 필, 792년 7만 필, 822년 19만 필, 827년 20만 필, 다음해 23만 필 등등이다.34) 이렇듯 유목세력과 당조 사이에 경제관계는 활발했지만 문화적인 교류는 거의 찾아보기 어렵다.

이와는 달리 당조와 고구려, 백제, 신라, 발해, 일본 사이의 경제 교류는 빈약해서 지급되는 비단은 겨우 몇 백 필을 넘지 않았다. 비교적 많은 수량으로는 637년(당 태종 정관 11년) 백제가 사절을 파견하여 철갑(鐵甲)과 조부(雕斧)를 바치자, 당 태종이 채백(綵帛) 3,000단과 금포(錦袍)를 준 일이 있고,35) 731년(신라 성덕왕 30년) 신라가 우황 금·은 등을 바치자 '인이지향(仁義之鄕)'이고, '군자지풍(君子之風)'이 있는 나라로 추어올리면서 신

33) 『舊唐書』 권195, 回紇傳, 5210~5211쪽 ; 『新唐書』 권217하, 回鶻傳하, 6129쪽.

34) 『舊唐書』 권195, 回紇傳, 5208~5212쪽.

35) 『舊唐書』 권199상, 百濟傳, 5330쪽.

라왕에게 능채(綾綵) 500필과 백(帛) 2,500필을 준 사례가 있을 뿐이다.[36]

이렇듯 삼국 및 통일신라와 중원 사이의 경제적인 교류는 미미한 수준인데 비하여 서적을 청구하여 지급받은 예가 적지 않게 보이는 등 문화적인 교류가 활발했던 사실뿐 아니라, "학문을 중시한다"든가 "군자의 나라다" 등으로 평가받고 있었다는 것이 확인되고 있다. 예를 들면 당 태종이 삼국에 사신으로 파견되는 주자사(朱子奢)에게 훈계하기를 "해동[海夷]은 학문을 중시하니 경은 대의(大誼)를 강론하되"[37]라고 하고 있다. 또한 737년(당 현종 개원 25년)에는 당조의 황제가 조문 사절에게 "신라는 군자의 나라로 불리며, 자못 학문을 알아서 중화와 유사한 데가 있소. 경의 학술이 강론에 능하기 때문에 이번의 사신으로 선발하여 보내는 것이오. 그 나라에 가서 경전을 천양(闡揚)하여 대국의 유교가 성대함을 알게 하시오"라고 말했다.[38] 이 같은 예는 당조가 사신을 교환한 70여 개의 국가 중 다른 민족의 국가들, 즉 유목민족 국가들에 관한 기사에서는 찾아볼 수 없는 것이다.

이 같이 유목지역 국가와 농경지역 국가들은 서로 다른 목적으로 당조와 외교관계를 맺은 사실들을 확인할 수 있는데, 이 같은 사실은 당시 동아시아의 국제질서의 성격을 이해하는 데 모종의 시사점이 있을 것으로 생각된다. 유목국가들은 경제적 이익을 얻기 위해 때로는 책봉을 받고 신칭(臣稱)하기도 했지만 군사적 압박을 가하기도 했다. 이에 대하여 당조는 군사적으로 대처하는 때도 없지 않았지만 비단을 지급하는 방법으로 명목상의 우월한 지위를 확보하고 평화를 유지해 갔다. 이와는 달리 동쪽의 농경국가들은 당조의 문화를 수용하기 위해 적극적으로 조공 사절을 파견했는데, 이는 당시 동아시아 세계에서 이들 농경국가들의 지배계층에게 필요한 문화가 창조되는 국가가 당조밖에 없었기 때문이었다.

---

36) 『三國史記』 권8, 聖德王 30년조.

37) 『新唐書』 권198, 朱子奢傳, 5647쪽.

38) 『舊唐書』 권199상, 新羅傳, 5337쪽.

5. 맺음말

그동안 우리는 선진 지역인 중원에서 성립한 유교·율령이 주변 지역으로 전파되었고, 강대한 중원 왕조가 주변의 약소 왕조와 조공·책봉관계를 맺었다는 방식으로 동아시아사의 구도를 이해하는 데 익숙해져 있었다. 그러나 선진·강대와 후진·약소라는 도식적인 구도만으로 동아시아의 역사를 이해하는 것은 충분치 못하다. 유교와 율령이 먼저 성립했으니 중원이 선진인 것은 분명하고, 중원 왕조를 중심으로 조공·책봉관계가 성립했으니 중원이 중핵적인 위상을 차지한 것도 틀림없는 사실이다. 그렇지만 유교·율령은 중원의 역사·지리적 환경의 소산으로 혼란한 사회의 질서를 유지하기 위한 것이었다. 달리 말하면 유교나 율령을 통해 특별히 사람이 살기 좋아 선진적이라고 할 만한 사회가 구현된 것은 아니다. 조공·책봉관계도 중원 왕조가 우세한 힘으로 위압해서 성립한 것이 아니고, 조공국과 피봉국의 이해가 합치되어 맺어지는 의례적인 외교형식일 뿐이다.

이 같은 구도를 바탕으로 동아시아사 교과서의 내용을 조직하기 위해서는 아래의 몇 가지 사항에 유의해야 할 것으로 사료된다.

동아시아사는 중원을 중핵으로 하고, 북쪽의 초원과 서쪽의 산지에 유목세력이 있고, 동쪽에 농경사회인 한반도와 일본, 그리고 남쪽에 베트남이 있어, 서로 유기적인 관계를 형성하면서 전개되었다. 이 같은 구조로 동아시아사가 전개되어 온 이유는 주변 지역에 비해 중원평원의 생산성이 월등히 높았고, 인구가 많았기 때문이다. 따라서 이 같은 지리적 이해를 바탕으로 하여 동아시아사를 파악할 수 있도록 충분한 배려가 있어야 한다.

동아시아사의 문화적 특성 내지 동질성을 보여주는 유교, 불교, 율령은 분명 중원에서 성립하였고, 그것이 한반도의 여러 왕조들과 일본의 고대 왕조들, 그리고 고려와 조선, 11세기 이후의 베트남에 전해져 이 지역의

문화와 법제 형성에 중대한 영향을 미쳤다는 것은 움직일 수 없는 사실이
다. 그렇지만 중원에서 유교와 율령이 출현한 것은 그 지역의 국가사회적
인 문제를 해결하기 위한 것이었다는 점을 기술하지 않으면 안 된다.

달리 말하면 중원은 대평원에 인구가 밀집되어 일찍부터 평화로운 삶을
영위하기 어려운 역사 환경이 조성되었다. 일찍부터 권력 투쟁이 격렬했
고, 제후국들 사이의 전쟁은 계속 이어졌으며, 폭력이 만연하여 대부분의
민들은 최소한의 생존권도 보장받기 어려웠다. 이런 환경에서 강력한 전
제군주가 출현했고, 그 군주가 모든 인민을 조직·관리하기 위한 법으로
율이 제정되었다. 따라서 그 법은 군주의 신변보호와 권위의 절대화를 위
한 장치이며, 모든 인민과 토지를 파악하여 관리하기 위한 것으로 형벌이
가혹했다는 점을 강조해야 한다.

유교에 대해서도 그것이 출현한 지리환경과 역사환경을 전제로 하지 않
으면 안 된다. 춘추전국 시대에 어지러운 사회를 극복하기 위한 방법론으
로 여러 가지 주의주장이 제기되었는데, 그 가운데 후대까지 생명력은 갖
고 중국 및 동아시아의 지도 이념이 된 것이 유교이다. 특히 율령과 유교
는 반란과 대동란이 반복되는 중원의 환경에서 당의 율령으로 진화되었
다. 그것은 황제 지배체제를 보증하기 위해 제정된 치밀한 신분차등주의
를 골격으로 한다는 점을 특기하지 않으면 안 된다. 한반도나 일본의 경우
는 율령 형식을 빌려 법을 제정했지만 역사 환경이 다르기 때문에 고유법
을 근간으로 하는 법을 제정했고, 유교의 경전도 선별적으로 수용했을 뿐
임을 기술해야 한다.

유교와 율령은 한반도와 일본으로만 전해졌지만, 이른바 조공·책봉관
계는 초원의 유목지역을 포함하여 이루어졌다. 이런 조공·책봉에 대해서
주대의 그것을 곧바로 연결하는 것은 적절하지 못하다. 왜냐하면 중원을
통일한 한나라 때에 주변 왕들에게 작위를 수여한 것은 주의 조공·책봉
과 전혀 무관하며, 동진 시대에 동진의 관작을 수여하는 형식의 조공·책

봉관계도 허약한 동진 왕조가 그들의 정통성을 과시하기 위한 수단으로 이를 활용한 것에 불과하기 때문이다.

　조공·책봉 형식의 외교관계는 중원 왕조를 중심으로 이루어졌지만, 그것은 뚜렷하게 구별되는 두 가지 다른 경향성을 보이고 있다는 점도 강조할 필요가 있다. 즉, 유목 정권과는 경제적 관계가 주류인데 이는 중원 왕조가 유목세력의 군사적 위협에 대처하여 이이제이적인 전략에서 나온 것이었다. 때문에 유목세력에게 주는 물품의 규모도 컸다. 이와는 달리 한반도의 여러 왕조와 일본과는 문화적 관계가 주(主)였기 때문에 경제적 관계는 미미했고, 군사적 충돌도 드물었다.

한국 대학의 동아시아사 교육

그 역사와 현실

김태승*

1. 머리말 — 왜 지금, 동아시아사 교육을 말하는가

　1990년대 이후 한국의 인문사회학계에서 '동아시아'는 하나의 화두가 되었으며, 그것은 한국의 학문역사상 사실상 최초의 연구·교육 대상지역으로서의 지역개념의 체계정립 또는 지역단위의 설정에 대한, 성찰적 문제제기라고 평가할 수 있다. 그리고 마침내 그러한 논의는 중등교육과정에 동아시아사라는 독자적 교육영역을 확보할 정도의 주류로 성장하였다. 동아시아라는 지역에 대한 논의가 하나의 주류담론으로 성장하기까지는, 주지하다시피 세 가지 정도의 배경적 상황이 작동하고 있었다. 하나는 한국의 정치적·경제적 자신감의 성장이고, 다른 하나는 동아시아국가들 사이의 긴장을 촉발시켰던 역사분쟁이었으며, 마지막으로는 대중국수교, IMF

* 아주대학교 사학과 교수.

상황으로 상징되는 지구화 상황의 진전이었다. 그리고 그 세 가지는 세계를 해석하는 주체의 재구성이라는 문제와 관련되어 있었다.[1]

사실 역사 연구·교육은 그 대상지역을 무한대로 확장시키기 어려운 측면이 있으므로, 기본적으로 대상 공간을 제한하고 그에 대한 명칭을 부여하는 데서부터 시작된다. 그런데 그러한 명칭부여는 연구하는 주체가 연구하는 대상을 나름의 논리하에 규정하는 형태를 취한다. 그래서 지역에 명칭을 부여하거나 지역의 개념을 규정하는 행위는 해당 지역을 "정복하는"[2] 것으로 다소 과격하게 해석되기도 한다. 지역의 설정은 설정하는 주체의 주관적 해석의 범주 안에서, 즉 주체가 서있는 지점에서 조직된다. 그리고 그 과정이 시간과 관련지어짐으로써 역사성을 획득하게 된다. 그래서 지역개념은 인지개념(perceptual concept)으로 설명된다.[3] 복잡하게 말하지 않더라도 지역개념은 특정 지점에서 세계를 바라보는 주체의 인식방식, 그리고 그러한 지역개념을 주장하는 자의 힘의 크기에 의해 설정된다는 것을 우리 모두는 잘 알고 있대물론 그러한 특정 권력의 개입은 지양되어야 하겠으나 복잡한 수사학에도 불구하고 그것이 현실적으로 지양될 수 있는지는 분명치 않대. 그래서 우리는 지금 동아시아를 말하고 있는 것이다.

---

[1] 백영서, 「진정한 동아시아의 거처－20세기 한·중·일의 인식」, 『동아시아인의 '동양'인식 : 19~20세기』, 문학과지성사, 1997, 11쪽에서는 "90년대 이후 동아시아 담론이라고 부를 만큼의 주목이 되고 있는 동아시아에 대한 관심은 1) 한국을 포함한 동아시아 지역 일부 국가의 경제적 성취에 힘입은 이들 국가의 자신감·정체성을 표현할 수 있는 적절한 어휘의 필요성, 2) 그것을 부추긴 것이 현존 사회주의 국가의 몰락 이후 대안적 체제에 대한 관심 고조, 3) 또한 포스트모더니즘의 수용과 더불어 근대의 서구중심주의 이성중심주의에 대한 반발 등에 의해 고조되었다"고 서술하고 있는데, 보다 중요했던 것은 그것(동아시아)을 이야기하는 주체, 즉 한국·한국인이 처한 상황이었다고 본다.

[2] Arif Dirlik, "The Asia-Pacific Idea:Reality and Representation in the Invention of Regional Structure", *Journal of World History*, Vol.3, No.1(Spring 1992), p.76. 이 글은 『창작과비평』 1993년 봄호에 번역되어 국내에 소개되었고, 그대로 정문길 외 엮음, 『동아시아, 문제와 시각』, 문학과지성사, 1995에 전재되었다.

[3] 야노토루(矢野暢) 엮음, 『지역연구의 방법』, 전예원, 1997, 26쪽.

따라서 개별 민족사의 공간적 설정의 문제를 포함하여 특정 지역을 하나의 역사공간으로 재구성하는 시도는 1차적으로, 공간에 대한 강한 쪽의 헤게모니 실현방식과 밀접하게 연관되어 있다. 기본적으로 역사적 공간의 재구성 문제는 공간에 대한 헤게모니의 장악 내지는 그것의 탈환을 목적으로 하는 경향이 있으며, 오늘날 동아시아에서의 논의 역시 그러한 범주 안에 있다고 말할 수 있다. 동아시아를 역사공간으로 파악하려 할 때, 거기에는 강한 쪽의, 바꾸어 말하면 강한 공간 쪽의 지적 체계, 물리적 힘의 질서가 작동하게 될 것이다. 그것은 그 공간을 바라보는 우리의 시선 속에 작동하는 '지식의 질서'와 관련되어 있다.[4] 그것을 '인식의 문제'라고 바꾸어 말할 수 있을지도 모르겠으나, 본고에서는 주로 그 문제를 대학교육과정에 대한 검토를 통하여 진행할 것이다. 그리고 그것은 그러한 '지식의 질서' 속에서 훈련받은 교사들이 과연 중등교육과정에서 동아시아사라는 '새로운' 역사영역을 어떻게 소화해 갈 수 있을 것인가라는 질문에 대해 실천 가능한 답을 찾아가는 과정이 되기도 할 것이다.

2. 동양 또는 동아시아 지역개념의 역사성[5]

1) 동양과 서양

그런데 우리가 '동아시아'라는 역사지역을 연구나 교육영역에서 '발명'하

---

[4] 지역명칭의 설정이 '타인'을 자의적, 인위적으로 '발명'하는 경향과 관련되어 있다는 점에서 매우 시사성 있는 문헌은 잘 알려져 있다시피 Said의 저작이나 V.Y.Mudimbe, *The Invention of Africa, Gnosis, Philosophy and the Order of Knowledge*, Indiana U.P., 1988 등. 상당한 비판이 이들에게 가해지고 있는 것도 사실이지만 여전히 중요한 유효성을 갖고 있다고 본다.

[5] 이 부분은 2004년 12월 2일에 개최된 '비판과 연대를 위한 동아시아 역사포럼' 제7차 워크숍에 초청받아 발표한 미출판 원고 중 일부를 수정·보완한 것이다.

려 한다면, 우선 '동양사' 더 나아가서 세계사라는 역사공간을 재구성해 내지 않으면 안 된다. 역사교육 대상으로서의 지역설정에서 주체의 위치를 명료하게 규정할 필요가 있다는 말이다. 동양과 서양, 중동,[6] 극동[7] 등의 지역개념 속에 내포되어 있는 외부의 관점을 주체적으로 재구성하지 않는 한 '동양에 대한 성찰을 통한 동아시아의 재구성 역시 매우 힘든 일이 될 것이기 때문이다. 말하자면 역사 연구 및 교육 대상 단위지역으로서의 동아시아의 발견, 발명, 구성이라는 문제에 있어서 지구적 규모의 역사공간에 대한 인식의 재편이 함께 진행되지 않으면 안된다는 것이다. 오직 문맥 속에서만 해석이 가능한, 모호한 지역개념으로서의 동양과 서양의 지리적 해석이 보다 명료한 형태로 재구성되고, 그 안에서 동아시아라는 지역의 역사성이 성찰되어야 할 것이다.

사실 동양이라는 지역설정이 나름대로 언어적 생명력을 유지할 수 있었던 것은 서양이라는 지역개념 때문이었다. 서양이 먼저 성립하고 동양은 그에 대한 대립물로 발명되었던 것이다. '양행(洋行)', '양무(洋務)' 등에서 표현되는 서양은 주체에 대한 대립의 객체였고, 서양이 존재하는 한, 언어적으로 동양이라는 표현은 서양에 대해 상보적 지위를 획득하는 것이었으므로 쉽게 포기하기 어려운 유용성이 있었던 것이다. "양의 동서를 불문하고" 등의 표현에서 나타나 있듯이 그러나 그러한 언어관은 세계를 동양과 서양의 결합체로 단순화하고, 기타의 세계를 인식의 대상에서 제외시키는 현상을 만들어 냈다. 서양은 구미로 단순화되고, 그에 대립하는 세계로서의 한국, 중국, 일본 중심의 '특권적' 동양은 한국인들에게 세계를 주관적으로 재구성하게 만들었다.

---

6) 학생들에게 받는 질문 중에 곤혹스러운 것 중 하나는 왜 우리의 서쪽에 있는 지역의 명칭에 동쪽을 가리키는 중동이라는 지역명칭이 사용되고 있는가이다.

7) 요즘은 거의 사용되고 있지 않은 용어이나, 여전히 어떤 대학의 연구소는 이를 당당하게 사용하고 있다.

세계사가 서양사와 동양사로 형성된다는 것은 일반적인 것이다. 이에 대해서 세계사를 유럽민족권, 서아시아권, 동아시아권의 삼요소로 보려는 주장이 있고, 유럽풍 서아시아문화권과 동아시아적 문화권의 이원적 세계사로 구성한 것도 있다.……여기에서 전후에는 숫제 동양사를 아시아사로 호칭해서 아시아주의 역사를 다루자는 경향이 나오게 되었다. 본서에서 아시아주의 역사를 동양문화사의 범위로 삼은 이유가 여기에 있다.……그러면 아시아 대륙은 어떻게 구분할 수 있는가. 아시아대륙은……문화사상으로는 중국문화권, 인도문화권, 이슬람문화권으로도 된다.[8]

그래서 사실상 동양을 아시아로 대체하고, 아시아는 다시 몇 개의 문화권으로 재편성하고 서양에 대칭되는 것으로 주관적으로 해석함으로써, 특정지역에 한정시켰던 종래의 동양사의 한계를 벗어나려는 시도를 하게 되었던 것이다. 그러나 그럼에도 불구하고 역사적 성찰의 대상으로서의 아시아라는 지역을 말하면서 교재명칭은 『동양문화사』라는 이름을 고수할 수밖에 없었던 것은 무엇 때문이었을까? 거기에는 학계와 독자들의 공간인식의 문제가 가로놓여 있었다. '동양'은 상당한 시장적 유효성을 가지고 있었던 것이다. 하지만 그것만이 전부는 아니었다. 말하자면 동양을 바로 아시아로 대체할 수 없었던 역사적 배경이 있었다.

2) 아시아는 가치중립적인 대체 지역개념이 될 수 있는가?

상식적으로 동양을 보다 가치중립적으로 대체할 수 있다고 사람들이 생각하는 아시아, 동아시아라는 지역개념 역시, 사실은 식민지 경험과 불가분의 관계에 놓여 있었다. 특히 1940년대의 고통을 겪었고, 해방 후 한국의 인문학의 체계를 정비하는 임무를 떠맡은 식민지 지식인들에게는 그역시 받아들이기 쉬운 용어는 아니었을 것이다.

---

8) 黃元九, 「東洋文化史의 意味」, 『東洋文化史略』, 연세대학교 출판부, 1985년 제4판, 7쪽.

나는 근대 서양문명의 영광은 아세아의 굴욕이었다고 말했습니다. 아세
아가 그들에게 착취당하고 학대당한 가장 중요한 원인의 하나는 아세아의
서양문명의 숭배열이었습니다.……'현대적'이라는 말과 '서양적'이라는 말이
우리의 일상생활에 있어서 거의 같은 뜻으로 쓰여지고 있는 사실만으로도,
우리들의 문화의식이 어떠한 것인지를 짐작하고도 남음이 있습니다(밑줄–
인용자).[9]

이것은 今次 大東亞戰爭의 目的이 東亞로부터 米英의 侵略的 勢力을 몰
아내고 새東亞의 共榮圈을 建設하려는 데에 있는 것과 마찬가지라 하겠다.
(중략) 東亞에 있어서의 歐美勢力의 驅逐이야말로 發展帝國의 不可避的 使
命인 것을 明記할 必要가 있는 바이다(밑줄–인용자).[10]

1940년대의 '폭압적 일제의 지배체제' 아래 태평양전쟁을 긍정할 수밖에
없었던 식민지 지식인들의 입장에서 아시아는 구미와 대립되는 공간이며
그 중심에는 일본이 있다는 사고방식에 적응해 있었으므로, 해방이 되었
다고 동양을 버리고 아시아나 동아(시아)로 이행하는 데는 얼마간의 거부
감이 있을 수 있었다고 생각된다. 식민지 경험을 통해서 지역개념에 대한
언어적 주도권을 완전히 상실해 버렸으므로, 동양이건 아시아건 고통 없
이 그것을 우리 학문체계에 정착시키는 것은 간단한 일은 아니었을 것이
다. 그래서 해방 후 한 학자는 그러한 정황을 다음과 같이 설명하고 있다.

'아세아연구'는 맨 처음 동방세계에 대한 서방세계의 종교선교목적에서
출발하여 그 후 서구제국의 산업 기계문명의 발달에 따라 해외무역정책과
식민정책에 보조를 맞추어 발전하게 된 것이오, 동방에 있어서는 서구문명
의 습득을 남보다 빨리 성취할 수 있었던 일본이 그 정치적 및 경제적 '진출'
을 꾀함에 따라 서구전례에 의한 '아세아연구'를 시작하였던 것이다. 그러나
'문제'의 대상이 되고 '연구'의 대상이 되는 인도 안남이나 중국·한국 같은

---

9) 趙演鉉, 「亞細亞復興論敍說」, 『東洋之光』 1942-6. 당시 그는 20대 초반의 청년이었다.
10) 金庠基, 「世界海戰史 一回 日露海戰史(上)」, 『朝光』 8卷 4號, 1942. 4, 172쪽.

'본연'의 아세아인들에 있어서는 당초 그런 연구가 생기지 않았을 뿐 아니라 '아세아연구'니 '동양연구'니 하는 명칭부터도 그다지 반가운 이름이 아니었다. (중략) 일제 36년간의 예속은 모든 학문을 질식시켜 천여 년 전통으로 이어오던 '漢學'도 중단되고 과거에 '蒙學'과 병렬의 위치에 놓였던 '倭學'이 전 국민의 교육으로 변하는 반면에 조선 고유의 역사 문화를 연구 발양하는 '國學'은 봉쇄 강압정권하에 동결되는 비운에 빠지고 말았다.[11]

그에 의하면 아세아건 동양이건 그것은 우리의 전통적 학문에서 포착하는 지역설정과는 관련이 없는, 타자에 의해 이식된 개념이었다. 그러나 현실적으로 이러한 성찰이 대학의 교육과정 속에 그대로 반영되기에는 인적 자원이나 교육자료의 측면에서 어려운 점이 많았다. 게다가 해방 이후 한국 역사학의 주류를 형성해 온 역사학자들 역시 기성의 교육받은 관성에서 바로 벗어나기는 어려웠으므로, 또 역사교육이나 연구에 참고해야 할 대상이 한정된 상황 속에서는, 기왕에 익숙한 일본의 연구 방식이나 교육체제를 '실증주의'나 '보편적 학문의 관점'으로 해석해서 이용할 수밖에 없었을 것이다. 이러한 상황을 한 학자는 다음과 같이 지적하고 있다.

우리의 근대적 연구기반이 된 것은 첫째는 실증적인 사풍이었고, 둘째로는 "조선 및 인접지역을 대상"으로 했던 이른바 조선학의 연구전통이었다고 할 것이다(원주: 이것은 震檀學會가 표방한 연구대상이었으나 일본의 동양사학의 주축이었던 滿鮮史[12]의 개념과도 대상에서는 거의 부합되는 것이었다). 이 점에서 동양사는 한편으로는 국사학의 외연에서 한편으로는 동양학의 분과적 연구전통 위에서 추진되었다고 할 수 있다(밑줄-인용자).[13]

---

[11] 李相殷, 「亞細亞人의 亞細亞硏究-創刊辭에 代하여」, 『亞細亞硏究』 통권 제1호, 1958. 3.

[12] 이와 관련하여 白鳥庫吉의 첫 번째 동양사논문이 「단군고」(1894)였다는 사실은 흥미롭다. 三ツ井崇(미발간 원고), 「동양이라는 '지리'-근대일본에 있어서 동양사학의 형성과 白鳥庫吉」, 비판과 연대를 위한 동아시아 역사포럼, 2004. 12.

[13] 尹南漢, 「東洋史硏究의 回顧와 課題」, 『歷史學報』 68, 1975.

그래서 '경성제국대학(京城帝國大學)'과 와세다대학(早稻田大學) 출신 연구자들이 주축이 되어 구성한 해방 이후 동양사 교육[14]은 사실상 한중 관계사와 중국사가 중시되는 교육체계를 갖게 되었다. 게다가 독립 직후 의 상황에서 '적국으로 자리를 옮긴' 일본을 객관적으로 연구하거나 가르 친다는 것은 현실적으로 어려운 측면이 있었으므로 동양은 사실상 중국으 로 한정되게 되었다. 연구자들에게는 그다지 주목되지 않았으나, 고시준비 생 등 일반 독자에게는 널리 읽혔던 한 개설서에서 저자는 그러한 상황을 다음과 같이 말하고 있다.

> 본서는 중국을 중심으로 한 동아시아의 역사를 서술한 것이다. 그러므로 제목은 동양사이나 실은 중국사에 가깝다. (중략) 동양사학의 수준이 서양 사학의 그것에 비하여 대단히 낮고 또 역사의 기술방법도 유치하여 너무나 나열적이고, 단순한 왕조의 교체와 인문의 列記에만 치중하고 있다.……과 연 동양의 역사는 정체된 사회 위에 정권만이 교체된 것일까? 물론 서양사 에 적용되는 것과 같은 발전단계 그대로서는 이해하기 곤란하다 하더라도 동양사에는 동양사대로의 역사적 발전법칙이 있을 것이며 또 사실 몇 고비 의 전환기를 거쳐 금일에 이르고 있다(밑줄−인용자).[15]

동양사가 분과학문으로 성립되었음에도 불구하고 여전히 그 내용에는 중국사가 중심에 서 있었던 것이고 민족주의적 역사이해의 측면에서 학문 적·교육적 공간 확보가 용이했던 북방지역과의 관계는 중요한 동양사의

---

[14] 韓國教育史庫 編, 「이원순 선생님」, 『서울대학교 사범대학 50년 구술사 자료집』 1, 서울 대학교 사범대학, 1999, 131쪽에 따르면 해방 이후 한국 사학계를 주도했던 것은 "경성제 대흐름과 와세다흐름"이었다고 한다. 李元淳 교수는 그 예로 이선근, 김성근, 이병도 박 사 등을 들고 있다. 따라서 해방 이후 역사교육이 일본의 것을 참조하는 것은 불가피한 측면이 있었다.

[15] 曺佐鎬, 「머리말」, 『修正版 東洋史大觀』, 廣曺出版社, 1984, 1쪽. 초판은 1967년 이전. 그 는 사실상 동양사=동아시아사=중국사의 형태로 이해했다. 또한 동양사를 이해하는 방식 역시 어떤 전형성을 지니고 있다.

관심영역이 되었다. 초기 동양사 연구가 이 분야에서 상당한 업적을 축적할 수 있었던 것은 바로 그러한 상황의 결과였다. 따라서 역사단위로서의 아시아사는 현실적으로 성립되기 어려웠던 것이고, 개화기 이래로 사용되어 왔다는 점에서 오히려 저항감이 상대적으로 적었던 동양(역시 일본의 발명품이었으나)이라는 지역개념에 기초한 연구와 교육과정의 설계가 진행되게 되었다.

3. 동양사 교육과정의 변천

1) 원형

그러면 대학의 역사교육 속에서 동양사교육은 어떻게 형성되어 왔는가. 그 원형은 해방 전 와세다대학과 경성제국대학의 교육과정을 해방 직후의 대학들의 교육과정과 비교해 보면 쉽게 판단해 볼 수 있다.[16]

와세다대학의 경우 사학과 교육과정은 국사(일본사), 동양사, 서양사의 3분법에 의해 구성되어 있었으며, 동양사전공의 개설과목에는 중국 관련 과목 4과목, 동양사 관련 3과목, 그리고 일본고대경제, 국사(일본사)개론이 포함되어 있었다. 특이한 것은 동양미술사가 동양사 관련 3과목 중 하나로 포함되어 있었다는 점이다. 경성제국대학의 경우 역시 기본적으로는 3분법을 채용했으나, 특이하게도 서양사는 강의는 있으나 전공은 없었다.[17] 다만 국사(일본사), 동양사, 조선사로 전공이 나뉘어져 있었으며 각 전공

---

16) 이 두 대학을 선정한 이유는 주 14)의 증언에 근거하여서이다.

17) 臺北帝國大學文政學部,『史學科年譜』6, 1940. 동양사부분에서는 사학개론, 동양사개설 1(고대), 동양사개설2(근세), 동양사특수강의, 남양사개설, 남양사연습 등이 개설되었다. 1934년에는 동서교통사가 개설되고 있었으나 후기에는 보이지 않는다. 경성제대에 비해 남양사 분야가 있는 것이 특이한 것을 제외하면 대동소이하다.

은 개설, 특수강의, 연습과 기타 선택과목 등으로 구성되어 있었다.[18]

이를 해방 직후의 서울사대, 연세대, 고려대의 교육과정과 비교하면 다음의 표와 같다.

<표 1> 해방 전후 각 대학의 역사 교육과정 비교

대학명	구분	1학년	2학년	3학년	4학년
경성제대[19]		동양사학개설/동양사학특수강의/동양사학연습/사학과에 속한 과목 중 따로 정한 것. 철학과 문학과 및 법학과에 속한 과목 중 따로 정한 것.			
와세다[20]		사학개론/지나제도사/지나근대사/일본고대경제	문명사/수당사/명사/동양사연습	윤리학/동양사개론/동양미술사/국사개론	
서울사대 (사회과교육과정)[21]		문화사/고고학/사학개론/국사개설/국사특강/조선중세사/조선사연습/조선사특강/조선구미관계사/조선사개론/동양사개설/동양사특강/동양사연습/서양사개론/서양사특강/서양사연습/문화사A/문화사B/문화사/조선중세사			
연세대[22]		문화사/사학개론/조선상고사/조선중세사/조선근세사/조선최근세사/조선특수사/금석문연구/동양상고사/동양중고사/동양근세사/동양최근세사/동양특수사/서양상고사/서양중고사/서양근세사/서양최근세사/서양특수사/고고학/인류학/국제관계사/동서문화교류사/지리학개론			
고려대[23]	필수	국사/서양사/동양사/	국사학/동양사학/서양사학/문화사개론/사학개론/조선문화사/고고학	동양사학특강/동양사학강독/중국문화사/국어학사 또는 국문학사	동양사학특강/동양사학강독/중국윤리학사/조선사상사
	선택			국사학특강/서양사학특강/**중국철학개론**/**인도불교철학**/**중국윤리학특강**/**중국철학특강**/조선경제사/조선정치사/조선한문학사/	

---

18) 비슷한 시기의 東京帝國大學과 유사하다.

19) 京城帝國大學, 『京城帝國大學一覽』, 1931, 56~57쪽. 3년제 교육과정이었다. 국사(일본사), 동양사, 조선사의 3개 전공이 존재했다. 서양사는 개설과목목록에는 들어있으나 전공에는 빠져있다.

표에 나타나있듯이 해방 직후 동양사의 교육과정은 거의 식민지 시대의 교육과정을 참고하고 있었다. 그리고 그것은 이후 한국 대학에서의 동양사 교육과정을 포함한 역사학 교육체제의 원형이 되었다. 사학개론, 문화사, 국사/동·서양사 개설(혹은 개론), 특강, 연습 등의 표현은 그대로 우리의 교육체계 속에 반영되게 되었고, 역사교사 양성체제에도 그대로 유지되었다.[24]

2) 변용과 지속 - 오늘의 동양사 교육과정

그런데 이러한 상황에 대해 학계가 무관심했던 것은 아니었다. 하지만 학문과 교육 영역으로서의 동양사와 지역으로서의 아시아는 분리되어 있었다.

> 1945년 8월의 민족해방과 더불어 우리의 학문 분야는 새로운 시발을 하게 되었다. 이때부터 '동양사학'도 역사학의 일분야로서 성립되어 (중략) 일

---

[20] 西村直次 編, 『半世紀の早稻田』, 早稻田大學出版部, 1931, 33쪽. 3년제교육과정. 3개의 전공으로 구분된 사학과.

[21] 최현섭, 「교육과정변천」, 『서울대학교 사범대학 사회교육과 오십년사』, 서울대학교 사범대학 사회교육과 동문회, 1997, 32~33쪽 참조. 해방 직후의 교육과정에 대한 사학과 자료를 찾지 못하여 사회교육과의 역사학 관련 교과목만을 따로 추려내었다.

[22] 연세창립 80주년 기념사업위원회, 『연세대학교사』, 연세대학교출판부, 1969, 498~499쪽. 이 자료는 1946년도 이후 시행된 사학과 교육과목이다.

[23] 고려대학교 60년사 편찬위원회, 『六十年誌』, 고려대학교출판부, 1965, 276~279쪽. 고려대학교 3학년 진학 시 전공을 국사, 동양사, 서양사로 구분하여 운영했다. 그에 따른 교육과정 제시하였다. 여기서는 동양사전공부분만 발췌했다.

[24] 물론 이러한 교육체제가 일본만의 특수한 것이라고 보기는 어려운 점이 있으나, 일본이 하나의 텍스트였던 점은 부인할 수 없는 사실이다. 특히 1932년 이래의 일본의 고등학교 교원무시험검정기준을 보면 '사학개론, 국사개설, 동양사개설, 서양사개설, 국사학 등 전공관련 교과목'(東京帝國大學 編, 『동경제국대학오십년사』, 東京帝國大學, 1932, 905쪽)으로 되어 있는데, 이는 현재 한국 교육부의 『교원자격검정실무편람』에 수록된 중등학교교사자격취득을 위해 이수해야 할 과목명, '한국사개론, 동양사개론, 역사학개론, 문화사(한국문화사, 동양문화사, 서양문화사)'와 거의 대동소이하다는 점은 놀랍다.

본에서는 '동양사학'이 '중국사학'과 동의어로 사용되었다. 우리나라에서도 일본의 관례에 따라 동양사는 즉 중국사로 인식되어 왔다. 그러나 전후 동양사학의 연구대상은 그 지역이 확대되어 중국과 주변지역인 동아시아뿐 아니라 동남아시아 서남아시아 인도 등 소위 광대한 아시아의 전역을 포함하게 하였다. (밑줄－인용자)25)

학계는 내부에서 끊임없이 동양사 연구·교육의 영역을 확장시키려는 시도를 하였고, 1980년대와 1990년대를 거치면서 동남아시아, 중앙아시아, 서아시아 등 아시아 전역을 포괄할 수 있는 기초적 연구 역량을 가지게 되었다. 사실 해방 이후 1974년까지 동양사학으로 석사학위를 받은 연구자가 서울대학에서도 12명에 불과했다26)는 사실에 비추어 볼 때, 설령 동양사의 영역을 확장시키려고 해도 현실적인 어려움이 클 수밖에 없었을 것이다. 따라서 교육과정 속에서도 동양사의 영역을 확장시키는 것은 매우 제한된 성과밖에는 얻지 못하게 되었다. 그것은 현재 각 대학의 동양사 전공 교육과정에 잘 나타나 있다.

〈표 2〉27)에서 나타나고 있는 사실을 정리하면 대략 다음과 같다.

1) 조사대상 12개 대학 가운데 개설 과목이 가장 다채로운 대학은 연세대학이었으며, 5개 대학에서 '동양사학입문 또는 개론'이라는 과목을 운영하고 있었다. 각국사로 개설된 교과목 중 중국 이외 국가의 역사과목을 한 과목 이상 독립적으로 운영하는 대학은 11개 대학이었다. 중국과 일본 이외의 지역 역사를 독립적으로 개설하고 있는 대학은 6개 대학(고려대, 단국대, 서강대, 서울대, 성균관대, 연세대)이었다.

---

25) 李公範,「刊行의 말」,『槪觀 東洋史』, 지식산업사, 1983, ii쪽. 동양사학회가 학회차원의 작업을 통하여 동아시아 이외의 지역까지를 포괄한 개설서를 출판하였다.

26) 韓永愚·李成珪·羅鍾一·任孝宰,「歷史學 및 考古學의 回顧와 展望」,『서울대학교 학문 40년』, 1987, 204쪽.

27) 2008년 5월 현재 인터넷에 공개된 교육과정을 기준으로 작성한 것이다. 구체적 강좌명은 후미의 별표를 참조하기 바란다.

〈표 2〉 서울 각 대학의 동양사 관련 교과목 개설 현황

대학명	아시아사	동양사	각국사		동아시아사	그 밖의 지역사	기타	계
			중국사	일본사				
건국대		2	5	1			1	9
경희대	1	5	1	1			2	10
고려대		2	1	3	5	4	2	17
단국대		1	1	1	4	2		9
동국대		8						8
서강대			9	5	1	5	1	21
서울대		8	8	3	1	3		23
성균관	2		7	3		1	1	14
연세대	2	1	22	14	8	6	1	54
이화여		3	8	1	1		1	14
중앙대		2	3	1	4		1	11
한양대			11	1				12
	3개 대	9개 대	11개 대	11개 대	7개 대	6개 대	8개 대	

2) 개설 강좌명에 동양과 동아시아 또는 아시아를 병용하는 대학은 5개 대학(고려대, 단국대, 서울대, 연세대, 중앙대)이 있었다. 동양이라는 지역 명칭만을 사용하는 대학은 4개 대학(건국대, 경희대, 동국대, 이화여대)이 있었으며, 서강대는 지역명칭으로 동양은 사용하지 않으면서 중국·일본·인도 등의 국가명칭과 이슬람권, 초원유목사회, 동아시아(국제질서) 등 문화권에 기초한 지역 분류방식을 사용하고 있었다. 성균관대는 아시아사, 북방민족사 등의 표현을 사용하고 있었으나, 동양이라는 표현을 사용하지 않고 있으며, 한양대는 철저하게 중국과 일본의 역사로만 교육과정을 구성하고 있었다.

중등교육과정에서 동아시아, 서아시아, 인도·동남아시아, 이슬람세계, 서아시아 등의 명칭이 사용되고 있음에 비해 대학교육과정에서는 아직 지

역개념의 사용에 대해 확실한 결론에 도달해 있지 못하며, 교육체계라는 관점에서 볼 때에도 다소 혼란스러운 느낌을 피하기 어렵다. 그런데 이러한 현실에는 교수들의 교육체계에 대한 상대적 무관심과 함께 다음의 몇 가지 현실적 요소가 작동하고 있다.

첫째, 대학에서 교육을 담당하는 교수들의 연구영역이 거의 특정국가에 집중되어 있다는 점이다. 대부분의 대학에서 학문후속세대를 육성하는 동양사 교수들 중에는 중국사 전공자들이 압도적으로 많고 뒤를 이어 일본사 연구자들이 조금 나오는 정도이며, 다른 지역이나 국가의 역사를 연구하는 전공자를 배출하는 대학은 거의 없다. 일본사의 경우 현재 동양사학 전공의 교수 구성에 비추어 보면 극히 비주류적 위상을 차지하고 있어서 중국사 중심의 국가사적 시각을 넘어서는 교육을 하기에는 상당한 어려움이 있다.[28] 그것은 동양이라는 이름을 내건 교과목의 수업내용이 사실은 중국사로 진행되고 있는 현실에 잘 나타나 있다. 아래는 서울대 동양사학과 개설 강의 중 한 과목의 강의 요목이다.

> 인문대학 동양사학과 111.402 동양사회경제사
> <u>동양사회의 경제적인 흐름</u>에 대한 이해의 폭을 심화시키는 것을 강의 목적으로 삼고 있다. <u>따라서 중국 사회경제적인 변모</u>를 토지, 화폐, 농업생산, 인구 등의 다양한 요소를 통해서 살펴보고, 아울러 각 시대의 경제 사상과 그 당시의 경제적인 상황의 연관관계 등을 살펴본다(밑줄-인용자).[29]

동양사회의 경제적 흐름이 중국의 사회경제적 변모와 어떻게 계기적으로 연결되는지는 알 수 없으나, 현실적으로 특정지역, 즉 강한 공간(강의 담당자의 입장에서)의 입장에서 동양이 독해되고 있는 것이다. 그렇다면

---

[28] 상당수의 한국 대학에서 사학과의 교수구성은 한국사 2명, 동양사 2명, 서양사 2명이다. 따라서 동양사 2인의 교수를 모두 중국사로 채우는 경우가 많다.

[29] http://www.snu.ac.kr/edu/edu0201_view.jsp?idx=1279.

이 과목이 서아시아사나 일본사나 동남아시아사 전공자가 담당할 수는 없
는가. 그들이 담당하면 동양은 인도나 베트남이나 이라크로 치환될 것인
가. 학문적 엄밀성의 측면에서도 사실은 이러한 교과목의 설정과 요목 소
개는 반성적으로 검토할 필요가 있는 것이다. 하지만 현실적으로 그러한
광역의 역사교육을 훈련받지 못한 입장에서는 그래도 전문성에서 자신이
있는 영역 중심으로 교육을 진행할 수밖에 없는 것이 또한 현실이기도 하
다. 그러나 그것이 피교육자의 역사인식의 지평을 제약할 수 있다는 것도
현실이다. 그래서 그처럼 불가피한 상황에 처해 있다면 차라리 중국이라
는 지역명칭을 바로 노출시키는 형태로 교과목을 설정하는 것이 보다 타
당할 것이다.

둘째, 그러나 그것만이 전부는 아니다. 교육대상 지역의 설정에서 필자
가 속한 대학을 포함하여 상당수의 대학에서는 학문적 중요성을 그다지
두고 있지 않아 왔다는 것이 문제점으로 지적될 수 있다. 그래서 특별한
의식 없이 동양과 아시아를 혼용한다. 서울대학의 다음과 같은 강의 요목
을 보면 그 점이 보다 분명해 진다.

> 인문대학 동양사학과 100.137 동양사학입문
> 아시아를 구성하는 동아시아, 동남아시아, 중앙아시아, 서남아시아의 역
> 사에 대해 단순한 사실만이 아니라 동양사를 바라보는 시각을 집중 탐구한
> 다. 각 지역별 역사 전개의 특징, 지역과 지역 간의 교류 등을 통해서 아시
> 아의 전체상을 구성해본다. 또한 동양사 연구에 부합하는 연구시각 및 방법
> 론도 다룸으로써 동양사 연구에 필요한 지식을 제공하고자 한다(밑줄 – 인
> 용자).30)

이 강의 요목에 비추어 보면 사실상 아시아는 여러 지역사로 구성되어
있다고 말하면서도 시각은 동양사를 대상으로 한다는 기묘한 서술구조를

---

30) http://www.snu.ac.kr/edu/edu0201_view.jsp?idx=1257.

가지고 있다. 여기서도 아시아는 지역명칭으로, 동양사는 학문명칭으로 사용되고 있다. 그러면서도 동양사는 때로는 중국사로 해석되다가, 때로는 아시아사로 치환되기도 하는 것이다. 다른 대학에서도 이러한 용례를 발견하기란 매우 쉽다. 서울대학이 한국의 대표적 대학이므로 예를 들었을 뿐, 교수요목에 노출되어 있거나 교수요목은 그렇지 않더라도 실제 교육의 진행과정에서 특정 국가 중심으로 진행한다는 등의 차이가 있을 뿐, 거의 모든 대학에서 이러한 경향은 존재한다.

셋째, 그러나 많은 대학에서 지역사의 개념을 도입하려는 시도를 하고 있으며 이러한 경향은 앞으로 확대되어 나갈 것으로 예측된다. 상당수의 대학에서 동아시아라는 지역명을 교과목의 명칭으로 사용하고 있으며, 일부대학(연세대학과 비교적 폭넓은 교수요원을 확보한 서울대학이 두드러진다)에서 아시아 전역으로 지역사의 범위를 확장시키고 있다는 점은 고무적이다. 하지만 비교사적 교육과목의 부재는 그러한 지역사적 인식의 확장에도 불구하고 그 내용에 대해 우려를 갖게 한다.

이렇게 보면 ①3지역 구분법에 따른 동양사 영역의 설정, ② 확대되고는 있으나 여전히 중국 중심의 동양사 교육, ③ 동양사 또는 아시아사 안의 영역설정의 학문적 논의 부족 등 해방 전후의 동양사 교육체계의 유산은 여전히 오늘의 동양사 교육체계 안에 강한 그림자를 드리우고 있다고 말할 수 있을 것이나, 몇 개 대학에서는 변화도 나타나고 있으며 그러한 변화는 전통적 동양사를 해체하고 진정한 주체의 자리에서 재구성하는 새로운 지역사—동아시아사의 영역의 개척을 이끌어낼 수 있을 것으로 생각된다.

4. 동아시아사 교육 — 준비가 되어 있는가?

대학에서 전통적 동양사를 해체하고 주체가 재구성하는 동아시아사 교

육이 제대로 진행될 수 있을까? 또 진행되고 있는가? 그와 관련하여 우리
는 현실적으로 해결해야 할 몇 가지 문제에 직면해 있다.

1) 분과영역 간의 소통과 교수요원 확보의 문제

교사자원의 육성이나 지구화 시대에 필요한 소양을 교육하는 대학의 역
사교육과정[31])에서 제일 문제로 지적되는 것은 각 분과영역 간의 소통의
부족이다. 개인적 영역에서는 능력에 따라 중국사 전공자가 한국사나 일
본사나 몽골사 등에 관심을 가질 수 있겠지만, 교육과정이나 운영에 있어
서는 협의체제가 제대로 작동하지 않는 경우가 많다. 그것은 교육보다 연
구에 우선을 두는 교수들의 일반적 경향과 관련되어 있으며, 상당수의 대
학에서 교과목 담당교수의 편의에 따라 교육과정을 운영하는 경향이 보다
일상화되어 있다는 현실과도 관련되어 있다.

그래서 교사를 지망하는 학생들이나 이미 그러한 교육과정에서 훈련을
받았던 교사들은 아마도 동아시아 국제관계사 정도의 과목 이외에는 지역
사적 관점에서 교육을 받지 못했으므로 한국사와 기타 동아시아 국가의
역사를 따로따로 이수해서 독자적으로 통합·정리해야 하는 어려움을 겪
게 될 것이다. 사범대의 경우는 바로 대응할 수 있을 것이나, 일반 사학과
(교직과정을 운영하거나 교육대학원 진학을 희망하는 학생들이 있는)의
경우 그렇게 되기 위해서는 과목 담당 교수들이 상당한 수준에서 노력을
진행하지 않으면 안 될 것이다. 전공교육영역의 해체를 수반할 동아시아
사 교육을 진행하기 위해서는 적어도 한중일 삼국사를 통합한다는 점에
서, 교수들 간에 어느 정도 공유할 수 있는 지역사의 범주 설정에 대한,

---

31) 사실 상당수의 대학에서 사학과 졸업생은 전공과 관련이 없는 영역으로 나아가 일한다.
일부 지방대에서 문헌학이나 고고학 등 전공과 관련된 사회적 수요가 다소 있는 분야를
특화하는 경우도 있으나, 전체적인 현상으로 보기는 어렵다. 그렇게 보면 역사학 교육은
'소양교육'의 측면이 매우 강하다고 할 수 있다.

보다 심도 있는 학문적 성찰이 필요하고, 협동강의 등 교육방식의 개선을 통한 적극적 교육과정 개발도 필요할 것이다.[32)

그러나 보다 큰 문제는 교수요원의 절대적 부족이라는 문제이다. 주지하다시피 한국 전체에서 영향력을 확산시켜 가고 있는 신자유주의적 경향은 역사교육영역을 지속적으로 위축시켜 왔고, 따라서 교수요원의 확보는 매우 어려운 일이 되었다. 특별히 대학원 운영 등 학문후속세대 양성에서 '우월적 기회'를 누리고 있는 서울의 몇 개 대학을 제외한 상당수의 대학에서는 전공의 존폐 자체가 위협이 되고 있으므로(특히 개방적 학부제를 시행하는 대학의 경우 이 현상이 더욱 심했다) 본래의 전공영역의 외연을 확장시켜 나가기란 쉬운 일이 아닐 것이다. 이 점에 대해서는 아마도 학회차원의 협력을 통해 적절한 교재를 개발하고 참고자료를 소개, 제공하는 체제를 만들어낸다면 대안을 찾아낼 수도 있을 것이지만, 한국학회의 성격이나 연구지향성이 강한 교수들의 특성에 비추어 볼 때, 그것도 쉬운 일은 아닐 것이다.

2) 학생들의 수요와 교육 자료의 문제

다음으로 지적할 수 있는 것은 역사학에 대한 학생들의 수용성 문제이다. 현 단계까지 그것은 크게 두 가지로 나누어 볼 수 있는데, 하나는 역사 자체에 대한 관심의 약화이다. 역사에 대한 관심은 과잉이라고 할 정도이나, 역사학에 대한 관심은 상당히 저조하다. 아주대학에서 지역연구프로그램을 시행하면서 대학 전체학생들을 대상으로 1998년에 수행한 수요조사 자료를 살펴보면 그 점은 매우 심각할 정도이다.

---

32) 아주대학에서 10년 가까이 동아시아입문을 강의해 온 경험에 비추어 볼 때, 중국과 일본만을 대상으로 강의를 수행해도 교육자료, 학생들의 수용성 등 현실적인 어려움이 아주 많았다. 따라서 '삼국지' 수준의 비교사적 논의조차 실현시키기 어려운 것이 현실이다.

〈표 3〉 아주대학교 학생들에 대한 국제화 관련 교육수요 조사 결과(1998년)

		개설을 원하는 교과내용은 무엇인가(%)[33]								
		국제 정치 관계	해외 경제	국제 통상 금융	해외 사회 문화	역사	지리	어학 교육	사상 예술	실습 위주 교육
	전체	29.7	19.0	50.3	40.9	8.2	2.7	60.3	11.2	52.8
성 별	남	27.1	22.7	57.0	38.0	7.5	3.4	55.1	10.3	48.9
	여	33.9	11.5	37.6	46.7	9.7	1.2	70.3	13.3	60.0
단 대 별	공대	27.9	12.5	44.2	33.7	7.7	1.9	64.4	11.5	63.5
	정보통신대	6.3	12.5	25.0	56.3	25.0	0.0	75.0	6.3	68.8
	자연대	30.4	17.4	26.1	47.8	4.3	0.0	65.2	21.7	56.5
	경영대	32.5	24.4	72.4	31.7	5.7	2.4	46.3	11.4	43.1
	인문대	12.5	18.1	31.9	65.3	6.9	1.4	66.7	13.9	62.5
	사회대	38.6	20.7	51.0	39.3	10.3	4.8	62.8	9.0	46.2
	의대	50.0	0.0	75.0	25.0	0.0	0.0	100.	0.0	50.0

아주대학의 특수한 상황이라고 할 수 있을지도 모르나, 상당수의 학생들에게 역사영역은 인기 없는 영역으로 규정되고 있었다. 해외의 사회문화에 대한 요구가 상당히 높은 것에 비하면 역사에 대한 관심은 거의 뜻밖이라고 할 수 있을 정도로 저조했다.[34]

게다가 또 다른 문제는 사학전공에 들어온 학생들조차 고등학교에서 세계사나 세계지리를 수강한 바가 거의 없었으며, 중국이나 일본 등 외국 역사나 지리에 대한 지식은 『먼 나라 이웃나라』 수준 정도에 불과하다는 사

---

33) 아주대학교 세계지역연구센터, 『국제전문실무인력 수요와 관련 교육체제에 관한 연구』, 1998. 6, 44쪽.
層化集落標本抽出方式에 의한 표본추출. 12개 교과목 수강생 712명을 대상으로 조사. 남녀 성비는 7 : 3정도임. 응답생 중 1, 2학년이 전체의 50.8%. 10년 전의 자료를 여기서 소개하는 이유는 이 조사가 비교적 전문적으로 이루어진 것이고, 이후의 몇 차례의 초보적 조사에서도 비슷한 결과가 나왔기 때문이다.
34) 그러한 현실 때문에 상당수의 대학 사학과들이 문화교육으로 영역을 확대해 나가고 있다.

실이었다. 독서 영역에서도 역시 동아시아 역사 고전에 대한 기초는 매우 부실한 상태에 있었다. 동아시아사와 세계사 교육이 확대될 앞으로는 나아질 것으로 기대하지만, 이러한 상황에서 대학에서의 동아시아사 교육은 구체적 역사현상을 매개로 귀납적으로 진행되기에는 많은 한계를 가질 수밖에 없었다. 아주대의 경험에 비추어 말하자면 사회과학이나 주변 인문학의 성과들을 폭넓게 수용하는 강의 방식의 채택이 그래도 수강생들의 참여를 이끌어낼 수 있는 이용 가능한 전략이었다.

그러한 학생들이 처한 현실에 덧붙여서, 교육을 진행하는 과정에서 부딪히는 또 다른 문제는 학부 수준의 교육에서 사용할 수 있는 교육 자료가 상당히 부족하다는 점이다. 한국의 대형 인터넷서점을 '동아시아'로 검색해 보면, 이론과잉, 연구부족이라는 현상이 두드러지고 있다. 아직은 학계가 이론적·전문적 연구에 집중하고 있어서 학부 수준에서 학생들에게 읽힐 만한 교육 자료는 상당히 제한적이다.

5. 맺음말 — 대책과 남는 문제들

각 대학에서는 이미 교육과정의 개편을 시작하고 있으며, 동아시아사 형태의 지역사에 대한 사회적 요구는 현실이 되어 가고 있다. 이러한 상황에서 학생들의 입장에서 의미있는 동아시아사 교육이 되기 위해서는 다음의 몇 가지 문제에 대한 대책을 마련할 필요가 있다.

첫째, 기존의 대학의 동아시아사 교육에서 사실상 분리되어 있는 한국사를 지역사의 범주 안으로 이끌어 오는 사학과 교육체제 전반의 개편이 필요할 것이다. 한국사·동양사·서양사의 3분법적 교육체제의 개편이 요청된다는 말이다. 그러한 교육체제 개편과 관련하여 1995년 오스트레일리아에서 출판된 한 개설서[35]는 우리에게 많은 시사를 던져준다. 이 개설서에서 필자들은 'Eastern Asia'라는 지역명칭을 제안한다. 동아시아와 동남아시아라는 의미를 가진 'Eastern Asia'라는 지역명칭은 오스트레일리아의 국가적 이해관계의 기초 위에서 지역을 재구성한다는 적극적 의지를 표명하는 것이다. 동아시아는 우리에게 어떤 것인가? 이에 관한 학계의 어느 정도 합의된 의견은 있는가? 사실 즉각적으로 답하기는 쉽지 않다. 이 문제는 조금 더 시간을 가지고 검토해 보아야 할 문제이다.[36]

둘째, 교육체제의 개편이 전면적인 문제여서 어렵다면 우선 비교사적 과목들을 개발하여 시야를 점차 확산시켜 나갈 수 있는 노력을 진행해야 할 것으로 생각된다. 말하자면 일부에서 논란의 대상으로 삼고 있는 '삼국지' 적 역사수업이라도 과도기적으로 개별 강좌들 안에서 시도할 수 있는 노력이 필요할 것이다. 비교사적 논의가 활성화된다면 우리는 동아시아사를 포함한 지역사를 설명하는 데 사용 가능한 척도를 찾아낼 수 있을 것이다.

셋째, 위에서도 지적하였듯이 학회 등, 교수들이 수평적으로 협력할 수 있는 체제를 만들어 동아시아사 관련 교재와 교육자료 개발 작업을 진행함으로써 개별 대학에서의 동아시아사 교육을 지원할 필요가 있다. 이것이 쉬운 일은 아니겠으나, 대부분의 대학이 학자양성을 목표로 역사교육을 진행하지 않는 이상, 지역사적 안목을 요구하는 사회적 요구를 적절한 수준에서 수용할 수 있는 교육체제 수립을 위해서는 우리 모두가 노력해야 할 사항들이다.

---

35) 호주의 그리피스(Griffith)대학과 퀸스랜드(Queensland)대학이 정부의 지원을 받아 운영하는 Key Centre for Asian Languages and Studies의 학자들이 중심이 되어 편찬한 도서이다. Colin Mackerass(editor), *East and Southeast Asia : A Multidisciplinary Survey*, Lynne Rienner Publishers, London, 1995.

36) 동아시아사 교육과정 개발 시안에 따르면 동아시아사는 한중일 3국 중심의 서술이 될 것으로 예측되는데(그것은 학계의 일반적 견해이기도 하나 J. K. Fairbank가 일찍이 Reischauer와 함께 저술한 *East Asia : The Great Tradition. A History East Asian Civilization*, 1960에서 정의한 개념이다. 이 책은 우리나라에서는 '동양문화사'로 번역 소개되었다), 앞으로는 한·중·일 각국사의 재편을 통한 동아시아사의 재구성이 필요하지 않을까 생각된다.

넷째, 교육부도 중등교원무시험 자격검정을 위해 이수해야 할 과목명의 설정에서 유연성이 있어야 한다. 상당수의 대학에서 숫자에 차이는 있겠으나 교원을 희망하는 학생들이 있게 마련이므로 교육부에서 정한 기본이수영역의 교과목의 명칭을 마음대로 변경하기 어렵다. 일부 대학에서 다른 과목명은 지역사로 바꾸면서도 '동양사학개론 또는 입문' 등의 과목에서 동양사라는 명칭을 그대로 사용할 수밖에 없었던 것은 아마도 이와 관계가 있을 것이다.[37] 따라서 교육부는 가능한 대체과목, 유사과목 명을 지명하여 대학수준에서의 전진적인 교육과정 개편작업을 지원할 수 있어야 할 것이다.

이러한 과정들을 통해서 우리는 식민지 시대의 어둠을 대학의 역사교육 체제에서 벗겨내고, 주체적 역사교육의 공간을 확보해 갈 수 있을 것이다. 동아시아사 교육은 앞으로도 계속 논란의 대상이 될 것이고, 그 범주 설정에 대해서도 첨예한 의견의 대립이 발생할 수도 있다. 하지만 지금까지 동양사를 교육해 온 '지식의 질서'는 동아시아사적 역사인식의 훈련에 장애가 될 수 있음이 분명한 이상, 대학의 역사학 교육과정 전반에 대한 반성적 성찰은 필요한 것이고, 그에 따른 교육체제 개편 역시 피할 수 없는 현실임을 우리 모두 깨달아야 할 것이다.

---

[37] 아주대학에서도 동양사 교육과정의 전면 개편을 기획한 바 있으나, 교육부가 교원자격증 취득과 관련된 기본이수영역의 표시과목명을 고정해 놓고 있어서 결국 개편을 포기할 수밖에 없었다. 2005~2008학년도 입학자에 적용되는 2004년 6월 9일자의 중등학교 교사 표시과목에 따르면 역사교사는 역사교육론, 역사학개론(한국사, 동양사, 서양사), 고대사(한국사, 동양사, 서양사), 중세세(한국사, 동양사, 서양사), 근대사(한국사, 동양사, 서양사), 현대사(한국사, 동양사, 서양사)를 이수해야 하며(『교원자격검정실무편람』, 2008, 270~271쪽), 이 과목명은 수정 불가능하다. 공통사회의 경우도 역사학개론, 한국사개론, 동양사개론, 서양사개론, 문화사(한국, 동양, 서양)로 표시되어 있다.

〈참고자료〉 서울의 12개 대학의 개설 교과목[38]

대학명	아시아사	동양사	각국사		동아시아사	그 외의 지역사	기타
			중국사	일본사			
건국대		동양사입문 세미나 동양사	중국사1/중국사2/혁명기중국/중국사회경제사/중국문화예술사	일본사			한일관계사
경희대	아시아 고고학	동양고중세사/동양근세사/동양현대사/동양문헌강독/동양사상과 역사인식	문화로 읽는 중국 역사	일본문헌강독			역사학개론/역사학연구와 연습
고려대		동양사입문/동양사 사료선독	중국사학사	일본근대사/일본사/일본사특강	동아시아고대사/동아시아중세사/동아시아근세사/동아시아현대사/동아시아비교문화사	북아시아사/동남아시아사/인도사/이슬람문화사	한중관계사/동서문화교류사
단국대		동양사상의 이해	근현대 중국사회의 변모	일본사의 이해	동아시아문명의 기원과 형성/동아시아 세계의 형성과 발전/자료로 본 동아시아사/동아시아 국제관계사	유목민족의 세계와 정복왕조/동남아시아의 역사와 문화	
동국대		동양고대사/동양중세사/동양근세사/동양최근세사/동양사특강/동양지역사/동양사강독/동양사연습					
서강대			중국고대사/중국중세사/중국근세사/근대중국의 개혁과 혁명/중국현대사/중국사학사/중국문	전통시대의 일본/근대일본의 형성/현대일본/일본사개설/일본사상사	동아시아의 국제질서	요동사/동남아시아의 역사와 문화/인도의 역사와 문화/이슬람	동서교류사

38) 사학과(동양사학과 포함)의 동양사 관련하여 개설된 인터넷 강의 목록을 기초로 작성한 것이다. 따라서 기초과목 등 교양과정과 공유하는 일부 교과목은 누락되었을 수 있고 인터넷상의 자료 업데이트가 늦은 경우, 실제와 다소 차이가 있을 수 있다.

			화사/중국사상사/중국사회경제사			권의 역사와 문화/초원유목사회의 역사와 문화	
서울대		동양사학입문/한문사료강독 1/한문사료강독 2/명저선독/특강/세미나/동양사회경제사/동양사학연구지도	중국문명과 제국의 형성/민족이동과 수당세계제국/사대부사회의 성립과 신유학/신사와 중국사회/근대중국의 개혁과 혁명/전통중국의 사상과 종교/전통중국의 역사인식과 역사서술/근현대중국의 사회와 문화	일본국가와 문화의 형성/일본의 봉건사회/일본근대국가의 성립과 전개	동아시아국제질서의 형성과 전개	이슬람문명사/베트남사통론/동남아시아근대와 제국주의	
성균관대	아시아사 탐구 / 아시아각국사 특강		중국의 역사1/중국의 역사2/자료로 보는 중국사/중국문화의 사회사/중국인의 일상생활사/오늘의 중국/중국문화유산 답사	일본의 역사/일본의 전통사회/일본사 특강		북방민족사 특강	동서문화교류사 특강
연세대	아시아의 역사, 문명, 환경/아시아 종족, 이주, 국가	동양사학입문	중국사개설/중국문명의 탄생과 진한제국/제국의 분열과 수당제국의 통일체제/중국의 봉건사회/중국 전통사회의 요동과 개혁/20세기 중국혁명과 사회구성/오늘의 중국/중국사상사/중국의 물질문명과 역사발전/중국의 지배구조 변천사/중국의 민족구성과 역사발전/중국사료입문/중국사 논저강독/돈황과 실크로드/중국의 역사와 청년/중국의 역사와 여성/고고문물로 본 중국역사/중국의 역사와 예술/중국과 아시아/중국사료강독	일본사개설/일본근대사/ 일본의 봉건사회/고대일본의 국가와 사회/일본사 논저강독/일본사료입문/일본 지배구조의 변천사/일본사상사/오늘의 일본/20세기 일본/일본과 세계/일본사료강독/일본사특강/일본사연습	매체와 지식정보의 동아시아사/동아시아 제국주의사/동아시아 고고학/동아시아 과학사/동아시아 역사학의 흐름/동아시아 역사세계 현지탐사/동아시아사특강/동아시아사연습	이슬람 문명권의 현대사/서남아시아사/인도문화권의 현대사/인도의 역사와 문명/동남아시아사/내륙아시아사	동서문화교류사

			/중국사특강/중국 사연습			
이화여대		동양사개론/동양 정치제도사 특강/ 동양사학사	근대중국의 개혁과 혁명/중국문명과 진한제국/중화제국 의 분열과 통일/중 화제국의 완성/중국 사학사/중국사회경 제사/중국정치제도 사/현대중국정치와 사상	일본사	동아시아의 역사 와 문화	동서교섭사
중앙대		동양사사료의 강독 /동양사의 서술과 연구	현대중국의기원/중 국고대의 문명과 동 아의문화/동아세계 와 중국사상	근대일본과 동북 아의 변화	중세동아문화권 의 형성/동아세 계의 북방민족/ 동아세계 역사학 특강/근세동아 시아의 국제관계	동서문화교 류사
한양대			중국문명의 기원과 국가의 발전/19세기 의 중국: 도전과 응 전/20세기의 중국: 개혁과 혁명/중국고 전과 역사의 만남/중 국문화와 과학/중국 의 전통과학기술의 역사적 전개/중국의 귀족국가와 전제국 가/중국경제발전의 역사/중국사상사/ 중국사회변천사/중 국여성의 사회사	일본의 역사와 문화		

한국 중·고등학교 역사교사들의 동아시아사 교육인식

황지숙*

1. 머리말

1) 설문 조사의 목적

새로운 교육과정에 따라 2012년부터 고등학교 선택과목의 하나로 동아시아사 과목이 개설된다. 이에 앞서 앞으로 직접 동아시아사를 가르치게 될 중·고등학교 역사교사들은 어떤 생각을 가지고 있는지 알아보기 위해 설문 조사를 실시하게 되었다.

설문과정을 통해 동아시아사 교육에 대한 관심을 유발하고자 하는 목적도 아울러 있었으며, 아직 동아시아사 교과서가 나오지 않았지만 현재 담당하고 있는 과목에서 관련 내용을 어떤 시각에서 재구성하고 가르칠 것

---

* 전국역사교사모임 회원, 신림고등학교 역사 교사.

인가에 대해 고민해 볼 수 있는 기회가 되리라는 기대도 있었다. 또한 동아시아사 교육에 대한 현장의 인식을 조사함으로써 이 과목의 취지가 제대로 살아나기 위하여 어떠한 정책적 뒷받침이 필요한지도 알아볼 수 있을 것으로 기대하였다.

2) 설문 조사 내용과 방법

동아시아사 교육에 대한 인식이 어떠한가를 조사하기 위해 다음과 같은 내용을 중심으로 구성하였다.

첫째, 동아시아사 교육에 대한 관심과 필요성이 어느 정도인가?

둘째, 동아시아사 교육에서 강조되어야 할 시각과 목표는 무엇인가?

셋째, 그러한 시각과 목표에 따라 동아시아사 교육과정에 제시된 내용 요소가 제대로 선정되었는가?

넷째, 동아시아사 교육에서 '임진왜란', '6·25전쟁' 등의 사건을 가르칠 때 어떤 명칭을 사용할 것이며, 사건의 원인 및 배경, 중점적으로 가르쳐야 할 내용은 무엇인가?

다섯째, 선택과목으로 동아시아사를 선택할 의사가 있는지, 3개의 선택과목(한국문화사, 세계역사의 이해, 동아시아사) 중 어느 순서로 선택할 것인가?

설문 조사에서 다루고 있는 구체적인 내용은 다음과 같다.

영역	문항 내용	문항
기초 자료	근무 지역과 학교, 담당 과목, 교직 경력	1~4
동아시아사 교육에 대한 관심과 필요성	- 동아시아사 교육에 대한 관심 - 동아시아사 신설을 통한 교육의 필요성 - 동아시아사 관련 교육 방법 - 연수나 자료개발의 필요성	5 6 7 22

동아시아사 교육에서 강조되어야 할 시각과 목표	- 동아시아사 과목의 성격에 대한 생각	8
	- 동아시아사 교육에서 중요한 시각	9
	- 동아시아사 교육이나 수업현장에서 중시해야 할 목표	10, 12
	- 동아시아사가 다루는 지역의 범위	11
동아시아사 교육과정에 제시된 내용 요소의 이해	- 동아시아사 교육과정의 내용 요소에 대한 생각	13
	- 내용 요소로 적절하지 않은 이유	13-1
	- 내용 요소가 제대로 선정되었는지 여부	14
	- 제대로 선정되지 않은 이유	14-1
용어 및 사건에 대한 인식	- '임진왜란'의 명칭 대신 적절한 표현	15
	- 임진왜란의 원인이나 배경	17
	- 임진왜란 수업에서 가장 중요한 내용	18
	- '6·25전쟁'의 명칭 대신 적절한 표현	16
	- 6·25전쟁 수업에서 가장 중점을 두는 내용	19
동아시아사 선택 여부	- 선택과목 동아시아사 선택 여부	20
	- 선택하지 않는 이유	20-1
	- 역사선택과목 3과목에 대한 선택 순서	21

전국역사교사모임[1]에서는 4월 말에 설문지 초안을 만들고 검토 수정을 거친 후 5월 첫째·둘째 주에 연구모임과 전국 각 지역모임에 설문지를 배부하였다. 대부분 각 모임에서 활동하는 중·고등학교 역사교사들을 대상으로 설문 조사가 이루어졌다.

모임 선생님들은 교육과정이 개정되기 훨씬 전부터 역사과 교육과정이 어떻게 변화될지 관심을 가지고 있었고, 2004년에는 '역사과 교육과정위원회'를 구성하여 역사교육의 중요성과 대안교육과정을 만들기 위해 연구와 토론 및 세미나를 진행하였다. 그 성과는 모임 회보를 통해 공유하기도 하였다. 따라서 모임 선생님들은 새로 바뀐 교육과정에 대한 정보를 상대적으로 더 많이 접했을 가능성이 크다. 지면의 한계가 있지만 설문 조사를 통해 동아시아사 교육에 대한 목표, 시각, 방향 등에 대해 의미 있는

---

[1] 이하 '모임'으로 표현하겠다.

소통과 대화를 하기 위해서는 역사교육 및 개정교육 과정에 대한 관심이 상대적으로 많은 모임 선생님들을 설문 참여자로 선정하는 게 좋겠다고 생각하였다.

5월 넷째 주 무렵 각 모임의 대표를 통해 설문지 수합이 이루어졌다. 촉박한 일정 속에서도 교사들의 적극적인 참여로 총 130부 정도가 수합되었다.[2]

2. 역사교사들의 동아시아사 교육인식
— 설문 결과를 중심으로

1) 응답자의 특징

지역별 교사 현황은 아래 표와 같은데, 응답자의 32%가 서울 지역인 것은 서울의 교사 수가 많기 때문이기도 하지만 현실적으로 설문 조사하기가 쉬웠기 때문이기도 하다. 그 뒤를 이어 경기-인천-전남 순이다. 그러나 설문 결과 분석에 의하면 근무 지역은 동아시아사 교육인식에서 중요한 변수가 되지 않았다.

---

[2] 그런데 설문 조사 경험이 부족한 관계로 학교급별 수합이 되지 못하고 97부를 제외한 일부 지역모임에서 수합된 33부의 경우는 통계자의 수고를 덜어주고자 합산된 자료만 보내주어 총 130부의 학교급별 통계가 이루어지지 못했다. 그래서 97부는 학교급별로 나누어 각 문항별로 통계를 내었고, 나머지 33부를 합쳐 총 130부의 전국 통계를 따로 낼 수밖에 없었다. 그 과정에서 97부 학교급별 통계에서 보이는 차이가 전국 통계와 거의 비슷하게 나타났기 때문에 학교급별 요인이 주요 변인이 아니라 판단되었다. 따라서 전국 통계를 중심으로 분석을 하되, 학교급별로 특징적인 차이를 보이는 경우만 학교급별 표로 제시하였다. 또한 무응답자들이 있음도 감안할 필요가 있다.

근무 지역	④전남	⑨경기	⑭인천	⑮서울	기타	합계
교사 수(명)	17	22	20	42	29	130
비율(%)	13	17	16	32	22	100

①제주 ②경남 ③경북 ④전남 ⑤전북 ⑥충남 ⑦충북 ⑧강원 ⑨경기
⑩광주 ⑪부산 ⑫울산 ⑬대전 ⑭인천 ⑮서울 ⑯대구 ⑰기타

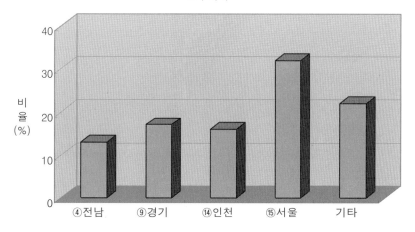

다음으로 학교급별 응답자 분포를 보면 고등학교가 65%로 절반 이상을
훌쩍 넘기고 있다. 이는 중학교보다 고등학교의 역사교사 숫자가 많은 현
실을 반영한 것이라 생각된다. 담당하는 과목을 묻는 문항에서는 학교를
묻는 문항과 동일하다고 생각했는지 과목에 표시하지 않은 무응답이 많았
다. 응답자들은 중학교의 경우 주로 국사와 (세계사 비중이 많은) 2학년
사회를, 고등학교의 경우는 대부분 국사를 담당하고 선택과목으로는 한국
근현대사와 세계사를 비슷한 비중으로 가르치고 있었다.

학교급별	중학교	일반계 고교	전문계 고교	기타	합계
교사 수(명)	45	72	13	0	130
비율(%)	35	65		0	100

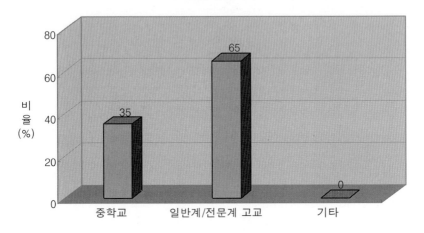

학교급별 응답교사

교직 경력의 경우는 5년 이하와 5~10년 이하가 총 63% 정도를 차지하였다. 이는 모임에서 활동하는 교사들의 경력을 보여주는 것이고 실제 한국 역사교사들의 경력 분포는 다를 수 있다.[3]

구분	5년 이하	5~10년	10~20년	20~30년	30년 이상	합계
교사 수(명)	40	41	23	24	0	128
비율(%)	31	32	18	19	0	100

---

[3] 각 지역모임 조직을 통하여 모임 활동에 참여하지 않는 역사교사들까지 참여했던 한 설문조사 보고서에 따르면, 1,300여 명이 넘는 응답자들의 경력 분포에서는 10~20년이 36.7%로 가장 많았고, 5~10년이 27%, 5년 이하가 23% 정도로 그 뒤를 이었다(방지원, 「교육과정 설문조사 결과 보고: 역사과 교육과정 대안 찾기」, 『역사교육』 69, 2005).

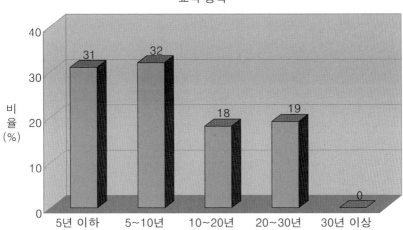

교직 경력

2) 중·고등학교 역사교사들의 동아시아사 인식

(1) 동아시아사 교육에 대한 관심과 필요성

① 동아시아사 교육에 대한 관심

5. 2012년 선택과목의 하나인 동아시아사 교육과정을 살펴보신 적이 있습니까?
   ( )
   ① 직접 읽어보았다.   ② 들어본 적이 있다.   ③ 없다.

구분	①직접 읽어보았다	②들어본 적 있다	③없다	합계
중학교(%)	20	60	20	100
고등학교(%)	24	67	9	100
전국(%)	24	63	13	100

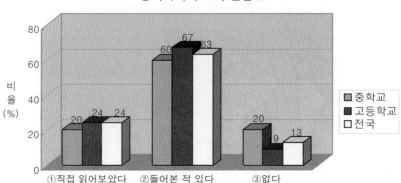

동아시아사 교육 관심도

2007년 3월에 고시된 동아시아사 교육과정을 살펴보았는지에 대한 질문을 통해 동아시아사 교육에 대한 관심 정도를 확인해 보는 문항이었다. 응답 결과를 보면 직접 읽어본 경우는 24% 정도로, 수업에 직접 관련된 교과서에 비해 교육과정에 대한 관심 정도는 별로 높지 않았다. 그리고 큰 차이는 아니지만 중학교에 비해 고등학교의 관심 정도가 상대적으로 높은 것은 고등학교에는 선택과목이 있기 때문이라 여겨진다.

② 동아시아사 신설을 통한 교육의 필요성

6. 선택과목 동아시아사 신설을 통한 동아시아사 교육에 대한 필요성을 느끼십니까? (　)
　① 동아시아사 신설을 통한 교육이 필요하다.
　② 국사나 세계사를 통해서도 가능하기 때문에 동아시아사 과목의 필요성을 느끼지 않는다.
　③ 동아시아사 교육에 대한 필요성을 느끼지 못한다.

구분	①필요하다	②국사·세계사 통해서도 가능	③필요성 느끼지 않는다	합계
중학교(%)	72	28	0	100
고등학교(%)	79	16	5	100
전국(%)	81	17	2	100

동아시아사 교육의 필요성

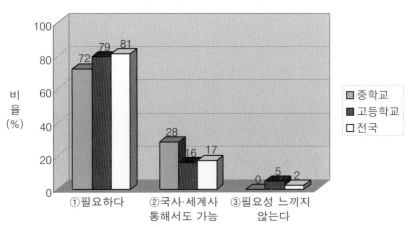

    선택과목 개설을 통한 동아시아사 교육의 필요성에 대해 81% 정도의 교사들이 필요하다고 응답하였다. 17%의 교사들은 국사와 세계사 교육을 통해서 가능하므로 새로운 과목 개설은 필요하지 않다고 답하였다. 학교급별로 보면 세계사 교육을 필수로 하는 중학교의 경우가 필요하지 않다는 응답률이 더 높았다. 적은 수이긴 하지만 아예 동아시아사 교육의 필요성을 느끼지 않는다고 응답한 경우도 있었는데, 모두 고등학교 교사였다.

③ 동아시아사 관련 교육 방법

7. 현재 담당하는 과목에서 동아시아사 관련 교육을 어떻게 하고 계십니까? ( )
   ① 교과서 내용 중심 ② 수업 내용 재구성 ③ 수업 시간 일부 특강 시간 마련

구분		①교과서내용중심		②수업내용재구성		③특강시간마련		안함		합계
중학교(%)		64		36		0		0		100
고등 학교(%)	일반계	53	59	41	34	6	7	0	0	100
	전문계		11		78		0		11	100
전국(%)		59		37		3		1		100

동아시아사 교육 방법

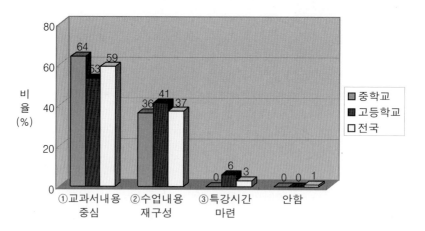

절반 이상인 59% 정도의 교사들이 교과서 내용을 중심으로 하고 있으며, 37% 되는 교사들은 수업 내용을 재구성하여 가르치고 있었다.[4] 학교

---

4) 중학교 국사, 사회 및 고등학교 근현대사, 세계사 수업을 할 때, 가.『미래를 여는 역사』로 교과서 내용을 심화시키는 학습, 나. 교과서에 없는 새로운 역사적 사실(타이완, 만주국, 오키나와의 역사, 과거사를 둘러싼 한일 간의 갈등)을 심화시키는 학습, 다. 후소샤(扶桑社) 교과서 서술을 비교·제시하여 역사에 대한 인식 차이를 토론하는 수업(대동아공영권, 극동군사재판), 라. 수업 자료를 토대로 한 극화수업 등의 수업 실천 사례들이

급별에서는 고등학교의 경우 일반계와 전문계 고교의 차이가 두드러졌다. 전문계 고교에서 78%의 대다수 교사들이 수업 내용 재구성을 통해 교육하고 있음을 알 수 있다.[5]

④ 동아시아사 관련 연수나 자료 개발의 필요성

22. 동아시아사와 관련한 연수나 자료 개발이 필요하다고 생각하십니까?
　① 매우 그렇다.　② 그렇다.　③ 모르겠다.　④ 필요 없다.
　⑤ 기타 (　　　　　　　　　　　　　　　　　)

구분	①	②	③	④	⑤	합계
전국(명)	79	45	3	0	2	129
비율(%)	61	35	2	0	2	100

동아시아사 연수, 자료 개발 필요성

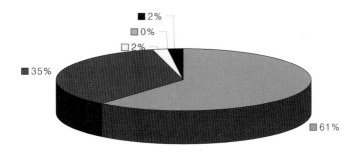

■①매우 그렇다　■②그렇다　□③모르겠다　▨④필요없다　■⑤기타

있다(『미래를 여는 역사-수업 실천 사례집』, 아시아평화와역사교육연대, 2006). 또한 2008년 1월에 열렸던 모임의 참교육실천대회 수업 사례들―동아시아 삼국의 불평등 조약(안영욱), 철도와 근대 문물의 도입을 둘러싼 각국의 반응(강남진)―도 있다.

[5] 2007년 인천역사교사모임 실업계수업연구모임에서 「재미있게 배우는 주제별 한국사 수업지도안」으로 정치/경제·사회/문화 3권의 책과 부록 CD 10장을 성과로 내놓았다. 목차를 보면 "제국주의 일본과 동아시아"라는 주제로 '1.일본의 침략전쟁과 민중의 고통', '2.평화로운 미래를 꿈꾸며' 등의 수업지도안이 제시되어 있다.

'매우 그렇다' 혹은 '그렇다'고 필요성에 응답한 교사들과 왜 필요한가에 대한 기타 의견을 제시한 교사들까지 합쳐보면 98%로 거의 대부분의 교사들이 동아시아사 관련 연수나 자료 개발에 갈증을 느끼고 있었다. 기타 의견을 그대로 제시하면, "교사들이 동아시아사를 가르친 경험이 전혀 없고 세계사 교과서의 동아시아사의 서술도 구조화되어 있지 않고 각기 나열되어 있다. 대학에서도 동아시아사에 대한 교육이 제대로 이루어지지 않고 있다"고 하였다.

과목 신설을 통한 동아시아사 교육의 필요성과 연수나 자료 개발의 필요성을 크게 느끼고 있는 것에 비해, 동아시아사 교육과정에 대한 관심이나 현재 동아시아사 관련 교육에서는 그리 적극적이지 못함을 알 수 있다.

(2) 동아시아사 교육에서 강조되어야 할 시각과 목표

① 동아시아사 과목의 성격에 대한 생각

8. 동아시아사 과목에서 강조되어야 할 부분은? ( )
 ① 민족주의적 관점과 주체적 시각을 견지한 한국사의 확대로서 동아시아사
 ② 자민족 중심주의를 넘어 다른 나라와의 관계 속에서 한국사를 이해하는 배경으로서 동아시아사
 ③ 우리와 관련 있는 지역을 보다 자세하게 다루어보는 세계사의 한 지역단위로서 동아시아사
 ④ 역사갈등과 직접 관련 있는 한·중·일 삼국에 대한 상호 이해 및 문제 해결을 위한 동아시아사
 ⑤ 각국사의 합이 아니라 동아시아 공간을 무대로 활동했던 다양한 주체들의 역사로서 동아시아사

구분	①한국사 확대	②한국사 이해배경	③지역단위	④문제해결	⑤다양한 주체	합계
중학교(%)	0	26.7	10	26.7	36.6	100
고등학교(%)	3	24	11	34	28	100
전국(%)	4	23	11	34	28	100

동아시아사 성격에 대한 생각

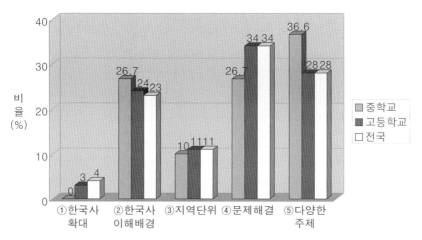

 전체적으로는 '역사갈등에 대한 삼국의 상호 이해 및 문제 해결을 위한 동아시아사'에 대한 응답이 조금 많았으나, '각국사의 합으로서가 아니라 다양한 주체들의 역사로서 동아시아사'에 대한 응답도 그 뒤를 이었다. 이는 역사의 다양성이나 타자를 이해하는 역사교육과도 관련이 있을 것이다. 학교급별로 보면 중학교의 경우 '각국사의 합이 아니라 다양한 주체들의 역사로서 동아시아사'에 대한 응답이 고교의 경우보다 높았는데, 이는 세계사 영역에서 다양한 문화권을 공부하는 배경과도 관련 있지 않을까 짐작된다. 응답 결과에서 '민족주의적 관점과 주체적 시각을 가진 한국사의 확대로서 동아시아사'에 대한 응답률은 4%로 상당히 낮음을 알 수 있다. 역사교사들은 동아시아사를 역사와 문화의 다양성이나 관계를 통해 타자 및 상호이해, 더 나아가 역사갈등에 대한 문제 해결을 위한 과목으로 생각하고 있다고 볼 수 있다. 이는 동아시아사 교육에서 중요한 시각을 묻는 다음 문항이나 중점을 두고 싶은 목표를 묻는 문항에서 응답한 결과와도 관련이 있다.

② 동아시아사 교육에서 중요한 시각

9. 동아시아사 교육에서 가장 중요하다고 생각되는 시각을 순서대로 1순위, 2순위,
  3순위 순으로 3가지만 선택해 주세요. (   )
  ① 역사갈등·분쟁을 해결할 수 있는 주체적 시각
  ② 관계와 교류의 시각
  ③ 공통점과 차이를 비교하는 시각
  ④ 객관적이고 균형 잡힌 시각
  ⑤ 국가나 민족 중심을 상대화시키는 시각
  ⑥ 평등·평화·공존의 시각
  ⑦ 중국·일본 중심을 극복하는 다른 지역이나 주변의 시각

구분	①주체적	②관계교류	③비교	④객관균형	⑤상대화	⑥평등평화공존	⑦주변	합계	순위
전국(명)	146	183	33	129	62	192	30	775	
비율(%)	19	23	4	17	8	25	4	100	⑥-②-①-④

동아시아사 교육에서 중요한 시각

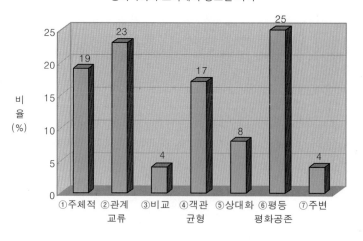

동아시아사 교육에서 가장 중요하다고 생각되는 시각을 1순위, 2순위,
3순위로 묻는 문항에서는 순위별로 각각 3점, 2점, 1점을 부과하는 방식으

로 처리하였다. 전체적으로는 평등·평화·공존의 시각과 관계와 교류의
시각이 25%, 23%로 비슷하게 높았으며, 그 뒤를 이어 역사갈등·분쟁을
해결할 수 있는 주체적 시각과 객관적이고 균형 잡힌 시각이 19%, 17%로
나타났다.

③ 동아시아사 교육에서 중시해야 할 목표

> 10. 동아시아사 교육(또는 수업현장)에서 선생님이 중점을 두고 싶은 부분은?
> ① 사료의 해석 능력 양성　　② 역사인식의 형성
> ③ 판단력 향상　　　　　　　④ 세계를 이해하는 안목의 확대
> ⑤ 문제 해결 능력 함양

구분	①사료해석	②역사인식	③판단력	④세계이해	⑤문제해결	합계
전국(명)	0	43	3	78	5	129
비율(%)	0	33	2	61	4	100

동아시아사 교육의 중점목표

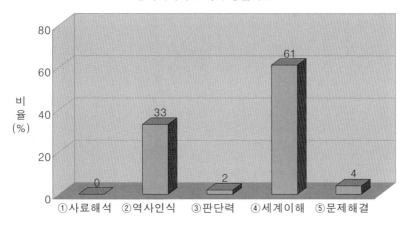

'세계를 이해하는 안목의 확대'가 61%로 절반이 훨씬 넘은 응답 결과가
나타났다. '역사인식의 형성'이 33%로 그 뒤를 이었다.

12. 다음은 동아시아사 교육과정에서 제시하고 있는 목표들입니다. 선생님이 가장 중요하다고 생각하는 부분은 어디입니까? 1순위, 2순위 순으로 2가지를 선택해 주세요. (   )

① 객관적이고 균형 잡힌 시각으로 동아시아 지역사를 파악하여 역사를 주체적으로 이해하는 안목을 기른다.

② 각 시기 사회와 문화의 특징을 드러낼 수 있는 공통적이거나 연관성 있는 요소를 주제별 접근 방식을 통해 이해한다.

③ 동아시아 역사와 문화의 다양성을 탐구하여 그 특징을 파악하고 타자를 이해하고 존중하는 태도를 함양한다.

④ 각 시기에 전개된 교류와 갈등 요소를 탐구하여 문제 해결의 방향을 모색하는 자세를 갖는다.

⑤ 주제와 관련된 자료를 비교, 분석, 비판, 종합하는 활동을 통해 역사적 사고력을 신장시킨다.

구분	①객관균형 주체적이해	②공통성 주제별	③다양성 타자이해	④교류갈등 문제해결	⑤비교분석비판 역사적사고력	합계	순위
전국(명)	117	48	142	50	16	373	
비율(%)	31	13	38	14	4	100	③-①

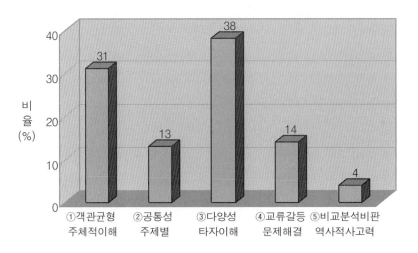

동아시아사 교육과정에서 가장 중요한 목표

위 문항은 순서대로 2개를 선택하라는 것이었는데, 순위별로 각각 2점, 1점을 부과하는 방식으로 처리하였다. '동아시아 역사와 문화의 다양성을 탐구하여 타자 이해와 존중의 태도를 함양한다'는 응답이 38%로 가장 많았고, 그 뒤를 이어 '객관적이고 균형 잡힌 시각으로 동아시아사를 파악하여 주체적으로 이해하는 안목을 기른다'는 응답이 31%로 많았다.

'타자 이해와 존중의 태도'를 가장 중요한 목표라 응답한 것은, ② 동아시아사 교육에서 중요한 시각과 관련된 문항에서 '평등·평화·공존의 시각'에 응답한 결과와 ③ 동아시아사 교육에서 중시해야 할 목표에 관한 문항에서 '세계를 이해하는 안목의 확대'에 응답한 결과와도 깊은 관련이 있다. 타자를 이해하고 존중하는 태도와 세계를 이해하는 안목을 위해서는 '당신과 나는 평등하다'는 시각이 전제되어야 한다.

④ 동아시아사의 지역적 범주

11. 동아시아사가 다루는 지역의 범위는? ( )
　① 한·중·일 3국 중심
　② 한·중·일·베트남을 중심으로 하는 동아시아문화권
　③ 한·중·일+현재 인적·물적 교류가 커지고 있는 동남아까지를 포함한 지역
　④ 시대와 주제와 따라 유동적
　(예: 남·북한·중국·타이완·일본·몽골·베트남, 오키나와·아이누·티베트 등 소수민족, 홍콩·화교·재일코리안·사할린 등, 북방유라시아, 이슬람 지역이 관련, 근·현대에는 미국·러시아·영국·프랑스 등도 관련)

구분	①한중일	②한중일베	③한중일+동남아	④유동적	합계
전국(명)	6	24	20	80	130
비율(%)	5	18.5	15	61.5	100

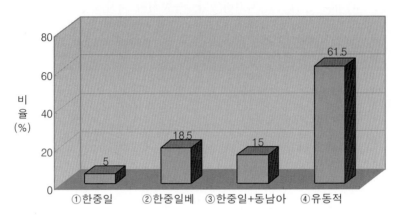

'시대와 주제에 따라 유동적'이라는 응답이 61.5%로 가장 많이 나타났고, '한·중·일 3국 중심'이라는 응답은 5%로 낮은 편이었다. 왜 그럴까? 교사들은 더 이상 기존의 동아시아문화권을 중심으로 한중일 삼국의 공통점과 차이점을 비교하는 방식을 넘어서야 한다고 생각하는 것 같다. 평등·평화·공존의 시각에서 소외되었던 소수민족과 같은 다양한 주체들을, 관계와 교류의 시각에서 북방유라시아나 이슬람세계와도 열려있었던 동아시아 공간을 사고하게 된 것이라 여겨진다. 이는 앞에서 동아시아사 교육과정에서 가장 중시해야 할 목표로 '동아시아 역사와 문화의 다양성을 탐구하여 타자를 이해하고 존중하는 태도를 함양한다'에 응답한 것과도 관련이 있고, 동아시아사 과목의 성격에 대한 문항에서 두 번째로 응답률이 높았던 '각국사의 합이 아니라 동아시아 공간을 무대로 활동했던 다양한 주체들의 역사로서 동아시아사'와도 연결된다고 할 수 있겠다.

(3) 동아시아사 교육과정에 제시된 내용 요소의 이해

① 동아시아사 교육과정의 내용 요소에 대한 생각

13. 동아시아사 교육과정에 제시된 내용 요소들입니다. 동아시아사 성격이나 목
    표, 필요성 등에 비추어 적절해 보이지 않는 것을 1~24번 중에서 있는 대로
    적어주십시오. (   )

영역	내용 요소
동아시아 역사의 시작	1. 동아시아의 자연환경 2. 선사 문화 3. 농경과 목축 4. 국가의 성립과 발전
인구 이동과 문화의 교류	5. 지역 간 인구 이동과 전쟁 6. 고대 불교, 율령과 유교에 기반한 통치체제 7. 동아시아 국제관계
생산력의 발전과 지배층의 교체	8. 북방 민족 9. 농업 생산력의 발전과 소농 경영 10. 문신과 무인 11. 성리학
국제질서의 변화와 독자적 전통의 형성	12. 17세기 전후 동아시아의 전쟁 13. 은 유통과 교역망 14. 인구 증가와 사회경제 15. 서민문화, 각국의 독자적 전통
국민 국가의 모색	16. 개항과 근대 국민국가 수립 17. 제국주의 침략 18. 민족주의와 민족운동 19. 평화를 지향한 노력 20. 서구 문물의 수용과 변화
오늘날의 동아시아	21. 전후 처리 문제 22. 동아시아에서의 분단과 전쟁 23. 각국의 경제 성장, 정치 발전 24. 갈등과 화해

1. 8	2. 24	3. 8	4. 5	5. 4	6. 2	7. 1	8. 4
9. 9	10. 17	11. 11	12. 3	13. 6	14. 1	15.	16.
17.	18. 2	19. 5	20. 2	21.	22.	23. 1	24. 1

　　다른 문항에 비해 무응답자가 많은 것은 교육과정을 살펴보지 않은 상
태에서 24개의 내용 요소를 확인한다는 것에 어려움을 느꼈기 때문이라
생각된다. 응답자의 대부분은 고등학교 교사들이었다. 부적절해 보이는
것으로 2.선사 문화-10.문신과 무인-11.성리학-9.농업생산력의 발전과
소농경영-1.동아시아의 자연환경·3.농경과 목축 순으로 나왔다.

② 해당 번호를 선택한 적절하지 않은 이유

13-1. 1~24번 중 그 번호를 선택한 이유를 적어주십시오.(무엇에 비추어 부적절
    한지요?)
    (   )

　부적절한 이유에 대해서는 번호별로 다른 부분이 있지만, 대체로 국
사・세계사・지리 등과의 중복 가능성, 가르치기 어려운 내용, 동아시아사
내용 요소로서 특징이 없는 듯하다는 답변이 많았다. 국사, 세계사, 지리
등과의 중복 가능성과 관련된 내용 요소는 '1.동아시아 자연환경, 2.선사문
화, 3.농경과 목축, 11.성리학' 등이었다. 가르치기 어려운 내용 요소로는
'9.농업생산력의 발전과 소농경영, 10.문신과 무인'을 꼽았고, 이와 관련하
여 학문적 연구 성과의 문제를 삼은 내용 요소는 '5.지역 간 인구 이동과
전쟁, 13.은 유통과 교역망'을 들었다. '2.선사문화, 10.문신과 무인'의 경우
는 동아시아사 내용 요소로서 특징이 없는 것으로 응답하였다. 응답자 중
에서는 한중일 중심으로 유교문화권에 포함된 베트남 정도의 수준에서 동
아시아사를 설정하고 내용 요소를 선정한 것은 아닌지 문제제기를 하는
교사들도 있었다.

③ 내용 요소가 제대로 선정되었는지의 여부

---

14. 동아시아사 교육의 내용 요소가 제대로 선정되었다고 생각하십니까? ( )
    ① 예   ② 아니오

　응답자의 71%가 '예', 29%가 '아니오'라고 답하였다.

구분	①예	②아니오	합계
전국(명)	84	34	118
비율(%)	71	29	100

내용요소가 제대로 선정되었는지의 여부

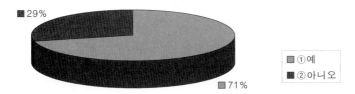

④ 선정되지 않은 이유

14-1. '② 아니오' 라고 답한 이유가 무엇입니까? (   )
   ① 내용 요소가 생소하고 어렵다.
   ② 내용 요소가 너무 소략하여 잘 모르겠다.
   ③ 내용 요소가 부족하다. 어떤 내용 요소들이 들어가야 하는지?
   (   )
   ④ 기타 : (   )

구분	①생소하고 어렵다	②너무 소략하여 모르겠다	③부족하다	④기타	합계
전국(명)	4	16	4	7	31
비율(%)	12.9	51.6	12.9	22.6	100

선정되지 않은 이유

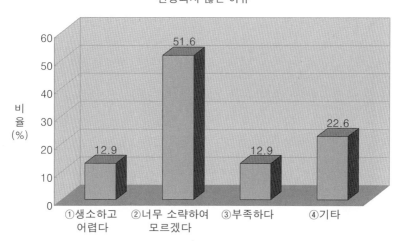

'아니오. 제대로 선정되지 않았다'고 대답한 응답자들 가운데 절반 이상인 51.6%가 그 이유로 '내용 요소가 너무 소략하여 잘 모르겠다'는 답변을 꼽았다. 내용 요소가 부족하다는 답변에서는 중학교의 경우 동남아시아 문화부분, 고대·중세 시기 서양과의 교류 부분에 대한 내용이 부족하다고 지적하였다. 고등학교의 경우는 문화 발전의 양상과 변화, 차이, 상호교류, 근대 이전의 평화지향 노력에 관한 내용의 부족, 내용 요소가 주로 공통점과 그 안에서의 차이점을 중심으로 하고 있는데 이럴 경우 지역과 주변의 다양한 주체들을 잘 드러낼 수 있을지에 대한 문제제기를 하였다.

기타 의견에서는 중학교의 경우 새로운 인식과 시각을 담는 내용이 필요하다고 응답하였고, 고등학교의 경우는 동아시아를 드러낼 수 있는 주제와 내용의 부족, 주제 선별 기준의 모호함, 전근대를 간소화하고 근현대사 중심으로 내용을 구성하는 것이 필요, 관계사 주제가 부각되었으면 하는 의견들이 있었다.

교육과정에 제시된 내용 요소에 대한 의견에서는, 동아시아만의 특징을 보여주는 것이냐에 대한 문제제기가 많았다. 이는 우리 학계의 동아시아사 연구 수준과도 연관된 문제라고 생각된다. 앞서 동아시아사 과목의 성격·시각·범주 등에서도 드러나듯이, 역사교사들은 다양한 주체들에 대한 이해를 중요하게 여기고 있는데, 교육과정은 한중일+베트남 4개국 중심으로 선정되었다는 의견이 있었다.

(4) 용어 및 사건에 대한 인식 정도

① 임진왜란의 명칭

15. 동아시아사 교과서에 '임진왜란' 명칭 대신 사용하기에 적합한 표현은 무엇이라고 생각하십니까? (   )
     ① 17세기 전후 동아시아 전쟁   ② 동아시아 삼국(조·명·일) 전쟁

③ 조·일 전쟁   ④ 분로쿠·게이쵸의 역(文祿·慶辰의 役)
⑤ 일본의 조선침략   ⑥ 임진왜화禍
⑦ 만력(萬曆)의 역   ⑧ 동아시아 대전
⑨ 나라별 병기   ⑩ 7년 전쟁
⑪ 임진왜란 그대로   ⑫ 기타 (   )
참고) 분로쿠·게이쵸의 역(일본), 만력의 역·임진왜화(중국)

구분	①17세기전후 동아시아전쟁	②동아시아 삼국전쟁	③조일 전쟁	⑤일본의 조선침략	⑧동아시아 대전	⑨나라별 병기	⑩7년 전쟁	⑪임진 왜란	⑫기타	순위
전국 (명)	19	31	34	13	2	3	13	10	4	
비율 (%)	14.6	24	26	10	1.5	2	10	8	3	③-②-① -⑤·⑩- ⑪

임진왜란의 명칭

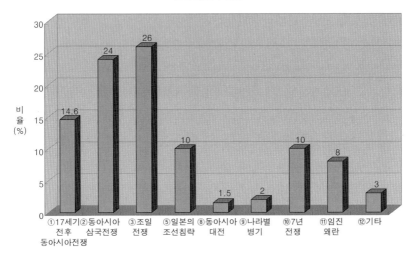

'임진왜란'이라는 명칭에는 일본이 조선을 침략한 사실을 도덕적으로 평가하는 의미가 들어 있어 냉정한 검토가 필요하다는 지적이 있어 왔다. 그렇다면 '임진왜란'이라는 명칭 대신 동아시아사 교과서에 사용하기에 적합한 표현은 무엇일까? 참고로 일본, 중국 역사교과서에서 사용하고 있는 명

칭도 제시하였다. 동아시아사 교육과정에서는 임진왜란과 병자호란을 포함하여 '17세기 전후 동아시아 전쟁'이라는 내용 요소를 제시하고 있다.

응답 결과를 보면, 조선과 일본의 두 나라 전쟁을 강조하는 '조·일 전쟁'이란 명칭이 26%로 가장 많긴 하지만 그 뒤의 '동아시아 삼국 전쟁'의 24%와 크게 차이나진 않는다. 오히려 '17세기 전후 동아시아 전쟁'과 '동아시아 대전'의 응답률까지 합쳐보면 두 나라 사이를 넘어서는 동아시아 전쟁이라는 표현이 40.1%로 '조·일 전쟁'보다 훨씬 더 많은 응답률을 보인다고 할 수 있겠다. 일본의 침략을 강조하는 표현이나 전쟁의 시작과 끝남을 보여 주는 '7년 전쟁'이라는 표현도 각각 10%를 차지하고 있다.

기타 의견으로는 '조·일 7년 전쟁'이라는 명칭이 있었고, 임진왜란, 분로쿠·게이쵸의 역, 만력의 역 등 각 나라의 사료에 나타나는 명칭을 그대로 적어주거나 임진왜란을 쓰고 중국·일본의 명칭을 소개한다든지 명칭이 보여주는 관점을 설명해주면 좋겠다는 내용도 있었다.

② 임진왜란의 원인 및 배경

17. 동아시아사 교육에서 임진왜란을 가르칠 때 그 원인이나 배경으로 가장 중요하게 제시되어야 할 것은 무엇이라고 생각하십니까? ( )
① 전국 시대의 혼란을 수습한 뒤 철저한 준비 끝에 20만 대군으로 조선을 침략해 왔다.
② 동아시아 국제질서의 재편을 위해 명나라에 대한 정복 야망으로 조선을 침략하였다.
③ 도요토미 히데요시의 공명심과 과대망상적인 성격으로 무모한 전쟁을 강행하였다.
④ 일본이 명과 감합무역을 하고자 했는데 조선이 중개를 거절하여 응징하기 위해 침략하였다.
⑤ 기타 ( )

구분	①전국통일 조선침략	②국제질서재 편명정복	③도요토미 공명심망상	④명감합무역 조선응징	⑤기타	합계
전국(명)	45	49	2	18	13	127
비율(%)	35.4	39	1.6	14	10	100

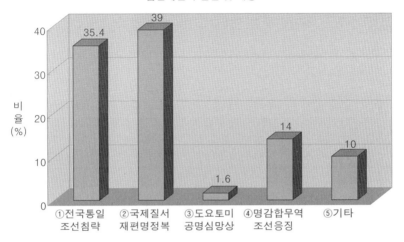

임진왜란의 원인 및 배경

'동아시아 국제질서의 재편을 위해 명나라에 대한 정복 야망으로 조선을 침략하였다'고 동아시아적 시각에서 바라보는 응답자가 39%로 가장 많았으나, '전국 시대의 혼란을 수습한 뒤 철저한 준비 끝에 20만 대군으로 조선을 침략해 왔다'는 일본 국내의 상황과 맥락에서 바라보는 응답자도 35.4%나 되었다. 도요토미 히데요시 개인적인 인물의 성격에서 비롯되었다고 응답한 경우는 극히 적었다.

기타 의견으로는 10% 응답자들이 ③번을 제외하고 나머지 ①번과 ②번, ①번과 ④번, ②번과 ④번 등을 조합하여 두세 가지 측면에서 제시되어야 한다고 지적하였다. 기타 의견에 제시된 내용을 그대로 옮겨보면, "당시 동아시아 정세와 조선·일본의 정치적 배경을 설명하여야 한다. 위의 요인들이 복합적으로 설명되어야 하지 않을까? 일본의 내적갈등의 해

결과정에서 외부로의 에너지 표출과 경제적인 문제를 함께 다루어야 한다. 정치·경제·사회적인 제 요인을 모두 설명해야 한다고 생각하는데, 어느 한 측면을 중시하는 것도 역사를 바로보는 것은 아니기 때문이다"라고 응답하였다.

③ 임진왜란 교육시 중점 내용

18. 동아시아사 교육에서 임진왜란을 가르칠 때 가장 중요하게 제시되어야 할 것은? (   )
   ① 전국 시대의 혼란을 수습하기 위하여 전쟁을 일으켰다.
   ② 일본의 침략에 대항하여 관민이 힘을 합쳐 이를 막아 내었다.
   ③ 전쟁의 와중에서 각국의 민중이 피해를 입고, 문화재가 소실되었다.
   ④ 동아시아의 정권 교체 등 국제 정세에 중요한 변화를 가져왔다.
   ⑤ 기타 (   )

구분	①전국시대 혼란수습	②관민단결 막아냄	③각국민중 문화재피해	④동아시아 정권교체	⑤기타	합계
전국(명)	1	10	54	58	6	129
비율(%)	0.7	7.7	42	45	4.6	100

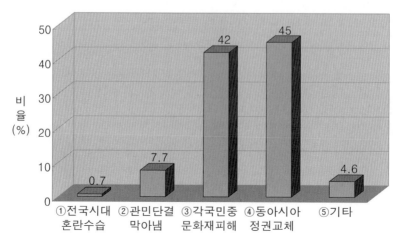

임진왜란 교육시 중점 내용

 응답자의 45% 정도가 '동아시아의 정권 교체 등 국제 정세에 중요한 변화를 가져왔다'는 내용에 답하였고, 그 뒤를 이어 42% 정도가 '전쟁의 와중에 각국의 민중이 피해를 입고, 문화재가 소실되었다'는 내용에 답하였다. 동아시아 전쟁인 만큼 국제 정세에 가져온 중요한 변화를 보고자 하는 동아시아적 시각과, 전쟁의 원인이나 나라 대 나라의 전쟁이라는 측면보다는 전쟁을 일으킨 나라든 침략당한 나라든 전쟁으로 인해 피지배층 민중이 피해를 입고 고통받으며 소중한 문화유산이 사라진다는 측면을 중요하게 여기고 있음을 알 수 있다. 기타 의견으로는 6명 중 5명이 ③번과 ④번을 함께 다루어야 한다고 응답하였다. 즉, 동아시아의 평화인식을 위해서 전쟁의 피해와 상처를 중요시하며, 전쟁이 조·일 양국 백성과 정권에게 미친 영향과 나아가 동아시아에 미친 영향을 살펴봐야 한다고 지적하였다.

④ 6·25전쟁의 명칭

> 16. 15와 같은 맥락에서 동아시아사 교과서에 '6·25전쟁' 명칭 대신 사용하기에 적합한 표현은 무엇이라고 생각하십니까? ( )
>   ① 6·25전쟁 그대로   ② 한국전쟁   ③ 6·25남북전쟁   ④ 조선전쟁
>   ⑤ 기타 (   )
>   참고) 한국전쟁(대만), 조선전쟁(중국과 일본)

구분	①6·25전쟁	②한국전쟁	③6·25남북전쟁	④조선전쟁	합계
전국(명)	17	102	3	1	123
비율(%)	14	83	2	1	100

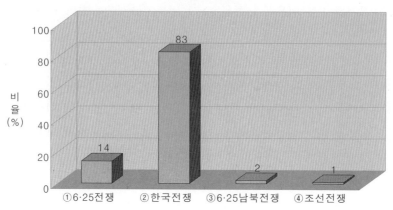

6·25전쟁의 명칭

'임진왜란' 명칭을 묻는 문항과 비슷한 맥락에서 한국사, 근현대사, 세계사 교과서에서는 대부분 '6·25전쟁'이라는 명칭을 쓰고 있는데 동아시아사 교과서에서는 어떤 명칭을 사용하는 것이 적합한지 물었다. 참고로 대만, 중국, 일본 역사교과서에서 사용되고 있는 명칭도 제시하였다. '한국전쟁'(=6·25)이란 명칭이 적합하다고 한 응답이 83% 정도나 되었다.

⑤ 6·25전쟁 교육시 중점 내용

19. 동아시아사 교육에서 '6·25전쟁'을 가르칠 때 가장 중점을 두어야 한다고 생각되는 것은 무엇입니까? ( )
  ① 미국과 소련의 동서냉전체제라는 세계사적 배경으로서 냉전의 시각
  ② 남북한의 통일염원의 시각
  ③ 분단 고착, 매카시 선풍, 핵무기 경쟁, 일본의 경제 성장 등 미·소·중·일의 전쟁 영향
  ④ 정전협상, 포로교환문제, 정전협정의 한계, 국가보안법 등 끝나지 않은 전쟁으로서 한국전쟁
  ⑤ 평화와 인권의 시각으로 본 민간인 학살 문제
  ⑥ 냉전, 강대국 중심을 넘어 한국전쟁과 필리핀·터키·타이·인도 등 아시아 참전국들의 관계

⑦ 전개과정과 구체적인 피해 사실을 다룬 통계 자료를 통해 당시 상황을 추체험
⑧ 한국전쟁을 둘러싼 용어 문제를 비롯해 제반의 논쟁 소개, 자료·토론을 통해 판단력 향상
⑨ 기타 (   )

구분	①동서냉전시각	②통일염원시각	③미소중일전쟁영향	④끝나지않은전쟁	⑤민간인학살	⑥아시아참전국	⑦전개과정피해추체험	⑧논쟁토론판단력	⑨기타	합계	순위
전국(명)	43	8	25	34	21	3	6	7	5	152	
비율(%)	28	5	17	22	14	2	4	5	3	100	①-④-③-⑤

6·25전쟁 교육시 중점 내용

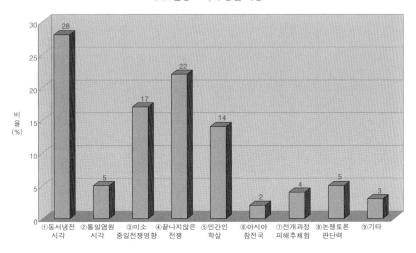

교사들의 다양한 의견을 묻는다는 의도로 8개 이상의 항목을 제시한 탓에 응답자들 역시 하나만 고르기에 어려움을 느끼고 두세 가지를 선택하기도 하였다. 응답자 합계가 152명으로 설문지 응답자 130명을 훨씬 초과하고 있다. 응답 결과를 보면 '냉전체제라는 세계사적 배경으로서 냉전의 시각'에 중점을 둬야 한다는 응답자가 28%로 가장 많았다. 큰 차이를 보이

진 않지만 '정전협상과 포로교환문제, 국가보안법 등 끝나지 않은 전쟁으로서 한국전쟁'에 22%가 응답하여 한국전쟁을 현재의 문제와 연결시키고 있음을 알 수 있다. 다음으로 '전쟁으로 인해 미·소·중·일에 나타난 전쟁 영향'에 17%가 응답하여 국제 정세의 변화 및 동아시아적 시각에서 한국전쟁을 바라보고자 함을 알 수 있다. 또한 '평화와 인권의 시각으로 민간인 학살 문제'에 14%가 응답하여 전쟁을 통해 평화를 가르치고자 함을 보여준다.

기타 의견으로는 ①, ③, ⑤를 함께, ①, ⑤, ⑦을 함께, 또는 ④, ⑥을 함께, ③, ④, ⑤, ⑥을 함께 다뤄야 한다고 응답하였다. 중복 선택 지시어가 없었음에도 중복 선택 응답자가 있는 점이라든지 기타 의견에서 보이는 바와 같이 교사들은 실제 수업 현장에서 두서너 가지 이상의 내용을 함께 다룰 것으로 보인다.

임진왜란과 6·25전쟁에 대한 인식을 보면, 명칭에서부터 원인 및 배경, 결과에 있어서 전근대 동아시아 국제관계 혹은 근현대 세계사적인 맥락 속에서 살펴보는 광역적인 시각을 가지고 있음을 알 수 있다. 또한 전투로서의 전쟁보다는 각 나라 민중의 피해라든지, 피학살 민간인 문제 등 전쟁을 통해 평화를 이야기하고자 하는 시각이 중요하게 다뤄지고 있다고 볼 수 있다. 이처럼 구체적인 역사적 사건에 대한 인식에서도 평화·평등·공존의 시각과 광역적 관계의 시각이 전제되고 있음을 알 수 있다.

(5) 동아시아사 선택 여부 및 그 이유

① 동아시아사 선택 여부

> 20. 선택과목으로 동아시아사를 선택하실 생각이 있으십니까? ( ) (중학교에 계시는 선생님들도 선택해 주세요.)
>　　① 예　　　　　　　　　　② 아니오

구분	①예	②아니오	합계
전국(명)	99	31	130
비율(%)	76	24	100

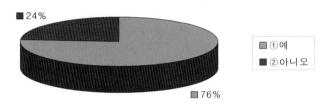

동아시아사 선택 여부

응답자의 76%가 '예'를 선택하였고, 24%가 '아니오'를 선택하였다.

② 선택하지 않는 이유

20-1. '② 아니오'를 답한 이유는 무엇입니까? (   )
　① 다른 과목의 중요성이나 필요성이 더 크기 때문에
　② 동아시아사 교육의 필요성은 느끼지만 신설 과목이고 내용이 생소해 가르
　　치는데 부담을 느껴서
　③ 다른 과목을 통해서도 동아시아사 교육이 가능하기 때문에
　④ 교과서 내용을 보고 결정하겠다.
　⑤ 필요성을 못 느낀다.
　⑥ 기타 (   )

구분	①다른 과목 중요	②신설, 내용 생소, 부담	③다른 과목 통해 가능	④교과서 내용보고 결정	⑤필요성 못 느낌	⑥기타	합계
전국(명)	0	10	11	5	1	1	28
비율(%)	0	36	39	18	3.5	3.5	100

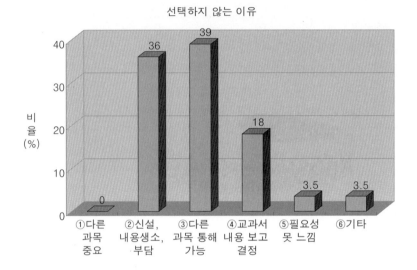

선택하지 않는 이유

동아시아사를 선택하지 않는 이유에 대하여 '다른 과목을 통해서도 동아시아사 교육이 가능하기 때문'이라고 39%가 응답하였고, '필요성은 느끼지만 신설 과목이라 부담을 느끼기 때문'이라고 36%가 응답하였다. 18% 응답자가 '교과서 내용을 보고 결정하겠다'고 보류 의사를 밝힌 것은 만약 교과서 내용이 생소하고 부담이 크게 느껴진다면 선택하지 않을 것이고, 내용이 괜찮고 큰 부담을 느끼지 않는다면 선택할 가능성이 있음을 보여준다. 이는 앞으로 내용이 생소하거나 부담스럽지 않도록 쉽고 친절한 교과서를 개발하는 것이 매우 중요함을 보여준다.

③ 3개 역사선택과목에 대한 선택 순서

21. 선택과목 ①한국문화사, ②세계역사의 이해, ③동아시아사 중에서 선생님이 가장 먼저 선택할 과목 순으로 번호를 매겨주시기 바랍니다. (　,　,　)

1순위	①한국문화사	②세계역사의 이해	③동아시아사	합계
전국(명)	52	51	26	129
비율(%)	40.3	39.5	20.2	100

선택과목 1순위

2순위	①한국문화사	②세계역사의 이해	③동아시아사	합계
전국(명)	25	33	69	127
비율(%)	19.7	26	54.3	100

선택과목 2순위

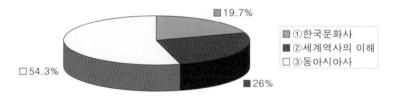

3순위	①한국문화사	②세계역사의 이해	③동아시아사	합계
전국(명)	50	42	34	126
비율(%)	39.7	33.3	27	100

선택과목 3순위

보는 바와 같이 한국문화사와 세계역사의 이해가 각각 40.3%, 39.5% 비슷한 비중으로 1순위를 차지하고 있다. 동아시아사는 2순위에서 54.3%로 절반 이상의 비중을 차지하고 있는데, 이는 한국문화사나 세계역사의 이해를 1순위로 선택한 다음 2순위로 동아시아사를 선택하는 경우가 많았기 때문이라 생각된다. 그런데 한국문화사가 3순위에서도 39.7%로 상대적으로 많은 비중을 보이는 것은 동아시아사를 1순위로 선택한 경우 2순위로 한국문화사보다는 세계역사의 이해를 조금 더 많이 선택했기 때문은 아닐까? 왜냐하면 2순위에 세계역사의 이해가 26%로 두 번째로 많은 비중을 차지하기 때문이다. 그러나 이것은 어디까지나 추측일 뿐이고 결과 분석에서도 통계 합산만 이루어졌지, 1순위로 한 과목을 선택한 후 2순위로 어떤 과목을 선택했는지에 대한 분석이 이루어지지 못한 한계가 있다. 또한 총 설문지가 130부이고, 응답 결과에서 각 항목끼리 큰 차가 나지 않기 때문에 의미 있는 분석이라고 하기 어려운 한계도 있다. 어쨌거나 응답자들은 동아시아사보다는 한국문화사와 세계역사의 이해를 1순위로 선택할 것이고, 한 과목을 더 선택할 경우에는 동아시아사를 선택할 가능성이 크다는 것을 짐작할 수 있을 뿐이다.

3. 맺음말

이번 설문 조사는 동아시아사 교육에 대한 의미 있는 소통을 위해서 역사교육 및 개정 교육 과정에 대한 관심이 상대적으로 많은 모임 선생님들을 대상으로 하였다. 따라서 모임의 중학교 교사 45명, 고등학교 교사 85명 총 130명 정도의 인식과 의견이 한국 전체 중고교 역사교사들을 대표할 수는 없을 것이다. 130명이라는 참여 인원수와 모임에서 활동하는 교사라는 응답자 구성면에서 그렇다. 이런 점에서 조사 결과의 보편성에 의문을 제기할 수도 있겠다. 하지만 모든 설문 조사가 그렇듯이 표본조사일 뿐이며 여러 한계점을 지녔음을 인정하고 보면, 이번 설문 조사는 경향성을 파악하기 위한 하나의 근거 자료로서 일정한 시사점을 얻을 수 있다고 본다. 이런 한계점을 감안하고 조사 결과를 통해 드러난 몇 가지 주목할 사항을 살펴보면 다음과 같다.

첫째, 대다수 교사들이 동아시아사 과목 신설을 통한 동아시아사 교육의 필요성을 느끼고 있으나, 과목의 성격과 목표, 내용 요소와 성취기준이 담겨 있는 교육과정에 대한 관심은 상대적으로 적음을 알 수 있다. 이는 추상적인 교육과정을 통해서는 수업을 구성하는 데 직접적인 아이디어나 도움을 받을 수 없기 때문일 것으로 짐작된다. 교사들은 아무래도 교육과정보다는 수업과 관련된 구체적인 내용에 관심이 많은 편이다. 이런 경향은 거의 대부분 교사들이 동아시아사 관련 연수나 자료 개발의 필요성을 제기하고 있다는 점에서 확인된다. 지금 시점에서 동아시아사를 선택할 것인지 여부는 별로 중요하지 않다. 선택하지 않겠다고 응답한 교사들 역시 다른 과목을 통해서 동아시아사 교육이 가능하다고 하였다. 동아시아사 교육의 필요성을 주장하는 것에서 한발 더 나아가 무엇을 어떻게 가르칠 것인가에 대한 실천적인 모색이 이루어져야 할 것으로 보인다.

둘째, 주변국과의 역사갈등과 분쟁이 동아시아사 신설 배경의 하나가 되었듯이, 교사들은 동아시아사 과목을 통해 역사와 문화의 다양성을 탐구하고 타자 이해를 통한 문제 해결을 중요하게 생각하고 있었다. 또한 자민족중심주의를 넘어서 객관적이고 균형 잡힌 시각과 함께 동아시아라는 광역 공간에서 관계와 교류의 시각, 평등·평화·공존의 시각을 동아시아사 교육에서 중요한 시각으로 보고 있었다. '임진왜란', '6·25전쟁'과 같은 구체적인 역사적 사건에 대한 인식에서도 그러한 시각이 드러났음을 확인하였다.

셋째, 동아시아사 교육과정에 대하여 교사들은 국사·세계사·지리 등 다른 과목과의 중복성 문제와 우리의 연구 성과 문제를 제기하였다. 이는 앞으로 교과서 개발 시 앞으로 8, 9학년(중학교) 역사와 10학년(고등학교) 역사와 함께 계열성 문제를 고민해야 하며, 한국문화사, 세계역사의 이해 또는 지리 영역 등 다른 선택과목에 대해서도 내용 검토가 함께 이루어져야 함을 시사하고 있다. 연구 성과의 문제는 학계의 협력적인 연구 작업이 절실하게 요구된다고 할 수 있다. 각국 각 시대 전공자들이 시기별로 연구팀을 만들어 동아시아라는 공간에서 이루어졌던 다양한 주체들의 역사와 문화를 각각의 주제를 가지고 엮어낼 수 있었으면 한다.

이번 동아시아사 교육인식에 대한 설문 조사를 통해 역사인식뿐 아니라 역사지식의 생산과 유통 문제에도 관심을 기울여야 한다는 생각이 들었다. 이런 부분은 교사들의 노력만으로는 한계가 있으며, 동아시아사가 정체성을 가진 과목으로 연착륙할 수 있도록 우리 학계의 연구 성과가 지속적으로 축적되어야 할 것이다. 또한 관련된 나라의 자료를 쉽게 구해볼 수 없고 구한다 하더라도 언어의 문제가 있기 때문에, 꼭 필요한 다른 나라의 연구 성과 및 자료가 신속히 번역되고 공유될 수 있는 협력체제가 갖추어지기를 바란다.[6]

---

[6] 2007년 역사교사들을 대상으로 '동아시아사 역사아카데미'를 개설하였던 동북아역사재단이 최근 '동아시아사 교원 연수 기관'으로 선정되었다. 재단은 전국을 대상으로 2012년까지 초급-중급-심화 단계로 나누어 동아시아사 연수를 계획하고 있으며, 한중일 전공자들과 교사들이 팀을 구성하여 동아시아사 안내서 만들기 작업을 진행하고 있는 것으로 안다.

역사분쟁과 '동아시아사' 수업

마루하마 에리꼬(丸浜江里子)*

1. 머리말

필자는 동경의 중학교에서 1974년부터 26년간 사회과를 가르치고 2000
년에 퇴직했다. 퇴직하던 해에, 살고 있는 동경도 스기나미구(杉並區)에서
'새로운 역사교과서를 만드는 모임'(＝새역모)를 지지하는 구청장이 같은
입장에 있는 인물을 교육위원으로 하기 위해 기존의 위원을 관두게 하고
새역모를 채택하려고 하는 것을 알고 이를 저지하기 위한 시민운동에 관
여했다. 운동이 확대되어, 2001년에 새역모 교과서 채택을 저지했다.

4년 후인 2005년 채택에서 구청장은 새역모 교과서에 반대했던 구직원
출신의 교육위원을 관두게 하고 자신의 말을 따르는 직원을 교육위원으로
하며 모양새에 개의치 않는 태도로 강력하게 새역모 교과서를 채택시켜

---

* 한중일삼국역사부교재『미래를 여는 역사』편집위원, '스기나미 교육을 생각하는 모두
의 모임' 회원.

우익적인 본질을 드러냈다. 정책의 특색은 우익적인 신자유주의, 매스컴을 이용하는 포퓰리즘이었다. 3자가 복합적인 만큼 일반적인 방법이 통하지 않아 반대운동을 하기 힘든 상황이었지만, 다음 채택은 스기나미 구민의 힘을 모아 어떻게해서든 막아내고 싶었다.

그리고 2005년 5월에 간행한 한중일 3국 역사부교재『미래를 여는 역사』작성에도 참가, 한국과 중국을 방문해 배울 수 있는 기회를 얻었다. 현재는 대학원에서 현대사를 연구하면서 스기나미 주민으로서 시민운동에 참가하고 있다. 교사와『미래를 여는 역사』에 관여하며 느낀 것, 또한 스기나미 상황 등에 대해서 기술해 보겠다.

2. 교사로서의 경험으로부터

먼저 세 가지의 역사분쟁을 예를 들어 교사시절 경험한 것을 설명한다.

1) 임진 · 정유왜란[도요토미 히데요시(豊臣秀吉)의 조선침략]

필자는 1992년 여름에 처음으로 한국을 방문했다. 교사가 되어 18년째 되는 해 여름이었다.

그해는 임진 · 정묘왜란 400년이 되는 해였다. 서울 시내의 쇼윈도에 거북선이 진열되고 텔레비전을 켜면 이순신의 해전 장면 등이 매일 방송되어 일본에서는 교과서 속에서밖에 다뤄질 기회가 없는 사건을 한국에서는 계속 전하고 있는 것에 놀랐다.

일본에서는 가부키(歌舞伎), 판화(錦絵) 등에서 '가토 기요마사(加藤清正)의 호랑이 퇴치(虎退治)'와 같은 얘기로 전해지고 교과서에서는 길게 '히데요시의 조선출병'이라고 가르쳐 왔다. 영웅담처럼 전하는 교사가 많았다.

그때의 필자는 '조선침략'으로 끌려온 사람들이 아리타 도자기(有田燒), 하기 도자기(萩燒) 등의 창시자가 된 것이나 교토에 있는 귀무덤(耳塚)에 대해 가르치기는 했다. 방한한 시기가 정확히 400년이 되는 해이기도 했지만, 침략으로 인해 많은 민중이 살해당하고 문화재는 약탈당해 조선사회에 깊고 큰 상흔을 남겨 회복하는 데 반세기 이상 걸렸다는 사실의 의미를 처음으로 가르치게 되었다.

400년 이상이나 지난 전쟁의 실태와 저항을 계속 얘기하고 있는 한국과 교과서에는 실렸지만 침략의 실상이 전달되지 않는 일본과의 격차를 절실히 느꼈다.

사와다 후지코(澤田ふじ子)라는 일본의 작가가 『惜別の海』(新潮社, 1998)라는 소설에서 히데요시(秀吉)군대에 의해 강제연행되어 온 조선민중에 대해서 쓰고 있지만 한일 양국에서 어떻게 쓰여져 전해지고 있는지, 그것은 어떤 영향을 미쳤는지 하는 것도 중요한 테마가 된다고 생각한다.

전쟁, 이후의 '수복(修復)', 영향 등 일국사적인 관점에서는 얻을 수 없는 가르침을 한국여행에서 얻었다고 생각한다. 양방향에서 공부해야 할 필요성을 통감한 귀중한 체험이었다.

2) 청일전쟁(淸日戰爭)

청일전쟁은 동아시아의 거의 전 지역에서 막대한 영향을 미쳤고 동아시아 차원에서 생각해야 할 중요한 테마이므로 두 가지 점에서 생각해보고자 한다.

(1) 중학교 교과서 기술 비교

한 예로 일본 교과서에서 어떻게 기술되고 있는지를 보도록 한다. 자료①은 현재의 중학교역사교과서이고 자료②는 아시아·태평양전쟁 이전의 교과서 기술이다.

【자료①】 현재의 중학교 역사교과서기술(모두 2004년, 문부과학성검
　　　　　 정마침)

　〈A〉 조선에서는 청일양국의 대립 가운데 정치나 경제가 혼란해져서 1894
년 민간신앙을 근거로 한 종교(동학)를 믿는 단체를 중심으로 한 농민이 부
패한 관리 추방이나 외국인 배척을 목표로 조선남부 일대에서 봉기했다(갑
오농민전쟁).
　이를 계기로 청과 일본은 조선에 출병해 8월에 청일전쟁을 시작했다. 전
쟁은 우세한 군사력을 가진 일본의 승리로 1894(메이지28)년 4월, 시모노세
키조약(下関条約)이 맺어졌다. 이 조약에서는 청이 (1) 조선의 독립을 인정,
(2) 요동반도(遼東半島)·타이완(台湾)·펑후제도(澎湖諸島)를 일본에 이양,
(3) 배상금 2억 냥(당시 일본엔으로 3억 1천만 엔)을 지불할 것 등이 결정되
었다. 타이완을 점유한 일본은 타이완총독부를 설치해서 주민의 저항을 무
력으로 탄압하고 식민지지배를 밀고 나갔다.

　〈B〉 1894(메이지 27)년, 조선 남부에 갑오농민전쟁이라고 불리는 폭동이
일어났다. 농민군은 외국인과 부패한 관리를 추방하려 하고 일시에 조선반
도 일부를 제압할 정도였다. 약간의 병력밖에 없었던 조선왕조는 청에 진압
을 위한 출병을 요청했는데 일본도 청과의 합의를 구실로 군대를 파견하고
청일양군이 충돌해 청일전쟁이 시작되었다.
　전장(戦場)은 조선 외에 만주(중국 동북부) 남부 등으로 확대, 일본은 지
상전에서도 해전에서도 청을 압도해 승리했다. 일본의 승리원인으로는 신
병기의 장비를 보충하고 군대의 훈련·규율이 앞섰던 점을 들 수 있지만 그
배경에는 일본인 전체의 의식이 국민으로서 하나로 단합되어 있었다는 점
이다.
　1895(메이지 28)년, 청일 양국은 시모노세키조약을 맺고 청은 조선독립을
인정함과 동시에 일본정부 재정수입의 3배에 달하는 배상금 3억 엔 정도를
지불, 요동반도와 타이완 등을 일본에 이양했다. '잠자는 사자(眠れる獅子)'
로 불린 저력을 두려워한 청은 세계의 예상을 뒤엎고 신흥 일본에 허무하게
패배, 고대부터 계속된 동아시아 질서는 붕괴했다. 중국은 곧 열강제국의

분할 대상이 되었다.

그러나 구미열강은 일본이 쉽게 대등하게 되는 것은 허락하지 않았다. 동아시아에 야심을 품은 러시아는 독일, 프랑스를 꾀어 강력한 군사력을 배경으로 요동반도를 청에 반환하도록 일본을 압박했다. 이것을 삼국간섭이라고 한다. 청을 물리쳤다고 해도 독자적인 힘으로 3국에 대항할 힘이 없던 일본은 어쩔 수 없이 일정액의 환수금을 받고 요동반도를 내줄 수밖에 없었다. 일본은 중국 고사에 있는 '와신상담(臥薪嘗膽)'을 슬로건으로 내걸고 관·민 모두 러시아에 대항하기 위해 국력을 충실히 쌓아갔다.

〈C〉 1894년, 조선에서는 일본이나 구미제국의 진출과 조선정부에 대한 불만이 폭발해 동학을 믿는 농민이 중심이 되어 반란을 일으켰다(갑오농민전쟁). 농민군은 외국세력 추방과 정치개혁을 요구하며 각지에서 정부군을 격파했다. 이를 저지하기 위해 조선정부가 청국에 도움을 요청하자 이전부터 청과의 전쟁을 준비하고 있었던 일본은 바로 조선에 출병했다.

청일양국이 출병했을 때는 이미 농민군과 조선정부는 휴전상태였다. 그러나 일본은 군대를 계속 주둔시키기 위해 개혁안을 조선정부에 강요, 이에 대한 회답을 불만 삼아 조선의 왕궁을 점령했다. 그리고 청의 해군을 공격한 후 선전포고하고 청일전쟁을 시작했다. 전쟁은 8개월 정도로 일본의 승리로 끝나 1895년 시모노세키에서 강화조약을 맺었다. 이 조약에서 청은 조선의 독립을 인정하고 일본에 요동반도와 타이완을 이양, 고액의 배상금을 지불하게 되었다. 그러나 만주(중국동북부)에 진출하려던 러시아는 프랑스·독일과 함께 요동반도를 청에 반환하도록 일본에 요구하고 일본은 이를 받아들였다(삼국간섭).

청일전쟁 후 일본의 영토가 된 타이완에서는 독립운동이 일어났지만 일본은 군대를 파견해서 이를 탄압하고 타이완을 식민지 지배했다. 조선에서는 일본공사가 조선의 왕비를 암살했지만 일본 측 정권을 만드는 데는 실패했다.

【자료②】 전전의 중학교 교과서(『중학국사통기』, 1938년판)의 청일전쟁 기술

메이지 27년 조선에 동학당의 난이 발생, 국내분란이 일자 청국이 즉시

출병해 조선을 속국으로 삼으려 하고 그 폭정이 견디기 힘든 상태에 이르러 우리나라는 청국에 선전포고하고 드디어 27·28년 전쟁이 시작되었다.

　메이지 28년 3월 청국은 화해를 청해 전권대신 이홍장(李鴻章) 등은 시모노세키에 와서 우리 전권대신 이토 히로부미(伊藤博文)·무쓰 무네미쓰(陸奧宗光) 등과 회담하고 강화조약을 체결했다. 이 조약으로 조선국은 완전히 청국에서 분리, 우리나라에 대해 청국은 요동반도·타이완 및 펑허제도를 할양하고 배상금으로 2억 냥을 지불, 샤스(沙市, 湖北省)·충칭(重慶)·쑤저우(蘇州)·항저우(抗州) 4개 시를 개항하고 양쯔강(揚子江)·오송강(吳淞江)에서 일본선 항로 확장 등을 인정했다. 이것을 시모노세키 조약이라고 한다.

　이 전쟁은 우리나라 국력을 국내외에 과시하고 동양평화의 기초가 확립된 것으로 4월 21일 천황의 평화극복 칙어(平和克復の大詔)가 발표되었지만 2틀 후 갑자기 러·불·독의 삼국은 우리나라에 항의서를 제출하며 우리나라가 요동반도를 점유하는 것은 평화를 방해하는 것이라고 했다.

　메이지 천황(明治天皇)은 세계 평화를 위해 대세에 따라 요동반도 환수를 허용하고, 또한 육해군인을 깊이 위로했다.

　그 사이에 러시아는 동쪽에 더욱 힘을 쏟아 시베리아 남하의 야심을 품고 오랜 숙원이었던 부동항을 얻는 것을 기획해 요동환수를 계기로 청나라와 결탁해 동청철도(東淸鉄道) 시설을 계약하고, 독일은 메이지 31년 자국의 선교사가 청나라 산동성에서 폭동민에 의해 살해당했다며 출병해 자오저우만(膠州灣)을 점령하기에 이르고 더욱이 러시아는 다이롄(大連)·뤼순(旅順)까지 손을 뻗어 조차지(租借地)로 삼고 동청철도 건설을 실행하기에 이르렀다.

　전쟁 이전의 교과서는 '일방적으로 청이 나쁘고, 평화를 원하는 일본은 어쩔 수 없이 전쟁을 하고 부당한 삼국간섭으로 요동반도를 환수했다'고 하는 톤으로 기술하고 있다. 이것과 B의 내용을 비교해 보자. 톤이 닮았다는 것을 알 수 있다. B는 전쟁 사실을 전하지 않고 군비와 승리로 칭하고 더욱이 '삼국간섭'을 강조해 독자를 유도하려고 한다. 이것은 새역모의 교과서이다. 침략전쟁을 역행하고 충군애국교육을 진행하던 시기의 교과서와 같은 기술이다. '새로운'이라는 간판은 거짓으로 전쟁긍정의 교과서라는 것을 알 수 있다. 2005년 채택율 0.4%이다.

C는 니혼쇼세키신샤(日本書籍新社)판이다. 한정된 지면임에도 많은 정보를 담아 사실을 전달하려는 자세가 보인다. 2001년 이전은 교사의 희망이 교과서채택에 반영되었기 때문에 스기나미구를 비롯해 많은 지역에서 니혼쇼세키신샤판이 채택되었다. 필자도 26년간 교직생활 중에서 23년간은 니혼쇼세키신샤판으로 가르쳤다.

그러나 새역모의 표적이 되어 각지의 교육위원회가 채택을 망설였기 때문에 2001년에 점유율이 급감했다. 그러나 2005년 채택에서는 사립중학, 독립행정법인(예전 국립)중학교에서는 채택이 늘어났다. 교사가 채택할 수 있는 곳에서는 인기가 오르고 있다.

A는 도쿄쇼세키(東京書籍)판이다. 검정체크가 두려워 사실을 쓰지 않았기 때문에 정보가 적어 내용을 이해하기 어렵지만 무난하다며 각지의 교육위원회가 채택해 전국에서 점유율이 60%에 달한다.

스기나미구와 같이 새역모 교과서채택지역은 큰 문제이지만 일본의 다수의 중학생에게 충분히 사실을 전달할 수 없게 된 것도 문제이다. 그런 만큼 교사가 배우는 것, 그 기회를 넓혀가는 것의 중요성을 느낀다. 그 점에 대해서는 4장에서 다루겠다.

(2) 동아시아사로서 배울 필요성

전쟁 이전의 일본 교과서와 새역모 교과서의 유사성은 눈에 띄지만 유감스럽게도 현재의 일반적인 일본인의 인식도 그와 같은 인식에 머물러 있다고 해야 할지도 모르겠다.

나중에도 다루겠지만 근현대사 교육을 경시한 정책을 취했기 때문에 지금의 어른들의 역사학습이 메이지유신(明治維新) 시기 정도로 끝난 것이 대부분으로 청일전쟁이라는 이름은 알고 있어도 국민 수준에서의 인식은 전전과 거의 달라지지 않았다고도 할 수 있다. 1960년대에 중학생이었던

필자 자신의 경험을 떠올려 보면 청일전쟁에 대해서 배운 기억은 청과의
전쟁에서 이겨 배상금과 타이완을 얻었다는 것이었다. 조선을 전쟁터로
삼은 일이나 피해양상을 배운 기억은 없다.

이러한 관점의 오류를 깨달은 것은 씨치에린(許介鱗, 타이완) 씨의 논
문[1])에 의해서였다. 씨치에린 씨는「日淸戰爭における日本援助」에서 다음
과 같이 썼다.

> 중국은……전쟁에 졌기 때문에 일본에 배상금 2억 냥(요동반도 포기와
> 더불어 3000만 냥 추가)를 지불당했다. 2억 냥은 중국의 연수입에 2배에 상
> 당하고 더욱이 시모노세키조약(下關條約)에서는 3년 이내에 지불을 끝내기
> 로 되어 있었기 때문에 패전은 직접적으로는 인민에 대한 잔혹한 세금징수
> 로 민중의 분노를 부추겼고 대외적으로는 외채가 높이 쌓여 열강에 대한 종
> 속화를 촉진시켰다.

논문을 읽고 '청으로부터 얻은 배상금으로 일본이 산업혁명을 달성했다'
고 일본에게 유리한 것만을 가르쳐 왔던 자신을 깨닫게 되었다. 배상금 지
불을 위해 중국의 민중이 감내한 고난을 생각하는 상상력이 결여되어 있
었다. 그 후 조선의 갑오농민전쟁, 일본군대의 조선왕궁점령, 주된 전쟁터
는 조선이었다는 것, 일본의 타이완지배 등을 알게 되었다. 늦은 걸음이지
만 조금씩 역사인식을 넓혀 왔다.

역사분쟁은 동아시아 차원에서 배우지 않으면 실상이 드러나지 않는데
그 전형적인 사례가 청일전쟁이며, 많은 예시를 들 수 있다. 타국의 일을
냉정하게 배우는 것은 어려운 점도 있지만 동아시아라고 하는 흐름 속에
서 다뤄짐으로써 보다 깊은 인식을 얻어 낼 가능성을 믿는다. 학습을 하는
가운데 연대감, 타국의 사람들에 대한 상상력을 기르는 것은 매우 중요한

---

[1]) 許介鱗氏(台湾),「台湾は日本をこう援助してきた」, 土生長穗 編,『アジアの行方日本の
行方』, 大月書店, 1989年 所收.

교육활동이라고 생각한다.

3) 1982년 역사교과서 논쟁으로부터[2]

일본은 패전 후, 연합군에 점령당했지만 천황이나 정부를 남겨둔 채 간접통치였기 때문에 정부 문부성(현재는 문부과학성)과 함께 전전의 영향이 짙게 남았다. 교과서는 국정에서 검정으로 되었지만 교과서 검정을 강화해 전쟁에서의 가해 사실을 쓰지 않도록 전쟁의 피해도 적게 쓰도록 압력을 가해왔다. 미국에 종속하면서 재군비노선을 선택한 자민당정부는 전쟁의 실태, 특히 아시아에서의 가해를 국민이 배우는 것을 계속 억눌러왔다. 이런 흐름에 저항해 역사학자 이에나가 사부로(家永三郎) 씨는 1965년부터 32년간에 걸친 교과서재판서소송을 일으켰다. 많은 역사학자, 교육관계자, 시민이 협력해 검정을 위헌·위법이라는 판결을 몇 번이나 쟁취하고 검정에 일정한 제동을 걸어 왔다.

가장 크게 제동이 걸렸던 것은 1982년의 ‘침략’을 ‘진출’로 검정에서 바꿔 쓰게 하는 등 전쟁책임을 감추려고 한 정부 문부성에 대한 한국, 중국 등의 항의였다. 그 결과 ‘근린제국에 대한 배려’가 검정기준에 담겨지는 외교 결착이 꾀해져 그 기준으로 인해 대부분의 교과서에 가해사실이 쓰여지게 되었다. ‘진실의 역사를 가르쳐야 한다’라는 아시아 국가들로부터의 항의가 일본의 역사학과 교육을 연결하려는 움직임으로 이어졌고, 1997년판 모든 역사교과서에는 ‘위안부’, ‘남경학살’이 실렸다.

교사들도 지금까지 어떻게 해서든 동경대공습이나 원폭 등 일본인의 전쟁피해가 중심이었던 평화교육을 되돌아보았다. 그리고 이즈음부터 일본

---

2) 「三, 1982年歴史教科書論争から」のなかの歴史的な記述は, 歴史学研究会 編, 『歴史教科書をめぐる日韓対話－日韓合同歴史研究シンポジウムー』, 大月書店, 2004 のなかの特に 石山久男, 「日本における教科書問題の最近の動向と課題」を参考に記述した.

의 가해성을 전하는 평화학습으로 발걸음을 내디딘 교사가 많다. 저도 중국이나 한국의 역사를 조사하고 교재로 만들어 왔다. 그리고 회한(悔恨)의 심정으로 자신의 전쟁범죄를 얘기하는 전 일본군 병사나 싱가폴의 어떤 분을 교실로 초대해 중학생들에게 전쟁에 대해서 들려주는 기회도 갖게 되었다.

새역모는 이와 같은 흐름에 대한 우익세력의 반격이기도 했다.

3. 『미래를 여는 역사』 편집 경험으로부터

『미래를 여는 역사』를 만드는 과정은 지금은 웃으면서 얘기하지만 처음에는 가해국 일본과 피해국 한국·중국이라는 구도가 머릿속에서 떠나지 않아, 일본인으로서 가해의 역사를 등에 짊어진 것 같아 아무것도 말할 수 없을 것 같은 기분이 들었다. 격렬한 의견대립으로 더 이상은 삼국 부교재를 만드는 것은 무리라고 생각한 적도 있었다.

특히 청일전쟁, 중일전쟁, 원폭투하, 조선전쟁을 둘러싼 기술 등에서 격렬한 논쟁이 있었다. 일국사의 범위에서는 자명한 것으로 생각했던 역사인식이 다른 국가의 입장에서 보면 자국중심의 관점이었다고 깨닫는다든지, 역으로 타국의 인식에 동감한 적도 있었다. 삼국의 집필자 간의 논쟁과 갈등 속에서 차이를 인식하면서 대립을 뛰어넘기 위한 지혜, 신뢰와 가능성을 배우고, 마음속의 국경의 벽이 매우 낮아졌다는 기분이 든다.

『미래를 여는 역사』가 힘겨운 토론을 거쳐 완성, 그리고 더 나아가 새로운 작업을 시작하고 있는 것은 동아시아 차원에서의 학습의 가능성을 보여주는 것이라고 생각한다.

4. 스기나미구(杉並区)의 학교에서 보이는 것

1장 2)의 (1)에서 교과서 내용의 문제점과 교사의 배움에 대해 이야기했지만, 일본의 교사가 처한 상황에 대해 살펴보겠다. 지금 일본에서는 교사의 여름방학을 없애고 학생이 없어도 출근명령이 내려져 긴 휴가에 재충전하고 폭넓게 연구해서 다음 학기 수업을 준비하는 자유를 빼앗겼다. 통상 근무에서도 필요도 없을 것 같은 서류 제출을 요구받고, 일에 쫓겨 자주편성의 자유를 계속 압박받고 있다. 교과서에 쓰여진 것만 그대로 가르치도록 요구하고 있는 것이다. 당연히 교사의 교육력 저하도 발생한다.

교과서 문제는 이러한 배경과 연결되어 있다. '새로운'이 아닌 '훈도(訓導)'로 불리는 전전형(戰前型)의 교사 만들기 노선을 펼치고 있다. 스기나미구 교육위원회가 교사를 지망하는 젊은이를 대상으로 '사범관(師範館)'이라는 교사양성학원을 시작했다. 이는 '말없는 교사', '온순한 교사' 만들기로 위에 기술한 흐름에 따른 것이다.

스기나미구는 1954년 미국이 태평양상의 마셜제도의 비키니환초에서 실시한 수폭실험에서 다이고후쿠류마루(第五福竜丸)라는 어선이 피폭당한 것을 계기로 시작된 원수폭금지서명운동을 스기나미구 전체 차원에서 조직한 구로 알려져 있다. 민중운동의 전통과 구가 진행한 사회교육으로 시민운동이 성장해 와 시민참가의 전통을 가진 지역이었다.

1999년에 마츠시타 정경학원[松下政経塾, 파나소닉사의 창립자였던 고·마쓰시타 고노스케(松下幸之助)가 시작한 정치가 양성학원] 출신의 야마다 히로시(山田宏)씨가 구청장이 되어 신보수주의·신자유주의 '교육개혁'을 강행, 더욱 교묘하게 진행했다.

'유료야간수업(夜スペ, 요루스페)'이라고 하는 이름으로 공립중학교를 사용해 저녁에 열리는 학원은 수험학력 향상을 바라는 주민요구에 따른 것 같지만 학교에 학원을 끌어들인 영향은 아이들의 마음이나 인간관계,

교사의 의욕이라는 면에서도 큰 문제이다. 운영주체인 '지역지원본부'는 예전부터 공중분해라는 소문도 돌아 겉모습과 실상은 다르다.

스기나미에서는 신보수주의·신자유주의, 매스컴을 이용하는 구청장에 대해 시민이 어떻게 반론해 대안을 제시할 수 있을까 하는 것이 새역모 교과서의 채택을 스톱시키는 운동과 불가분의 관계이다. 교과서 문제를 해결하는 데 일본의 정권을 어떻게 개혁할 것인가라는 문제가 결부되어 있는 것처럼 가능한 것부터 전력을 다해 나갈 것이다.

5. 맺음말

동경에서 1시간 반 만이면 서울에 도착한다. 필자는 기내에서 지도를 보며 동아시아의 한가운데에 한국에 위치해 있다고 생각했다. EU지역도 그렇지만 동아시아도 역사분쟁이 반복되어 왔다. '동아시아사' 과목 개설에 맞춰 심포지엄에 일·중·타이완 3국의 연구자, 관계자를 초청한 것에 한국의 열린 교육상태, 도달단계를 느낄 수 있었다.

일본에서 새역모의 교과서가 발행되어 교과서 문제가 시작되었지만, 문제에 대응하면서 한국은 자국의 교과서, 역사교육의 방향을 묻고, 국정교과서를 검정을 바꿔왔으며 이번에 '자국사중심사관, 유럽중심사관'을 극복하는 시도의 하나로서 '동아시아사'라고 하는 과목을 만들 것을 결정했다고 들었다. 일본에서는 검정제도가 바뀌지 않고 문과성이 "학습지도요령 해설서에 타케시마는 일본의 영토라는 것을 명기(明記)한다"고 발표하는 등, 여전히 자국중심 내향적인 자세로 있는 사이에 한국은 한 걸음 아니 두 걸음 더 앞서 가고 있다고 느꼈다.

좋다고 생각하는 것을 척척 진행하는 실행력 활동스타일은 부러울 정도이다. 이러한 대처를 가능하게 하는 배경에는 한국 민주화 투쟁이 있어 스스로 군사독재정권을 무너뜨린 역사가 있다고 생각한다. 스스로 싸워서 얻어낸 자신, 원활한 의사소통, 주권자는 우리들이라고 여겨 의견을 말하는 주체적인 자세를 한국의 운동에서 느꼈으며 이런 역사를 깊게 배우고 싶다.

전쟁이라고 하는 분쟁을 반복하지 않기 위해서는 학습 논쟁을 통해 동아시아에 사는 우리들의 교류, 연대가 깊어져 보다 잘 살아가는 지혜를 습득할 수 있다면 멋질 것이라고 생각한다. 한국에서 시작한 동아시아 수업이 동아시아 교육의 하나의 모델로 새로운 가능성을 열어줄 것을 기대하며 한국, 나아가 동아시아 역사와 새로운 과목의 진전을 통해 많이 배우고 싶다.

찾아보기

저자소개

김태승 아주대학교 사학과 교수
김택민 고려대학교 역사교육과 교수
유용태 서울대학교 역사교육과 교수
황지숙 신림고등학교 역사 교사

런팡(任放) 중국 우한대학교(武漢大學校) 교수
마루하마 에리꼬(丸浜江里子) 한중일삼국역사부교재『미래를 여는 역사』편집위원
미야지마 히로시(宮嶋博史) 성균관대학교 동아시아학술원 교수

아시아평화와역사교육연대

2001년 4월 일본 교과서의 역사왜곡을 바로잡고, 20세기 침략과 저항의 역사에 대한 동아시아 공동의 역사인식을 만들어가기 위해 시민사회단체·학계가 모여 '일본교과서바로잡기운동본부'를 결성하였다.

2003년 동아시아의 역사갈등을 해결하기 위해 단체 이름을 아시아평화와역사교육연대로 변경하고, (사)아시아평화와역사연구소를 설립하여 한중일 역사인식과 교과서 문제에 대한 각종 연구사업 및 대중 활동을 진행하고 있다.

○ 아시아평화와역사교육연대의 주요 활동
· 한중일 역사교과서 및 역사교육에 대한 대응 및 캠페인
· 한중일 공동의 역사인식을 위한 '역사인식과 동아시아 평화포럼' 개최
· '한중일청소년역사체험캠프' 등의 청소년교육

○ (사)아시아평화와역사연구소의 주요 활동
· 한중일 공동역사교재 개발
· 한중일 역사인식과 교과서 문제에 대한 연구 및 학술대회
· 교육 및 연구, 대중 활동에 관한 단행본과 각종 보고서 발행

주소 ⏐ (110-043) 서울특별시 종로구 통인동 155번지 3층
전화 ⏐ 02-720-4637
팩스 ⏐ 02-720-4632
홈페이지 ⏐ www.ilovehistory.or.kr
후원계좌 ⏐ 우리은행 1005-883-302442 아시아평화와역사교육연대